U0618998

解深密经

中国佛学经典宝藏

65

程恭让 释译

星云大师总监修

人民东方出版传媒

东方出版社

图书在版编目（CIP）数据

解深密经／程恭让 释译 . —北京：东方出版社，2018.8

（中国佛学经典宝藏）

ISBN 978 - 7 - 5060 - 8595 - 3

Ⅰ .①解… Ⅱ .①程… Ⅲ .①唯识宗—佛经②《解深密经》—注释③《解深密经》—译文 Ⅳ .① B946.3

中国版本图书馆 CIP 数据核字（2015）第 249328 号

解深密经

（JIESHENMI JING）

释 译 者：程恭让

责任编辑：王梦楠

出　　　版：东方出版社

发　　　行：人民东方出版传媒有限公司

地　　　址：北京市朝阳区西坝河北里 51 号

邮　　　编：100028

印　　　刷：北京市大兴县新魏印刷厂

版　　　次：2018 年 8 月第 1 版

印　　　次：2020 年 10 月第 2 次印刷

开　　　本：880 毫米 × 1230 毫米　1/32

印　　　张：14

字　　　数：244 千字

书　　　号：ISBN 978 - 7 - 5060 - 8595 - 3

定　　　价：62.00 元

发行电话：（010）85924663　85924644　85924641

总序

星云

自读首楞严，从此不尝人间糟糠味；

认识华严经，方知己是佛法富贵人。

诚然，佛教三藏十二部经有如暗夜之灯炬、苦海之宝筏，为人生带来光明与幸福，古德这首诗偈可说一语道尽行者阅藏慕道、顶戴感恩的心情！可惜佛教经典因为卷帙浩瀚、古文艰涩，常使忙碌的现代人有义理远隔、望而生畏之憾，因此多少年来，我一直想编纂一套白话佛典，以使法雨均沾，普利十方。

一九九一年，这个心愿总算有了眉目。是年，佛光山在中国大陆广州市召开"白话佛经编纂会议"，将该套丛书定名为《中国佛教经典宝藏》①。后来几经集思广

---

① 编者注：《中国佛教经典宝藏》丛书，大陆出版时改为《中国佛学经典宝藏》丛书。

益，大家决定其所呈现的风格应该具备下列四项要点：

一、**启发思想**：全套《中国佛教经典宝藏》共计百余册，依大乘、小乘、禅、净、密等性质编号排序，所选经典均具三点特色：

1. 历史意义的深远性
2. 中国文化的影响性
3. 人间佛教的理念性

二、**通顺易懂**：每册书均设有原典、注释、译文等单元，其中文句铺排力求流畅通顺，遣词用字力求深入浅出，期使读者能一目了然，契入妙谛。

三、**文简意赅**：以专章解析每部经的全貌，并且搜罗重要的章句，介绍该经的精神所在，俾使读者对每部经义都能透彻了解，并且免于以偏概全之谬误。

四、**雅俗共赏**：《中国佛教经典宝藏》虽是白话佛典，但亦兼具通俗文艺与学术价值，以达到雅俗共赏、三根普被的效果，所以每册书均以题解、源流、解说等章节，阐述经文的时代背景、影响价值及在佛教历史和思想演变上的地位角色。

兹值佛光山开山三十周年，诸方贤圣齐来庆祝，历经五载、集二百余人心血结晶的百余册《中国佛教经典宝藏》也于此时隆重推出，可谓意义非凡，论其成就，则有四点可与大家共同分享：

一、**佛教史上的开创之举**：民国以来的白话佛经翻译虽然很多，但都是法师或居士个人的开示讲稿或零星的研究心得，由于缺乏整体性的计划，读者也不易窥探佛法之堂奥。有鉴于此，《中国佛教经典宝藏》丛书突破窠臼，将古来经律论中之重要著作，做有系统的整理，为佛典翻译史写下新页！

二、**杰出学者的集体创作**：《中国佛教经典宝藏》丛书结合中国大陆北京、南京各地名校的百位教授、学者通力撰稿，其中博士学位者占百分之八十，其他均拥有硕士学位，在当今出版界各种读物中难得一见。

三、**两岸佛学的交流互动**：《中国佛教经典宝藏》撰述大部分由大陆饱学能文之教授负责，并搜录台湾教界大德和居士们的论著，借此衔接两岸佛学，使有互动的因缘。编审部分则由台湾和大陆学有专精之学者从事，不仅对中国大陆研究佛学风气具有带动启发之作用，对于台海两岸佛学交流更是帮助良多。

四、**白话佛典的精华集萃**：《中国佛教经典宝藏》将佛典里具有思想性、启发性、教育性、人间性的章节做重点式的集萃整理，有别于坊间一般"照本翻译"的白话佛典，使读者能充分享受"深入经藏，智慧如海"的法喜。

今《中国佛教经典宝藏》付梓在即，吾欣然为之作序，并借此感谢慈惠、依空等人百忙之中，指导编修；吉广舆等人奔走两岸，穿针引线；以及王志远、赖永海等大陆教授的辛勤撰述；刘国香、陈慧剑等台湾学者的周详审核；满济、永应等"宝藏小组"人员的汇编印行。由于他们的同心协力，使得这项伟大的事业得以不负众望，功竟圆成！

《中国佛教经典宝藏》虽说是大家精心擘划、全力以赴的巨作，但经义深邃，实难尽备；法海浩瀚，亦恐有遗珠之憾；加以时代之动乱，文化之激荡，学者教授于契合佛心，或有差距之处。凡此失漏必然甚多，星云谨以愚诚，祈求诸方大德不吝指正，是所至祷。

一九九六年五月十六日于佛光山

原版序
敲门处处有人应

慈惠

　　《中国佛教经典宝藏》是佛光山继《佛光大藏经》之后，推展人间佛教的百册丛书，以将传统《大藏经》精华化、白话化、现代化为宗旨，力求佛经宝藏再现今世，以通俗亲切的面貌，温渥现代人的心灵。

　　佛光山开山三十年以来，家师星云上人致力推展人间佛教，不遗余力，各种文化、教育事业蓬勃创办，全世界弘法度化之道场应机兴建，蔚为中国现代佛教之新气象。这一套白话精华大藏经，亦是大师弘教传法的深心悲愿之一。从开始构想、擘划到广州会议落实，无不出自大师高瞻远瞩之眼光，从逐年组稿到编辑出版，幸赖大师无限关注支持，乃有这一套现代白话之大藏经问世。

　　这是一套多层次、多角度、全方位反映传统佛教文化的丛书，取其精华，舍其艰涩，希望既能将《大藏经》

深睿的奥义妙法再现今世，也能为现代人提供学佛求法的方便舟筏。我们祈望《中国佛教经典宝藏》具有四种功用：

一、是传统佛典的精华书

中国佛教典籍汗牛充栋，一套《大藏经》就有九千余卷，穷年皓首都研读不完，无从赈济现代人的枯槁心灵。《宝藏》希望是一滴浓缩的法水，既不失《大藏经》的法味，又能有稍浸即润的方便，所以选择了取精用弘的摘引方式，以舍弃庞杂的枝节。由于执笔学者各有不同的取舍角度，其间难免有所缺失，谨请十方仁者鉴谅。

二、是深入浅出的工具书

现代人离古愈远，愈缺乏解读古籍的能力，往往视《大藏经》为艰涩难懂之天书，明知其中有汪洋浩瀚之生命智慧，亦只能望洋兴叹，欲渡无舟。《宝藏》希望是一艘现代化的舟筏，以通俗浅显的白话文字，提供读者遨游佛法义海的工具。应邀执笔的学者虽然多具佛学素养，但大陆对白话写作之领会角度不同，表达方式与台湾有相当差距，造成编写过程中对深厚佛学素养与流畅白话语言不易兼顾的困扰，两全为难。

三、是学佛入门的指引书

佛教经典有八万四千法门，门门可以深入，门门是无限宽广的证悟途径，可惜缺乏大众化的入门导览，不易寻觅捷径。《宝藏》希望是一支指引方向的路标，协助十方大众深入经藏，从先贤的智慧中汲取养分，成就无上的人生福泽。

四、是解深入密的参考书

佛陀遗教不仅是亚洲人民的精神归依，也是世界众生的心灵宝藏。可惜经文古奥，缺乏现代化传播，一旦庞大经藏沦为学术研究之训诂工具，佛教如何能扎根于民间？如何普济僧俗两众？我们希望《宝藏》是百粒芥子，稍稍显现一些须弥山的法相，使读者由浅入深，略窥三昧法要。各书对经藏之解读诠释角度或有不足，我们开拓白话经藏的心意却是虔诚的，若能引领读者进一步深研三藏教理，则是我们的衷心微愿。

大陆版序一

《中国佛教经典宝藏》是一套对主要佛教经典进行精选、注译、经义阐释、源流梳理、学术价值分析，并把它们翻译成现代白话文的大型佛学丛书，成书于二十世纪九十年代，由台湾佛光文化事业有限公司出版，星云大师担任总监修，由大陆的杜继文、方立天以及台湾的星云大师、圣严法师等两岸百余位知名学者、法师共同编撰完成。十几年来，这套丛书在两岸的学术界和佛教界产生了巨大的影响，对研究、弘扬作为中国传统文化重要组成部分的佛教文化，推动两岸的文化学术交流发挥了十分重要的作用。

《中国佛学经典宝藏》则是《中国佛教经典宝藏》的简体字修订版。之所以要出版这套丛书，主要基于以下的考虑：

首先，佛教有三藏十二部经、八万四千法门，典籍浩瀚，博大精深，即便是专业研究者，穷其一生之精力，恐也难阅尽所有经典，因此之故，有"精选"之举。

其次，佛教源于印度，汉传佛教的经论多译自梵语；加之，代有译人，版本众多，或随音，或意译，同一经文，往往表述各异。究竟哪一种版本更契合读者根机？哪一个注疏对读者理解经论大意更有助益？编撰者除了标明所依据版本外，对各部经论之版本和注疏源流也进行了系统的梳理。

再次，佛典名相繁复，义理艰深，即便识得其文其字，文字背后的义理，诚非一望便知。为此，注译者特地对诸多冷僻文字和艰涩名相，进行了力所能及的注解和阐析，并把所选经文全部翻译成现代汉语。希望这些注译，能成为修习者得月之手指、渡河之舟楫。

最后，研习经论，旨在借教悟宗、识义得意。为了将其思想义理和现当代价值揭示出来，编撰者对各部经论的篇章品目、思想脉络、义理蕴涵、学术价值等所做的发掘和剖析，真可谓殚精竭虑、苦心孤诣！当然，佛理幽深，欲入其堂奥、得其真义，诚非易事！我们不敢奢求对于各部经论的解读都能鞭辟入里，字字珠玑，但希望能对读者的理解经义有所启迪！

习近平主席最近指出："佛教产生于古代印度，但传入中国后，经过长期演化，佛教同中国儒家文化和道家文化融合发展，最终形成了具有中国特色的佛教文化，给中国人的宗教信仰、哲学观念、文学艺术、礼仪习俗等留下了深刻影响。"如何去研究、传承和弘扬优秀佛教文化，是摆在我们面前的一个重要课题，人民东方出版传媒有限公司拟对繁体字版的《中国佛教经典宝藏》进行修订，并出版简体字版的《中国佛学经典宝藏》，随喜赞叹，寥寄数语，以叙因缘，是为序。

二〇一六年春于南京大学

《增一阿含经》3 《杂阿含经》4 《金刚经》5 《佛教新出照思志集》111 《六祖坛经》18 《碧岩录》28 《天台四教仪》53 《禅门师资承袭图》32 《金刚錍》54 《华严学》63 《教观纲宗》55 《摩诃止观》56 《万善同归集》44 《解深密经》65

《中国佛学经典宝藏》

华人佛学界顶级专家团队编撰。大陆首次引进简体中文版。
读得懂,买得起,藏得下的"白话精华大藏经"。

《中国佛学经典宝藏》白话版系列丛书,共计132册,由星云大师总监修,大陆、台湾百余专家学者通力编撰而成。

丛书依大乘、小乘、禅、净、密等性质编号排序,将古来经律论中之经典著作,依据思想性、启发性、教育性、人间性的原则,做了取其精华、舍其艰涩的系统整理。每种经典都按原文、注释、译文等体例编排,语言力求通俗易懂、言简意赅,让佛学名著真正做到雅俗共赏;还以题解、源流、解说等章节,阐述经文的时代背景、影响价值及在佛教历史和思想演变上的地位角色。丛书还开创性地收录了一些有代表性的现代读本。

星云大师总监修

"人间佛教"的践行本

专家推荐

星云大师常常说,佛学不是少数人的专利,它应该是每一个人都能够接触的。这套书推动了白话佛学经典的完成。

——依空法师

佛光山长老,文学博士,印度哲学博士

星云大师对编修《中国佛学经典宝藏》非常重视,对经典进行注、译,包括版本源流梳理,这对一般人去看经典、理解经典的思想,是有帮助的。

——赖永海

南京大学教授,旭日佛学研究中心主任

《中国佛学经典宝藏》精选了很多篇目,是能够把佛法的精要,比较全面地给予介绍。

——王志远

中国社会科学院研究生院导师,中国宗教协会副会长

传统大藏经 VS 中国佛学经典宝藏

	传统大藏经	VS	中国佛学经典宝藏
第一回合	**卷帙浩繁** 普通人阅读没头绪,没精力、看不懂。	VS	**精华集萃** 星云大师亲选132种书目,提纲挈领,方便读经。
第二回合	**古文艰涩繁体竖排** 佛经文辞隐涩,多用繁体竖排:读经门槛高。	VS	**白话精译简体横排** 经典原文搭配白话精译,既可直通经文,又可研习原典。
第三回合	**经义玄奥难尝法味** 微言大义,法义幽微,没有明师指引难理解。	VS	**专家注解普利十方** 华人佛学界顶级专家精解精解,一通百通。

《中国佛学经典宝藏》目录

手机淘宝
扫一扫

深入经藏，智慧如海。

本套佛学经典适合系统的修习、诵读和佛堂珍藏。

咨询电话：尤冲 010-8592 4661

大陆版序二

依空

　　身材高大、肤色白皙、擅长军事的亚利安人，在公
元前四千五百多年从中亚攻入西北印度，把当地土著征
服之后，为了彻底统治这里的人民，建立了牢不可破的
种姓制度，创造了无数的神祇，主要有创造神梵天、破
坏神湿婆、保护神毗婆奴。人们的祸福由梵天决定，为
了取悦梵天大神，需要透过婆罗门来沟通，因为他们是
从梵天的口舌之中生出，懂得梵天的语言——繁复深奥
的梵文，婆罗门阶级是宗教祭祀师，负责教育，更掌控
了神与人之间往来的话语权。四种姓中最重要的是刹帝
利，举凡国家的政治、经济、军事、文化等等都由他们
实际操作，属贵族阶级，由梵天的胸部生出。吠舍则是
士农工商的平民百姓，由梵天的膝盖以上生出。首陀罗
则是被踩在梵天脚下的土著。前三者可以轮回，纵然几
世轮转都无法脱离原来种姓，称为再生族；首陀罗则连

轮回的因缘都没有，为不生族，生生世世为首陀罗，子孙也倒霉跟着宿命，无法改变身份。相对于此，贱民比首陀罗更为卑微、低贱，连四种姓都无法跻身其中，只能从事挑粪、焚化尸体等最卑贱、龌龊的工作。

出身于高贵种姓释迦族的悉达多太子，为了打破种姓制度的桎梏，舍弃既有的优越族姓，主张一切众生皆平等，成正等觉，创立了佛教僧团。为了贯彻佛教的平等思想，佛陀不仅先度首陀罗身份的优婆离出家，后度释迦族的七王子，先入山门为师兄，树立僧团伦理制度。佛陀更严禁弟子们用贵族的语言——梵文宣讲佛法，而以人民容易理解的地方口语来演说法义，这就是巴利文经典的滥觞。佛陀认为真理不应该是属于少数贵族、知识分子的专利或装饰，而应该更贴近普罗大众，属于平民百姓共有共知。原来佛陀早就在推动佛法的普遍化、大众化、白话化的伟大工作。

佛教从西汉哀帝末年传入中国，历经东汉、魏晋南北朝、隋唐的漫长艰巨的译经过程，加上历代各宗派祖师的著作，积累了庞博浩瀚的汉传佛教典籍。这些经论义理深奥隐晦，加以书写的语言文字为千年以前的古汉文，增加现代人阅读的困难，只能望着汗牛充栋的三藏十二部扼腕慨叹，裹足不前。

如何让大众轻松深入佛法大海，直探佛陀本怀？佛光山开山宗长星云大师乃发起编纂《中国佛教经典宝藏》。一九九一年，先在大陆广州召开"白话佛经编纂会议"，订定一百本的经论种类、编写体例、字数等事项，礼聘中国社科院的王志远教授、南京大学的赖永海教授分别为中国大陆北方与南方的总联络人，邀请大陆各大学的佛教学者撰文，后来增加台湾部分的三十二本，是为一百三十二册的《中国佛教经典宝藏精选白话版》，于一九九七年，作为佛光山开山三十周年的献礼，隆重出版。

六七年间我个人参与最初的筹划，多次奔波往来于大陆与台湾，小心谨慎带回作者原稿，印刷出版、营销推广。看到它成为佛教徒家中的传家宝藏，有心了解佛学的莘莘学子的入门指南书，为星云大师监修此部宝藏的愿心深感赞叹，既上契佛陀"佛法不舍一众"的慈悲本怀，更下启人间佛教"普世益人"的平等精神。尤其可喜者，欣闻现大陆出版方东方出版社潘少平总裁、彭明哲副总编亲自担纲筹划，组织资深编辑精校精勘；更有旅美企业家鲁彼德先生事业有成之际，秉"十方来，十方去，共成十方事"之襟怀，促成简体字版《中国佛学经典宝藏》的刊行。今付梓在即，是为序，以表随喜祝贺之忱！

二〇一六年元月

目　录

题

解

《解深密经》是佛教唯识宗所依据的"六经十一论"之一，是唯识学理最早的系统化表述。《解深密经》中陈说了佛说意蕴的观念、三时教法的观念、三种存在样态的观念、三种存在本性的观念、深层心识的观念、一切存在唯识所现的观念，这些观念展示了唯识佛学的基本理念轮廓，它们不仅对唯识教法的成立造成直接的、重大的、决定性的影响，而且还对中国佛教的思维传统构成深刻的提示及挑战作用。

　　本经在中国共有四个译本，其一是北魏菩提流支所译，名《深密解脱经》；其二是宋求那跋陀罗所译，名《相续解脱地波罗蜜了义经》及《相续解脱如来所作随顺处了义经》；其三是梁陈间真谛三藏的译本，名《佛说解节经》；其四是玄奘大师的译本，这就是现在最通行的《解深密经》。

以上五个译本中，真谛和求那跋陀罗的翻译实际上都只取原经的一部分，真谛的《佛说解节经》实际上相当于玄奘本《解深密经》中的《胜义谛相品》；求那跋陀罗的两个译本则对应于玄奘本中的《地波罗蜜多品》和《如来成所作事品》。因此，完整的《解深密经》汉文译本事实上只有两个，这就是菩提流支的《深密解脱经》和玄奘的《解深密经》，上述诸译典中传诵最广、对后世佛学影响最大的也推这两种翻译。

菩提流支是北印度人，后来到中国从事佛典的翻译和弘护工作，他是六朝时代最著名的译经大师之一。据魏沙门昙宁在《深密解脱经序》中的记载，流支是于永熙二年即公元五三三年进行这项重要的翻译工作的。流支学问精博，道行高深，深受孝武皇帝的赏识，孝武帝不仅倡导了流支的这一翻译工作，而且还直接介入了这部经典的整个翻译过程，《深密解脱经》的初稿就是在流支宣译下由孝武帝笔录的。流支的译场在显扬殿，当时参加这部经典翻译的，除了孝武皇帝之外，还有慧光、昙宁等著名学僧，初稿完成后，这几位学僧又对之反复润色、反复推敲，力求完美。大概在正式定稿后，流支又在永宁上寺讲授他的这部新译典，律师僧辩、居士李廓等缁俗名流几十余人与会听讲，孝武为示奖掖，也多次厕身于讲席。昙宁赞叹当时的情景说："法事隆盛，一言三复，慕尽穷微，是使《深密》秘藏光宣于景运，解脱妙义永流于遐劫。"这是说，当时的《深密》法会盛况空前，师徒君臣共相激荡，对于经典中的每一个字每一句话都要反复讲解、反复讨论，这样就使深奥的宝藏、"解脱"的妙义从此以后永远明朗了起来。

昙宁躬逢译事，他以上的记述应该是可信的，随着菩提流支《深密解脱经》的翻译和传学，北魏时代的确兴起一股研究唯识学的潮流，流支师徒的翻译和研究为中国人接受唯识学奠定了最初的基础。

菩提流支被时人称为"识性内融，神机外朗，冲文玄藏，罔不该洞"。其译典文字精美，条畅通达，足证流支于唯识学理的高深造诣。但是流支的翻译由于属于唯识佛学的初传阶段，当时还没有形成也不可能形成一整套的规范语言来传达唯识思想，而当时的佛学界又大都不了解印度大乘佛学发展的全貌，人们普遍缺乏充分的唯识佛学之自觉，这就使得流支的翻译在一定程度上存在着随意性和模糊性。克服流支译典的这一缺点，并使《深密》在翻译上臻于至善至美境地的，是唐代著名佛学大师、译经大师玄奘三藏的功绩。

《解深密经》是玄奘大量译典中的一部，但却是至关重要的一部。这是由《解深密经》在唯识传统中的历史地位决定的。唯识的思想源泉虽然号称"六经十一论",但这"六经十一论"中事实上有好多部在奘前奘后都没有传译,以经而论,《如来出现功德庄严经》《密严经》以及著名的《大乘阿毗达磨经》这三部就一直没有传至中土;再以中土所传的三部经典论《华严》和《楞伽》实际上都更深切相关于"真如"理论,虽然这两部经典中也不乏对心识结构的分析,但日常心识的结构问题毕竟没有受到全力以赴的关注,这就说明了被当作唯识理论源泉之一的《华严》及《楞伽》为什么后来能深得中国佛教的垂青。因此,总起来看,说《解深密经》是全部唯识佛学古典资料中最重要的一部,这一点也没有夸大之处。

《解深密经》的殊胜地位使得玄奘在翻译时采取了极其慎重的严谨态度,如果人们对读流支和玄奘的两个译本,就可以在很多地方发现玄奘对原典精心梳理、细心安排的痕迹。流支那种明快通达的译风被玄奘独有的凝重典雅代替了,而后者确实是更适合表达唯识佛学品性的翻译风格;唯识术语在此完全规范化了,经典结构也更加逻辑化了。有人把《解深密经》称作"经中之论",这固然由原典的特性使然,但玄奘大师苦心孤诣的翻译整理之功也着实为这部唯识巨典增色不少!

那么,"解深密"这个经题是什么意思呢?"解"是分析、解析、探讨之义，"深密"是隐秘幽深之义，"解深密"意即分析、探讨隐秘幽深的道理或意蕴。经中成立了"三时教法"的观念，它把佛陀的全部教法陈说过程分成三个时期。其中，第一期教法侧重解析存在现象，把宇宙世界、人生现象归并在各种各样的范畴里进行描述，承认每一个事物的自身特质、事物与事物间的差别属性，这一期教法可以称为"有特质性"的教法。第二期教法彻底否认了一切存在现象的存在性，佛陀在诸部"般若"中宣布说："一切存在现象都没有实体存在，生命现象既没有产生又没有消亡，生命自身本无痛苦烦恼的扰动，存在就其本身即是圆满安乐自由的。"因此存在现象的自身特质、现象与现象间的差别属性，这些东西统统不是真实的存在，这一期教法可以称为"无实体性"的教法。《解深密经》指出，前两期教法思想观念上的绝对矛盾性促成人们思考两期教法间的内在关联问题。佛陀是最圆满的觉者，因此他所陈说的两期教法虽然在形式上有着矛盾，但是在本质上则不会有矛盾。以上信念使修行人联想到，前两期教法本身都是不完善、不圆满的，它们隐藏了佛陀的一些真实思想，必须在般若教法和小乘教法的语言背后寻找出幽深隐秘的佛说意蕴，而这也就是第三期教法的宗旨所在。因此，我们说，《解深密经》是解析整个佛教教法语言深奥意蕴的经典，也是探讨佛陀最真实思想的经典。

《深密》有关全部佛说隐秘意蕴的体会是在这样一个思路下进行的。它说，"般若"所谓"无实体性"的教法实际上是从"相无自性性"这个角度对存在做出的一个说明。"相无自性性"就是说认知生活中被意识虚构为外在实体的认知对象事实上是不存在的，"无实体性"教法所要否认的存在就是这个被虚构为存在的存在实体，而这个实体是不存在的。存在的这一方面是不存在的，那么存在的其他方面呢？或者说其他的存在呢？显然，意识所执着的实体以之为依据的生命现象本身则存在着，透破一切实体执着后显示出来的存在本性，也就是最真实的存在，它无疑更加存在着！这样我们看到，《解深密经》对佛说隐秘意蕴的探讨必然使佛教教法的思维方式从破斥存在的不存在性转移到认识存在的存在性。存在性问题，随之而起的杂染性的现实生命及其进化、净化、改造问题就势必成为全部佛学思考的中心。——这就是由"空"到"有"的逻辑，《解深密经》就是这一教法逻辑的最成功的解说！

简而言之，存在的三种样态，深层心识、净化实践以及"真正生命"这几个重要的教法环节都是在存在的"存在性"这一思维框架下展开的。在它们当中，"深层心识"更是对存在的存在性予以深切思考时所做出的最重大发

现，亦是《解深密经》为唯识佛教及整个人类思想所提
供的最重要的观念之一。

1　序

原典

序品第一

　　如是我闻:

　　一时,薄伽梵①住最胜光曜②,七宝③庄严,放大光明④,普照一切无边世界,无量方所,妙饰间列⑤。周圆无际⑥,其量难测,超过三界⑦所行之处⑧,胜出世间善根⑨所起⑩。最极自在⑪,净识⑫为相。⑬如来所都⑭,诸大菩萨众所云集⑮,无量天、龙、药叉、健达缚、阿素洛、揭路荼、紧捺洛、牟呼洛伽、人非人等⑯,常所翼从,广大法味喜乐所持⑰。作诸众生一切义利⑱,灭诸烦恼⑲灾横缠垢⑳,远离众魔㉑过诸庄严㉒。如来庄严之所依处㉓,大念慧行以为游路㉔。大止㉕妙观㉖以为所乘㉗，大空㉘、无相㉙、无愿㉚解脱㉛为所入门㉜。无量功德众所庄严，大宝花王众㉝所建立大宫殿中。㉞

注释

①**薄伽梵**：即佛陀之敬称。此词有自在、炽盛、端严、名称、吉祥、尊贵六个意思，《佛地经论》作者亲光解释这六个意思说："谓诸如来永不系属诸烦恼故，具自在义；焰猛智火所烧炼故，具炽盛义；妙三十二大士相等所庄饰故，具端严义；一切殊胜功德圆满无不知故，具名称义；一切世间亲近供养，咸称赞故，具吉祥义；具一切德常起方便利益，安乐一切有情无懈废故，具尊贵义。"意思是说，与真理圆满相应的觉者，破除了一切痛苦烦恼，消除了生命状态中的一切被动因素，他的一切生命活动都是自由自足的，此即"自在"之义；他开发了生命中的广大智慧，智慧彻底净化了他的生命，此即"炽盛"之义；他的身体相貌美好庄严，这是长期修行生活中智慧和功业凝结而成的产物，此即"端严"之义；他拥有其他生命不可能具有的广大功业，他的生活境界、认识对象广大无边，此即"名称"之义；宇宙里一切生命都尊敬他、赞美他，他显现在世间的变现生命

成了吉祥的象征，此即"吉祥"之义；他从事救度众生的事业永无止息，他的高贵德性是无尽的教化事业之力量源泉，此即"尊贵"之义。以上六义的总称就是"薄伽梵"，中文无法翻译，故以"佛陀"称之。

②**光曜**：从智慧、功业凝聚而成的真正生命里散发出巨大的光明。

③**七宝**：泛指各种奇珍异宝，经文中出现的颇胝迦、琥珀、砗磲、黄金等皆属之。

④**放大光明**：亲光认为经文以下是从十八个方面来显示佛国世界的庄严、圆满。"放大光明"是"显色圆满"，即是说，在佛国世界里，色彩是圆满的。

⑤**妙饰间列**：大意为，处处珍宝森列，交相辉映。这是"形色圆满"，即指佛国世界里的装饰性物品是圆满具足、清净可爱的。

⑥**周圆无际**：大意为，光明和珍宝都无边无际。这是"分量圆满"，即是说在佛国世界里，光明和珍宝所覆盖的面积广大无边。

⑦**三界**：即欲界、色界、无色界。界是界限、类别之义，"三界"即是指三种生命类别。"欲"有四种：一是情欲，二是色欲，三是食欲，四是淫欲。总起来说，欲界即是指有欲念的生命状态，按照佛典的分析，从沉沦于黑暗深渊中的地狱生命一直到他化天上活动着的生

命都是有欲念的生命类别。"色"即色质，指精细物质，色界指没有欲念而有物质肉体的生命状态，按照佛典的分析，从修行静中思维的生命一直到阿迦腻吒天上活动的生命都属于这一生命类别。"无色"指没有肉体物质，无色界即指那种既无欲念又无肉体但残存思想活动的生命状态，按照佛典的分析，这是指世俗生命世界中最高级别的生存状态。三界生命都属于世俗生命，它们都具有流转变异的生存特点。

⑧**超过三界所行之处**：大意是，那光明不仅柔和地照耀着有欲念的生命世界、没有欲念但有肉体的生命世界、既无欲念又无肉体但残存思想活动的生命世界，而且从三重世俗世界穿透而出，射向一切存在着的宇宙空间。这是"方所圆满"，即是说佛国世界超越于世俗世界，它不被世俗世界的空间范围所限制，所以它的存在方位是圆满的。

⑨**善根**：基本的良善品性、德性，包括无贪欲、无恨恶、无愚昧、信念佛法等，这些基本品性、德性能引发未来生命的一切美德和智慧，是美德和智慧的基础、前提，所以称为"善根"。

⑩**胜出世间善根所起**：大意是，它是从生命的良善德性里引发出来的，生命活动中的这些良善德性同服务于世俗生活的道德心理不同，它超出时间空间的变动流

转，是真理的基础。胜，殊胜之义；出，超出、超越之义；世间，即世俗之义；起，产生、引发之义。这是"因圆满"，即是说，引生佛国世界的心性条件是圆满的，这一心性条件超出世俗因缘条件的生灭变动之上，所以是无缺失的。

⑪**自在**：消除了一切被动状态，排除了一切痛苦烦恼，自在自为，圆满自由。

⑫**净识**：净化了的心识，转化后的精神结构。

⑬**最极自在，净识为相**：大意是，佛国世界是圆满自由的，它摆脱了一切生灭变动，它是净化的精神生命之创造物。这是"果圆满"，佛国世界修学成果的主要表征是净化了的精神结构，同有染污的日常精神结构相比，它是圆满的。

⑭**如来所都**：佛是这光明世界的主要创造者。这是"主圆满"，即是说佛国世界的创造者是与真理圆满契合的。

⑮**诸大菩萨众所云集**：那些大菩萨们也从四面八方云集而来。这是"辅翼圆满"，即是说，佛国世界并非佛独自一人创造出来的，许多大菩萨们群策群力，帮助佛共同成就了这一美好庄严的事业。

⑯**无量天、龙、药叉、健达缚、阿素洛、揭路荼、紧捺洛、牟呼洛伽、人非人等**：俗称"天龙八部"。天，

指天神；龙，指龙神；药叉，又译为夜叉，是鬼神；健达缚，又译为乾闼婆，是乐神；阿素洛，又译为阿修罗，是一种脾气偏执、爱好战斗而又力量很大的生命；揭路茶，又译迦楼罗，俗称大鹏金翅鸟；紧捺洛，又译紧那罗，即"人非人"之义，也是一种乐神；牟呼洛迦，又译"摩呼罗迦"，是大蟒神。以上八部神道怪物以"天"和"龙"为首，故称"天龙八部"。在佛典中，佛说法时，常常有天龙八部参与法会，所以说这是"眷属圆满"。

⑰**广大法味喜乐所持**：大意是，佛国世界由真理统摄着，佛国世界中的一切众生都被真理滋润着，充满喜乐和愉悦。这是"住持圆满"，意思是说，维护、支撑着佛国世界的是真理，这一支撑物、总摄物是超越一切世俗事物之上的，所以说是"圆满"。

⑱**作诸众生一切义利**：佛国世界到处都是有益众生身心性命的事业。这是"事业圆满"，因为有益众生身心性命的事业都是在真理的要求下由智慧统摄着进行的，它不同于世俗事业的流转性、模糊性、无价值性，所以说是圆满的。

⑲**烦恼**：烦是干扰之义，恼是淆乱之义，各种邪恶的心理情绪能扰乱众生身心，使其常处在不安宁不安乐的状态，这些邪恶情绪就叫作"烦恼"。根据佛典的分析，烦恼有"根本烦恼"和"随烦恼"之别。"根本烦恼"指

生命活动中那些基本的邪恶情绪，它们具有猛烈的作用和影响，能决定生命流转沦没的世俗品性，包括贪欲、恨恶、愚昧、偏见、怀疑等，与基本的良善品性正好相对；"随烦恼"则指伴随基本的邪恶情绪之活动、辅助基本的邪恶情绪之活动的那些邪恶心理品性，像烦躁、嫉妒等均是。本经中所说的"烦恼"系通指两种烦恼而说，译文以"生命中的邪恶情绪"来翻译它，有时也直接称为"痛苦烦恼"。

⑳**灭诸烦恼灾横缠垢**：这些事业能消除生命活动中痛苦烦恼的系缚和污垢。这是"摄益圆满"。利济众生的救度事业具有彻底解除痛苦烦恼的功能，所以说是"摄益圆满"。

㉑**众魔**：诱惑生命堕落的各种邪恶力量。按佛典，共有烦恼魔、蕴魔、死魔、天魔四种之别。其中，烦恼魔指生命中的邪恶情绪；蕴魔指追逐世俗生命生存方式的内在冲动；死魔指一切生命现象中引导至消亡的不可抗拒的必然性力量；天魔则指人以外的天界神导，他们常引诱人犯罪，所以也是"魔"。

㉒**远离众魔过诸庄严**：佛国世界远远摆脱了各种诱惑生命的邪恶势力，它超过任何其他修行人所可能达到的净化世界。这是"无畏圆满"。佛国世界能抵御各种邪恶势力，不畏惧任何的邪恶势力，不遭受邪恶力量的干

扰和侵犯，所以说是"无畏圆满"。

㉓**如来庄严之所依处**：大意是，佛国世界是佛一切功业智慧的源泉和归宿。庄严，指佛以功业智慧自利利他。这是"住处圆满"，即是说，佛的一切智慧功业以佛国世界作为基础、保障，所以说其功业智慧绝不会消失，它们依据的场所是圆满的。

㉔**大念慧行以为游路**：大意是说，念、慧、行依序可配合三慧，也就是依闻力可念持所说，以思力来抉择理，以修力来趣入证果。游路，即"所走的道路"。这是"路圆满"，意思是说，菩萨修行时所依据的方法、所选择的道路是绝对正确、绝对可以导向真理的，所以说是"路圆满"。

㉕**止**：修行精神结构的一个方面，即心念相续的思维方式和思维状态。

㉖**观**：修行精神结构的另一个方面，即指观照思维的思维方式和思维状态。

㉗**大止妙观以为所乘**：大意是，修行人认真修学心念相续的思维方法和观照思维方法，根据这两种修行精神结构的培养，使生命从生灭状态中提升出来。这是"乘圆满"。乘，有载义、筏义、渡义。止观修行能把生命由流转变动的此岸引导到安乐自由的彼岸，所以说是"乘圆满"。

㉘**空**：亲光解释说："遍计所执生、法无我，说名为空。"这是明确地把"空"解释成"一切存在现象实体的不存在"，这是着眼于存在论来解释的。

㉙**无相**：亲光解释说："相谓十相，一色、二声、三香、四味、五触、六男、七女、八生、九老、十死，即是涅槃无此相，故名无相。"其中，色、声、香、味、触五相指物质世界，男、女二相指生命世界，生、老、死三相指前二者都必须经历的发展三阶段。事实上，佛家所说的"无相"是从认识角度着眼的，一切认知对象都没有实体的存在，一切认知对象都是认知活动本身的显现和产物，因此被看成独立于认识活动之外的对象实体事实上是不存在的，这就是"无相"。

㉚**无愿**：亲光解释说："愿谓求愿，观三界苦，无所顾愿，故名无愿。""无愿"是从修行论角度着眼的，由于一切存在现象都没有实体，一切认知对象也都没有实体，所以无论是在日常生活还是在修行生活中，在起心动念的每一刹那，都不应有与实体执着相联系的希愿、希求。"无愿"实际上是把"无实体性"的教法道理切实运用到日常修行生活中，驾驭精神活动的走向，以便使生命活动真正介入到向上净化的道业中去。

㉛**解脱**：解除系缚、解放身心的枷锁，使生命从生死烦恼中脱离出来。

㉜**大空、无相、无愿解脱为所入门**：彻底研究一切存在现象没有实体、认知对象没有实体以及驾驭自己精神活动的流向这三条原理，这就等于找到了通向佛陀宫殿的大门，这是"门圆满"。以上三条学理能使生命实现彻底的进化，能把生命提升到佛国世界的庄严风光里，能使生命亲睹佛陀的真实面目，所以说它们是通向佛陀宫殿的门径。

㉝**大宝花王众**：大就是胜之义，宝花王即红莲花，佛陀宫殿的雕饰物。以此比喻佛陀法王所起的诸种胜妙功德。

㉞**无量功德众所庄严，大宝花王众所建立大宫殿中**：大意是，佛陀那朵朵红莲雕饰而成的宫殿金碧辉煌，堂皇庄严，它们是由佛、菩萨、天龙八部以及其他一切修行人用美德和智慧筑造起来的。这是"依持圆满"，意思是说，佛陀宫殿依据美德和智慧，美德和智慧超越一切凡知俗行，所以它是圆满的。

译文

我所听到的教化是这样的：

当时，佛陀（那已与真理绝对契合的觉者）住在净化了的佛国世界里，佛的智慧和功业散发出巨大的光明，光明所及之处，到处珍宝罗列，璀璨夺目，交相辉映。那光明无边无际向四面八方辐射开去，不仅笼罩着有欲望的生命世界、没有欲望但有肉体的生命世界、既无欲望又无肉体但残存思想活动的生命世界，而且从三重世俗生命世界穿透出来，充溢一切存在着的宇宙空间。那庄严美丽的佛国世界是从生命中基本的良善品性里引发出来的，这良善品性与日常生活的道德心理不同，它是真理的基础。光明普照的佛国世界摆脱了一切的生灭和变化，它是已净化的心识之产物。佛陀是这光明世界的主要创造者，那些大菩萨也云集而来，八部天龙常常侍奉他们、护卫着他们，佛国世界中的所有生命都被真理滋润着，充满喜乐和愉悦。佛国世界里到处都是有益众生身心性命的事业，这些事业能消除生命活动中一切痛苦烦恼的系缚和污垢，能远远摆脱开诱惑生命的各种邪恶势力。佛国世界是佛一切功业的源泉和归宿，同情众生，誓愿救济一切生命的广大志向及智慧指导下的一切修行活动便是引导到佛国世界的康庄大道。修行人认真学习心念相续的思维方法和观照思维的修行方法，彻底研究一切存在没有实体、认识对象没有实体，以及不做任何会给未来生命带来恶劣影响的身心事业这三条原理，这就等于找到了通向佛陀宫殿的大门。那朵朵红莲雕饰而成的金碧辉煌的宫殿是佛、菩萨、天龙八部以及其他一切众生用美德和智慧创造出来的。

原典

是薄伽梵最清净觉①，不二现行②，趣无相法③，住于佛住④，逮得一切佛平等性，到无障处，不可转法，所行⑤无碍，其所成立不可思议，游于三世平等法性，其身流布一切世界⑥，于一切法智无疑滞，于一切行成就大觉，于诸法智无有疑惑，凡所现身不可分别⑦。一切菩萨正所求智，得佛无二住胜彼岸⑧，不相间杂，如来解脱妙智究竟，证无中边，佛地平等⑨，极于法界⑩，尽虚空性，穷未来际。

注释

①**最清净觉**：清净，净化之义；觉，觉悟之义。意谓"佛已与真理圆满相应、圆满契合"。

②**不二现行**：现行，即发生作用之义。凡夫、一般人贪着于生死，即留恋世俗生命的心理发生着现实作用；声闻独觉、一般修行圣人，贪着于解除了生命活动的生命，即贪恋安宁安乐精神状态的心理发生着现实作用。佛已与真理圆满契合，所以，一方面他不再留恋于流转变动的生存状态，在他的精神结构中不再有世俗的

生命活动发生；另一方面他也不留恋修行人所达到的精神境界，他的精神生活不是纯粹静止安宁的，佛参与一切生命活动而又圆融无碍。译文仅取大意。

③**无相法：**即"涅槃"，指圆满、安乐、自由的生命境界。无相，没有"对象"，指精神生活突破二元对立的思维模式，生命境界、认知境界里不再有对立、对待和对峙。

④**住于佛住：**亲光释为："显示世尊观所调化殊胜功德，谓住大悲，昼夜六时观世间故。"即是说，佛以慈悲情怀，观察一切生命的痛苦、愿望和祈向，探取适当的方法来教化他们、帮助他们。

⑤**所行：**指现实生命的一切活动，或指现实生命活动的生存世界。

⑥**其身流布一切世界：**亲光解释说："显示世尊现从睹史天宫来下殊胜功德，谓现化身普于一切世界洲渚，同时流下，入母胎故。"这是说，佛在证到与真理相应的真正生命后，已能根据世俗生命的要求，随意变现身体，使真理在生存世界上完美地体现出来。

⑦**凡所现身不可分别：**亲光解释说："显示世尊能正摄受无染自身殊胜功德，谓诸佛身非是虚妄分别所起，无烦恼、业、生杂染故，以如来身非是杂染分别起，故不可分别。"这是说，佛的变现身体是真理的显现，他本

身没有任何染污，因此不可对之产生执着，问他同一般生命是同还是不同。

⑧**无二住胜彼岸**："无二住"是说佛的真正生命摆脱了生死流转的差别之相，他是自身绝对同一的；"胜彼岸"是说，由于佛的真正生命事实上以存在的真实本性为其体质，这样在得到真正生命后，就必然能将生命由生死流转的世俗状态引导到安乐自由的圆满状态，由此岸引导到彼岸。

⑨**证无中边，佛地平等**：亲光解释说："显示世尊证真如相殊胜功德，谓真如相无有中边，远离一切有为无为中边相故，远离方处中边相故，如是真如即是佛地平等法住，证此佛地平等住故，遍知一切为无为等，于中不染。"这是说，存在的真实本性是平等无有差别的，它摆脱了对有造作有生灭变化的存在现象与没有造作没有生灭变化的存在现象的各种分别执着，也摆脱了一切空间间隔的偏见执着，佛亲身证入存在的此种本性，知道对一切存在现象都不可妄加执着，所以他生命的一切活动都是自然而然、顺其本性的，绝不会有痛苦烦恼能染污他的心性。

⑩**法界**：指一切存在着的宇宙世界。

译文

　　世尊，他已经获得最高、最圆满的觉悟，他生命的一切活动都是净化了的，既不像一般众生那样如胶似漆地执着着生死状态，也不像要求摆脱一切身心活动的修行人，贪恋着安宁安乐的内心感受，身心也不得自由！佛的一切生命活动都出于真理，出于存在的真实本性，他的一切生命活动又都归向真理，归向存在的真实本性。他同情生命，珍视生命，永远用慈悲的心肠感受着世俗生命的种种苦痛。他的智慧同其他契合真理的觉者相似，他的道业也与他们相同。他已破除对自我的实体执着，身心自由、圆满安乐；他已破除一切知识障碍，把存在的实态看得清清楚楚。他的教法是真理的表述，一切世间的学说和理论都不能将它动摇。他面对的一切境界和对象都不能障碍他、系缚他，或者诱惑他，他在一切境界里徜徉往复，就像信步走在真理的家园。他借助世间语言成立的佛教教法是奇妙殊胜的，对之不可用日常意识妄加推测，也不可用世间语言轻率论断。他在现实的生命活动里，能正确地推断过去周期的生命状况，对未来将会发生的一切他也能正确地预知。他已彻底打消了过去、现在、未来的时间隔别，那种时间间隔只是世俗生命活动的形式，真正的生命绝不会在流动的时间中被拘束。他能就着众生的需要，同一时刻到一切生命世界现身。他已获得圆满知识，对一切现象都会有正确的抉择，决不犹疑。他熟知生命的情性差别，对于不同的人的需求，他能适宜地因材施教，方便善巧地把他们引向真理。他对一切教法都研究得清清楚楚，根据不同人的根器和理解力，他能选择适当的教法去开导他们。佛虽然经常现身于一般生命的世界中与世俗生命共在，但他的身体已经没有邪恶情绪及生存行为所带来的染污，因此，不能对他的身体妄加分别执着，怀疑他和一般生命的肉体究竟是同还是不同。他的智慧正是那些后学者应当追求的，佛已成为他们的表率。佛的真正生命摆脱了一切的差别和对待，它超出流转和变化，已达到生命活动的最完美状态。他的生命又是绝对智慧的产物，他拥有自身的同一性，不与其他佛的身体相混杂。他不执着任何极端的观念，也不在各种极端的观念间谋求调和。他亲身融入的存在实态是平等无差别的，他亲自体会的真理也是平等无差别的。一切的实体执着均已被突破，一切的差别和对待也已被打破。他净化了的生命活动充盈天地，他救度众生的功业无边无际。他的智慧和功业弥满全宇宙，从无边无际的过去直到无穷无尽的未来。他帮助众生，救济众生。他把喜乐和欢笑带给众生，他庄严的事业永无终止！

原典

与无量大声闻众俱，一切调顺①，皆是佛子②。心善解脱③，慧善解脱④，戒善清净⑤，趣求法乐⑥。多闻⑦闻持⑧，其闻积集⑨。善思所思，善说所说，善作所作。捷慧⑩、速慧、利慧、出慧⑪、胜决择慧⑫、大慧、广慧及无等慧，慧宝成就。

具足三明⑬，逮得第一现法乐住⑭。大净福田，威仪寂静，无不圆满，大忍柔和，成就无减，已善奉行如来圣教。

注释

①**调顺：** 已能与佛的心意相应，已能深切体会佛的教法道理。

②**佛子：** 修行人在破除对世俗生命的留恋、执着后，从佛的教法里获得新的生命，他的新生命从佛而来，所以称作"佛子"。

③**心善解脱：** 精神从世俗生命状态中的种种贪欲执着里摆脱出来。

④**慧善解脱：** 精神从愚昧无知的状态里摆脱出来。

⑤**戒善清净：** 能够严格遵守一切戒律，能够善巧通达地根据戒律的要求来调节或控制自己的一切思想、行

为，这就叫作"戒善清净"。

⑥**趣求法乐**：趣，趋向；法，指存在的真实本性。亲光解释这句话说："求正法时欲趣大乐，谓佛菩提，不求余事；或求法时，为令他乐，无求违意，离恶威仪。"这是说，在追求生命向上进化的道路上，不贪恋其他的世俗享乐，把精神全部集中到真理上，以真理为乐，这是修行人在修行生活中能真切感受的快乐；或者在追求生命进化的道路上，为了让其他生命也能享受到真理的快乐，自己在行、住、坐、卧各种日常活动中都做到庄严庄重，这就让别人一见之下肃然起敬，从而在内心中产生快乐感，这是修行人在修行生活中通过调节自己的日常行为而让别人感受与真理相应的快乐。译文只取大意。

⑦**多闻**：多闻经法教说而受持之义。

⑧**闻持**：能够把自己听到的教法道理牢牢地留在记忆上，印在心识里，从此不再遗忘所修持之法。

⑨**其闻积集**：反复研究教法，使印象更牢靠，使理解更透彻。

⑩**捷慧**：亲光释为："三业清净，随智慧行，于佛所说法毗奈耶速入其义，故名捷慧。"即是说，由于修行人长期接受教法的熏陶，他的身心一切行为都已得到很好的调御，已经引发了内在的智慧，因此在接触教法之

后，他就能比一般人更快地对教法中的道理产生精神上的共鸣和体会。

⑪**出慧**：出，超出之义，指能引导生命从生死流转的世俗状态走脱出来的智慧。

⑫**胜决择慧**：亲光释为："此慧能为涅槃了因，是故说名胜决择慧。"意思是说，与真理真实相应的智慧能够对圆满自由的生命境界产生出理性上的正确把握、正确认识，对生命本性的这种理性把握就为真理的实现提供了认识上的条件。了因，指认识上的根据或条件。

⑬**三明**：据亲光解释，"三明"即"宿住随念智证通明、死生智证通明、漏尽智证通明"。通明，意即通达的智慧、通达的认识能力。这三种通达的认识能力实即：其一，能认识过去周期生命一切活动的认识能力；其二，能认识现在周期生命状况的认识能力；其三，能认识一切痛苦烦恼解除后真实生命状况的认识能力。

⑭**逮得第一现法乐住**：大意谓：他们已经获得这种思维功能、认识境界，在此思维状况和认识境界里，其精神活动注意于存在的真实本性，再也不会从真理上退缩下来。

译文

佛同那些对苦、集、灭、道四种真理很有研究的大弟子们聚在一起，这些弟子们接受了佛的教化，已能懂得佛的心意，他们都从佛证悟的真理中得到了新的生命。他们已经摆脱了世俗的贪欲与愚昧无知的状态。他们已能遵守一切戒律，对极其细微的邪恶行为也都能自我警醒。他们期求进化自己的生命，以真理为乐事。他们听过佛的多次教诲，已有很高的记忆力，佛陀教典中的道理已经融入在他们的生命里，在其生命中扎了根，再也不会遗忘。他们生命中的一切活动，从思想、语言到行为都已得到净化，只要一听到佛的话语，他们就立刻懂得这些话语中包含的道理，他们经常思考这些道理，其中的任何曲折细微处也能心领神会。他们已获得摆脱生命流转的奇妙智慧，运用这些智慧，他们就能理解什么是生命的真正安乐和自由。因此这些修行人有能力讨论一切与真理相关的问题，其智慧广大无边，遇到任何难题都能举一反三、触类旁通。他们的智慧是契合于真理的，所以其智慧足可穷尽一切存在的底蕴。由此智慧，就能成就生命向上发达的宏伟道业，它是生命活动中最奇妙难得的珍宝。

这些修行人由于开发出内在的智慧，就获得三种认识能力：其一，他们能认识过去生命周期中的一切生命活动；其二，他们对日常生命状态看得清清楚楚；其三，他们懂得一切错失消除以后的生命状况究竟会是怎样。他们已经获得这种思维功能，在此思维中，其精神活动注意于存在的本性，再也不会从真理上退缩下来。他们已摆脱痛苦烦恼，其生命如同经过修治的良田，良田能苗发一切资生的事物，经过改造的生命能引发出一切的善行。他们的行、住、坐、卧都显得安宁、和平，其日常一切身心动作也都是真理的体现；他们已能忍受一切环境的逼迫，即使别人无法接受的压迫和残害，他们也都能以柔和的心情接受它。这些大修行人已经实证了佛的教法，已经使生命从痛苦的渊薮中提拔出来。他们现在又聚在佛的身边，亲近佛，恭聆他的教诲，希望百尺竿头，更进一步，返求最圆满的觉悟。

原典

复有无量菩萨摩诃萨，从种种佛土而来集会。皆住大乘，游大乘法。于诸众生，其心平等。离诸分别及不分别种种分别①，摧伏一切众魔怨敌。远离一切声闻②、独觉③所有作意，广大法味喜乐所持④。超五怖畏⑤，一向趣入不退转地。息一切众生一切苦恼所逼迫地，而现在前。其名曰：解甚深义密意菩萨摩诃萨，如理请问菩萨摩诃萨，法涌菩萨摩诃萨，善清净慧菩萨摩诃萨，广慧菩萨摩诃萨，德本菩萨摩诃萨，胜义生菩萨摩诃萨，观自在菩萨摩诃萨，慈氏菩萨摩诃萨，曼殊室利菩萨摩诃萨等而为上首。

注释

①**离诸分别及不分别种种分别**："分别"即执着于存在现象的实体性，认为现象界纷繁多样、千差万别，不同的事物拥有不同的自身特质，在诸事物间没有任何共通性；"不分别"是用"一刀切"的态度看待存在现象，把一切存在现象看成是完全一致的，现象与现象、事物与事物之间没有任何质的差别。以上两种认识观念中，前者只看见事物的差别性而不见其同一，后者只看见事物的同一性而不见其差别，所以说"分别"和"不分别"都是"分别"，即都属于偏见执着，而修行生活的首要目的即在于突破种种偏见执着，超越"同一"和"差别"这些对待性范畴之上，以便对存在获得更全面更真实的认识。

②**声闻**：指早期佛教中追随佛陀、亲自聆听过佛陀教法的那类修行人，他们主要致力于"四种真理"的研究，他们有见于生命现象的痛苦品性，要求放弃一切生命活动。

③**独觉**：佛陀教法之外的一类修行人，他们透过观

察生命活动的具体展开过程而悟人存在的本性，他们有见于生命现象流转变动的特征，也要求解除一切生命活动。

④**广大法味喜乐所持**：亲光解释说："即用大乘法味喜乐为食。""食"，即滋养身心之义；"大乘法味"，即与真理相契合的精神愉悦感。这是说，用修学成佛教法所获得的那与真理相契合的愉悦喜乐来滋润、维持和统摄自己的生命。

⑤**五怖畏**：五种畏惧情绪，按佛典，这五种畏惧情绪是：（一）不活畏，即对生命遭受重大胁迫的畏惧；（二）恶名畏，即畏惧坏名声；（三）死畏，即对死亡的畏惧；（四）恶趣畏，即对生命在未来周期可能沦入邪恶生存状态的畏惧；（五）怯众畏，即对他人之畏惧。"五怖畏"描述日常生命的几种最基本的畏惧情绪，它们是对流转生命烦恼品性的真实写照。

译文

又有无量无数的大菩萨从其他佛国世界中赶来聚会。这些大菩萨都坚持以成佛教法作为自己的修学方法，认为同情众生、帮助众生、救济众生是自己的应尽责任。他们根据切实的修行成佛教法，在他们内心中，一切众生都是平等而无差别的。他们不再用意识对存在妄加分别、计较，也不像有些修行人那样勉强地要去消除一切思维能力。他知道，引导众生堕落的一切邪恶势力和压迫势力都没有真实的存在，他们决不贪求种种名利，一切邪恶势力都对他毫无办法。他不像那些期求解除一切生命活动的修行人，他志向高远，目光远大，以成就最高最圆满的觉悟来策励自己。他用那从真理中流溢出来的喜乐和愉悦滋养自己，他的生命活动不再靠世间其他营养成分来调剂。他的思想、语言和行为都是净化了的，不再有任何邪恶的生命活动，因此也就消除了一切恐怖心理产生的前提。他不需要再运用意志或观念自我调控，他生命的一切活动都是自然而然的。他具有深厚的慈爱与怜悯，每当其他生命遭受苦恼逼迫时，他都能出现在他们面前，拔除他们的痛苦，给予他们喜乐。他们当中有解甚深义密意大菩萨，有如理请问大菩萨，有法涌大菩萨，有善清净慧大菩萨，有广慧大菩萨，有德本大菩萨，有胜义生大菩萨，有观自在大菩萨，有慈氏大菩萨，有曼殊室利大菩萨等，这些菩萨是当时集会中最重要的一些大修行人。

2 真理究竟是什么样子

胜义谛相品第二

尔时，如理请问菩萨摩诃萨，即于佛前问解甚深义密意菩萨言：最胜子①！言一切法无二②。一切法无二者，何等一切法③？云何为无二？

解甚深义密意菩萨告如理请问菩萨曰：善男子！一切法者，略有二种：一者有为④，二者无为⑤。是中有为非有为非无为，无为亦非无为非有为。⑥

如理请问菩萨复问解甚深义密意菩萨言：最胜子！如何有为非有为非无为，无为亦非无为非有为？

解甚深义密意菩萨谓如理请问菩萨曰：善男子！言

有为者，乃是本师假施设句⑦，若是本师假施设句，即是遍计所执言辞所说⑧，若是遍计所执言辞所说，即是究竟种种遍计言辞所说，不成实故⑨，非是有为。

善男子！言无为者，亦堕言辞施设。离有为无为少有所说，其相亦尔。⑩然非无事而有所说，何等为事？谓诸圣者以圣智圣见离名言⑪故，现等正觉，即于如是离言法性⑫，为欲令他现等觉故，假立名想，谓之有为。

善男子！言无为者，亦是本师假施设句，若是本师假施设句，即是遍计所执言辞所说，若是遍计所执言辞所说，即是究竟种种遍计言辞所说。不成实故，非是无为。

善男子！言有为者，亦堕言辞。设离无为有为少有所说，其相亦尔。然非无事而有所说，何等为事？谓诸圣者以圣智圣见离名言故，现等正觉，即于如是离言法性，为欲令他现等觉故，假立名想，谓之无为。

注释

①**最胜子**：旧译"佛子"。

②**一切法无二**：二，对待之义，意即对于一切存在现象都不能用表示对待关系的世俗概念来理解。

③**法**：犹言"一切存在现象"。

④**有为**：真谛译为"所作"，指有造作有生灭变化的存在现象。

⑤**无为**：真谛译为"非所作"，指没有造作没有生灭变化的存在现象。

⑥**是中有为非有为非无为，无为亦非无为非有为**：遁伦解释这句话说："佛为众生假说有为无为，而无随名有为无为真实法体，故言无二。"意思是说，佛施设存在现象，将存在分为"有为"和"无为"两个部分，究其实，只是为了众生理解的需要，才假借语言成立这两个概念，两个概念指称的事物实体是根本不存在的。法体，即质体之义；"真实法体"，犹言"真正的质体"，这即是指实体。

⑦**假施设句**：假借语言成立的名称。真谛此处的译文表意极明确，他的译文是："善男子！所作者，此是大师正教言句，若是大师正教言句，即是世间所立言说，从分别起，此世言说若分别起，由种种分别及所言说一句不成，故非所作。"意思是说，佛虽然为显示真理而假借语言成立"所作"这一概念，但既然教法之概念都从世俗语言系统中取来，那它就必然拥有世间语言的共性。世间语言的共性是，在语言所指谓的对象背后存在着实体执着，从真理的立场来看，这种语言实体是不存在的。因此，佛所成立的"所作"概念也是与世间语言

的实体性执着这一共性联系在一起的。从真理的立场来看，"所作"概念指谓的对象之实体是绝对不存在的。

⑧**遍计所执言辞所说**：遁伦解释说："即是遍计所集言辞所说等者，但以众生随名起执，于佛假施设句执有定法，故言是遍计所集。"这是把"遍计所集"解释为"遍计所执"，但事实上这二者之间并不完全一致："遍计所集"是指意识周遍观察、周遍计较前五识所感知的一切内容、一切素材，对前五识的感知内容、感知素材予以构造、整理，使它们成为知识系统中条理化的对象，所以称之为"所集"；"遍计所执"则在此基础上进一步予以意识虚构，把经过构造、整理的感知对象、感知素材进行实体化，认定在意识的一切认知对象背后都有实体存在。因此，从"遍计所集"到"遍计所执"显示了生命活动中逐渐深化的实体化过程。

⑨**不成实故**：大意是，这表明在语言所指称的对象上执着的实体是不真实的，它只是意识的虚构。

⑩**离有为无为少有所说，其相亦尔**：大意是，假如有人企图超出以上两个存在概念的语言困境，企图在存在的两个现象之外再成立一个名称，说这个名称所指谓的存在现象既不能被看成是有生灭变化的，也不能被看成是没有生灭变化的，人们仍然会陷于困境之中，因为世间语言的本性决定了人们必然会对"不可言说的存在"

这一名称所指代的东西妄加执着，把它看成是实有的。遁伦在此举出犊子部的"第五法藏"作为例证，他指出，"第五法藏"号称指代那些不能用语言称说的东西，但这"不可称说"的东西既然仍然是假借语言概念成立的，它本身就不能排除被执着为是实体的可能性。

⑪**名言**：语言名称或概念。

⑫**离言法性**：法性，即指存在的真实本性，存在的真实本性是超越于世间语言之外的，世间语言所称述的对象注定有被执着为实体的可能性，而存在的真实本性正是在透破一切实体执着、透破一切语言执着之后才显示出来的，因此为生存状态服务的世间语言，不适合用来表述存在的真实本性。

译文

当时，如理请问大菩萨就在佛陀面前问解甚深义密意大菩萨说：最胜子（从佛的教法获得新生命的大修行人）！佛陀曾经说过，对一切存在现象都不能用表示对待关系的世间概念来理解。什么叫作"一切存在现象"呢？什么叫作"不能用表示对待关系的世间概念来理解"呢？

解甚深义密意菩萨对如理请问菩萨说：善男子（修行佛法的善人）！佛陀所说的"一切存在现象"概括起

来指的就是这样两种事物：其一是有造作、有生灭变化的存在现象；其二是没有造作、没有生灭变化的存在现象。什么叫作不能用表示对待关系的概念来理解"一切存在现象"呢？这意思是说，对于有造作、有生灭变化的存在现象，不能认为真的有那样一种实体，它的名字是"有造作、有生灭变化的存在现象"；也不能这样想：既然"有造作、有生灭变化的存在现象"并无实体存在，那么此种现象就必然是没有生灭变化的，它有永恒不变的真实本性。显然，用这些对待关系的概念来理解有造作、有生灭变化的存在现象是不妥当的。同样，对于没有造作、没有生灭变化的存在现象，你也不能认为真的就有那么一种实体存在，它的名字就是"没有造作、没有生灭变化的存在现象"；你也不能认为既然此种存在现象没有实体存在，那它就必然是有生灭变化的现象了。显然，用这些对待关系的概念来理解没有生灭变化的存在现象也是不妥当的。

如理请问菩萨又问解甚深义密意菩萨说：最胜子！不能用对待关系的概念来理解存在的两类现象，这话说得太抽象了，您能不能为我们更详细地解说呢？

解甚深义密意菩萨对如理请问菩萨说：善男子！你应当知道，所谓"有造作、有生灭变化的存在现象"，这只是佛陀假借语言成立的一个名称、一个概念，如果它只是佛假借语言成立的一个名称，那就是说，当人们周遍感知、到处观察万物时，人们总是用语言把所观察到的一切素材、内容用名称标识出来，如果人们只是运用名称把感觉、知觉到的一切素材、内容标识出来，那么，这就说明那被标识出来的对象本身只是周遍观察、处处计较的意识虚构之产物，它本身是绝对没有实体存在的，可见，那被称为"有造作、有生灭变化的存在现象"，就不是说有这样一个存在现象，它能发生作用，能生灭变化。

善男子！如果据此就成立一个新的名称，说这"有造作、有生灭变化的存在现象"，其实是"没有造作、没有生灭变化的现象"，这一概念仍然只是个名称，而名称又只是周遍观察、处处计较的意识用来标识其感知内容的，因此，"没有造作、没有生灭变化的现象"这个名称所指示的实体也是不存在的。有人认识到概念的此种矛盾性，企图在以上两种现象之外再成立一个概念，说这个概念所表达的存在既不能被看成有生灭变化，也不能被看成没有生灭变化，它的本性是不可用语言称说的，这种人的企图仍然是要失败的，因为"不可用语言称说的存在"仍然只是个名称，意识企图用这个名称标志它感知到的某个内容，因此，也绝不能把这个名称看作有实体存在。然而，佛陀并不是毫无缘故地成立"有造作、有生灭变化"这样一个名称概念，佛陀这样做的原因究竟何在呢？那些根据真理践修的圣者，用他们与真理相应的智慧和见地，彻底舍弃了对语言名称的实体性执着，对于存在的本性认识得清清楚楚，他们知道存在的本性是必须在突破语言的实体性执着以后才会灿然显现的，为了让其他众生也能对存在获得圆满觉悟，他们就假借语言成立一个名称，希望一般人也能根据这个名称进行思考以引发智慧，这就是"有造作、有生灭变化的存在现象"这一概念的由来和含义所在。

善男子！所谓"没有造作、没有生灭变化的存在现象"，这也只是佛陀假借语言成立的一个名称、一个概念，如果它只是佛陀假借语言成立的一个名称，这就表示，当人们周遍观察、了解一切存在现象时，人们总是借助语言把观察到的一切内容和素材标识出来，如果人们只是运用名称把感知到的内容和素材标识出来，这就表明，那被标识的对象本身只是意识虚构之产物，它本身也是绝对没有实体存在的。可见，那被称为"没有造作、没有生灭变化的存在现象"，就不是说有那样一个实体，它没有造作，它没有生灭变化。

善男子！如果据此就成立一个新的名称，说这"没有造作、没有生灭变化的存在现象"，其实是"有造作、有生灭变化的"，这一概念也仍然只是一个名称，它也绝对不指向能发生作用、能生灭变化的实体。有些人为避免以上同样的困难，在两种存在现象之外再成立一个"不可用语言称述的存在"概念，如上所说，这些人的企图注定会失败。那么佛陀究竟为什么要成立"没有造作、没有生灭变化的存在现象"这样一个概念呢？那些根据真理践修的圣者，用他们与真理相应的智慧和见地，彻底打破了对语言名称的实体性执着，对于存在的本性认识得清清楚楚，他们知道存在的本性是必须在透破语言的实体性执着以后才会灿然显现的，为了让其他众生也能对存在获得圆满觉悟，他们就假借语言成立了一个名称，这就是"没有造作、没有生灭变化的存在现象"这一概念的由来和含义所在。

原典

尔时，如理请问菩萨摩诃萨复问解甚深义密意菩萨摩诃萨言：最胜子！如何此事彼诸圣者以圣智、圣见离名言故现等正觉，即于如是离言法性为欲令他现等觉故假立名想，或谓有为，或谓无为？

解甚深义密意菩萨谓如理请问菩萨曰：善男子！如善幻师①，或彼弟子，住四衢道。积集瓦砾草叶木等，现作种种幻化事业，所谓象身、马身、车身、步身，末尼、真珠、琉璃、螺贝、璧玉、珊瑚，种种财谷、库藏等身。若诸众生愚痴顽钝，恶慧种类，无所晓知，于瓦砾草叶木等上诸幻化事，见已闻已，作如是念：此所见者实有象身，实有马身、车身、步身，末尼、真珠、琉璃、螺贝、璧玉、珊瑚，种种财谷、库藏等身。如其所见，如其所闻，坚固执着②，随起言说：唯此谛实，余皆愚妄。彼于后时应更观察。

若有众生非愚非钝，善慧种类，有所晓知，于瓦、砾、草、叶、木等上诸幻化事，见已闻已，作如是念：此所见者无实象身，无实马身、车身、步身，末尼、真珠、琉璃、螺贝、璧玉、珊瑚，种种财谷、库藏等身，然有幻状迷惑眼事，于中发起大象身想③，或大象身差别之想。乃至发起种种财谷、库藏等想，或彼种类差别之想。不如所见，不如所闻，坚固执着，随起言说：唯此谛实，余皆愚妄。为欲表知如是义故，亦于此中随起言说。彼于后时不须观察。

如是若有众生，是愚夫类，是异生类，未得诸圣出世间慧，于一切法离言法性不能了知，彼于一切有为无为，见已闻已，作如是念：此所得者决定实有有为、无为。如其所见，如其所闻，坚固执着，随起言说：唯此谛实，余皆痴妄。彼于后时应更观察。

若有众生非愚夫类，已见圣谛，已得诸圣出世间慧，于一切法离言法性如实了知，彼于一切有为、无为，见已闻已，作如是念：此所得者，决定无实有为、无为，然有分别所起行相④，犹如幻事迷惑觉慧；于中发起为无为想，或为无为差别之想。不如所见，不如所闻，坚固执着，随起言说：唯此谛实，余皆痴妄。为欲表知如是义故，亦于此中随起言说。彼于后时不须观察。

注释

①**善幻师**：魔术大师。

②**坚固执着**：即固执己见。

③**大象身想**：认为"这是大象的身体"。

④**然有分别所起行相**：行相，即显现、显像，此句意思是说，当意识假借语言给事物造成名称时，存在的现象就在不同的名称下显现出来了，其实这些显像并无实体存在，因为它们是由周遍计较的意识虚构出来的。

译文

当时，如理请问大菩萨又问解甚深义密意大菩萨说：最胜子！您刚才说到，那些觉悟了的修行人以其智慧和见地，透破语言的实体性执着，对存在已获得正确见解，才假借语言成立"一切有造作、有生灭变化的存在现象"和"一切没有造作、没有生灭变化的存在现象"这两个概念、名称。现在我想知道，这其间的细微奥妙之处究竟应当怎样思考？

解甚深义密意菩萨对如理请问菩萨说：善男子！你观看过魔术表演吗？打个比方说，这好比一个魔术大师带着他的弟子们在四通八达的市集中表演魔术。他们搬来枯草、落叶、树木、砖瓦、石块等，利用这些材料，把它们当场变成各式各样的东西，如大象、战马、车辆、行人等物，如意、珍珠、琉璃、螺贝、璧玉、珊瑚等各种奇珍以及钱财、谷物、仓库等杂物，魔术表演精彩夺目，市集口围拢了一大群人观看，大家都深深为之倾倒。其间有一些观众愚昧无知，看到魔术师用神奇手法变幻出的种种事物后，这些人心里就想：我们看到大象、战马、车辆、行人了，我们看到如意、珍珠、琉璃、螺贝、璧玉、珊瑚等种种奇珍了，我们看到钱财、谷物、仓库等种种杂物了，这种种神奇的事物真的让魔术师给变幻出来了！于是，根据他们自己的所见所闻，这些愚昧无知的观众就牢牢地执着着自己的错误观念，说他们在市集场上看见的魔术大师变幻而出的种种事物都真实存在，而其他各种看法是完全错误的。这些人实在不懂得魔术表演的性质，要想对魔术表演有一个正确的认识，他们还需要多多观察、多多思考。

另外一些观众有智慧、有知识，他们对一般事物往往都有清晰的见解，在观看魔术表演时，看见魔术师把枯草、落叶、砖瓦、石块等变幻成了种种事物后，这些人就根据所见所闻在心里揣摩说：我们看到大象、战马、车辆、行人，看到如意、珍珠、琉璃、螺贝、璧玉、珊瑚种种奇珍，看到钱财、谷物、仓库等种种杂物，但这种种事物都不过是魔术师用神奇手法制造出来的幻象，这些幻象能迷惑人的眼睛，让人看上去感觉这一切好像都是真的，于是就习惯性地根据感觉到的幻象推测说，这是大象，这是大象身上各个不同的部分。乃至于推测每一个所看见的事物，推测它的自身结构，它与其他事物的差别。这些观众在这样思考后，就不再执着自己亲眼看见、亲耳听见的一切，不会说：我所看见的一切都是真实存在的，其他人的看法都是错误的。同样，为了把自己的正确看法陈说出来，他也必须借助于语言概念这个表达工具。这些观众已懂得魔术表演的特性，他们对此已认识得清清楚楚，不需要再去观察、再去思考了。

　　如上面所举魔术表演的例子相似，有那么一类众生，他们的心识尚处在蒙昧状态，他们在痛苦烦恼中流转变动着的生命，还没有获得超越世俗生存之上的智慧，对于一切存在现象必须透破语言的实体性执着才会显示其本性这一道理无法理解，在听到"有造作、有生灭变化的存在现象"和"没有造作、没有生灭变化的存在现象"这两个概念之后，他们就在心里这样推测：我听到那些有智慧的人说有这样两种存在现象，其一是有造作、有生灭变化的，其二是没有造作、没有生灭变化的。这就是说，世界上确确实实有两种实体，它们存在着。根据他们亲眼所见、亲耳所听，这些众生就牢牢地执着着自己的错误观点，说：我的看法是正确的，其他人的任何看法都不过是无知和虚妄的表现罢了。这些众生尚未对存在的本性获得认识，要想体会教法中包含的真正意旨，他们还需要多多观察、多多思考。

　　另外一些有知识的众生，他们已如实研究过佛陀教法中的四种真理，并且获得超出世间生存活动之上的智慧，他们对于必须透破语言的实体性执着才能如实认识存在的本性这一道理已非常理解，在听到"有造作、有生灭变化的存在现象"和"没有造作、没有生灭变化的存在现象"这两个概念之后，他们就思索说：我听到关于存在现象的两个名称，这两个名称绝不指向两种存在着的实体，只不过当我们运用语言去分别事物、称呼事物时，那被语言标志出来的现象就像是魔术师幻化出来的事物那样，极易迷惑人的感觉和理性；我们习惯性地把被语言指称的对象看成是有实体存在的，说这个实体是有造作、有生灭变化的，那个实体是没有造作、没有生灭变化的，同时，我们还千方百计地在这两类被虚构的实体间寻找其差别。在这样思考后，这些众生就不再执着于自己亲眼所见、亲耳所听的语言概念，不会说：我的看法是正确的，其他人的看法都是无知和虚妄的表现。这些有智慧的修行人为了把他们自己对存在的正确理解表述出来，帮助他人，仍然也必须借助于语言工具。他们已经看到语言概念的本性，他们不需要在这个问题上继续观察、继续研究了。

原典

如是，善男子！彼诸圣者于此事中，以圣智圣见离名言故，现等正觉，即于如是离言法性，为欲令他现等觉故，假立名想，谓之有为，谓之无为。

尔时，解甚深义密意菩萨欲重宣此义，而说颂曰：

佛说离言无二义，甚深非愚之所行；
愚夫于此痴所惑，乐着二依言戏论。
彼或不定①或邪定②，流转极长生死苦；
复违如是正智论，当生牛羊等类中。

①**不定**：品性未定，尚不能确定其生命活动未来会向什么方向发展。

②**邪定**：品性是邪恶的，其未来生命必然会向更痛苦更无进化希望的生存方向上发展。

译文

因此，善男子！那些觉悟了的修行人根据其与真理相应的智慧和见地，他们舍弃了对语言的实体性执着，因而清清楚楚地认识了存在的本性，为了把透破实体性语言执着后显示出来的存在本性向其他人揭示出来，以便帮助更多的生命获得对存在的正确知识，所以他们借助语言，成立了"有造作、有生灭变化"和"没有造作、没有生灭变化"这两类存在现象。你应当知道，佛借助于语言向我们陈说教法，而我们则只有透破语言的实体性执着才能领会教法，我们先前说过，存在的真正本性是无法用对待关系的世间概念来表述的，其道理正是如此。

当时，解甚深义密意大菩萨想用简明的语言把以上教法的大旨概括出来，以便一般人记忆和掌握，就说了下面一些偈颂。他说：

佛陀说存在的本性是透破语言的实体性执着的，不能用表示对待关系的语言概念来称谓真理，这其中的意蕴深奥无比，寻常人的思维绝对无法理解。愚昧无知的人被无知状态束缚着，他们喜欢那些为生存状态的语言概念，凡语言指称的一切，他们都说那是有实体存在的，他们颠倒所说，无非偏见。这些生命有的还不能确定未来的发展方向，有的则势必堕入邪恶的生存状态，他们在漫长的生死苦痛中流转着，忽上忽下，起伏缠绵，对于真理的声响则充耳不闻。那愚昧而又执着的生命真是可怜，他们将来势必变成畜生和饿鬼，他们势必在地狱之中饱尝苦辛！

原典

尔时，法涌菩萨白佛言：世尊！从此东方过七十二殑伽①河沙等世界，有世界名具大名称，是中如来号广大名称。我于先日从彼佛土发来至此。我于彼佛土，曾见一处，有七万七千外道②，并其师首，同一会坐，为思诸法胜义谛相③。彼共思议、称量、观察、遍推求时，于一切法胜义谛相竟不能得，唯除种种意解④，别异意解⑤，变异意解⑥。互相违背，共兴诤论，口出矛矟。更相穬已、刺已、恼已、坏已，各各离散。

世尊！我于尔时窃作是念：如来出世，甚奇希有。由出世故，乃于如是超过一切寻思所行。胜义谛相，亦有通达⑦、作证⑧可得。

说是语已，尔时世尊告法涌菩萨曰：善男子！如是如是，如汝所说，我于超过一切寻思胜义谛相现等正觉，现等觉已，为他宣说，显现开解施设照了。

何以故？我说胜义是诸圣者内自所证⑨，寻思所行是诸异生⑩展转所证⑪。是故法涌，由此道理，当知胜义超过一切寻思境相。复次，法涌！我说胜义无相所行⑫，寻思但行有相境界⑬。是故，法涌！由此道理，当知胜义超过一切寻思境相。复次，法涌！我说胜义不可言说，寻思但行言说境界。是故，法涌！由此道理，当知胜义超过一切寻思境相。复次，法涌！我说胜义绝诸表示⑭，寻思但行表示境界。是故，法涌！由此道理，当知胜义超过一切寻思境相。复次，法涌！我说胜义绝诸诤论⑮，寻思但行诤论境界。是故，法涌！由此道理，当知胜义超过一切寻思境相。

注释

①**殑伽：** 即恒河，印度主要河流之一。

②**外道：** 指印度佛陀以前以及佛陀同时代那些提出

各种修行理论的人，现在则泛指佛教教法之外一切探讨真理问题的学理。道，真理之义，一切世间的学术和理论都是从偏见执着出发的，颠倒知见，无非错误，总是游离于真理之外，总是无法达到真理，所以称之为"外道"。

③**胜义谛相**：指存在的真实本性，或指存在的真实样子。

④**意解**：未与真理契合的主观见解。

⑤**别异意解**：互相争论，意见无法统一。

⑥**变异意解**：指开始坚持一种意见，随后放弃这一意见，又提出另外一种意见，如此重复下去，前后矛盾，无法自圆其说。

⑦**通达**：从理论上完全把握它。

⑧**作证**：从修行上亲自实现它，即通过自己的修行活动，使真理显现出来。

⑨**内自所证**：在自己精神经验中体会到的。

⑩**异生**：即众生，指世俗生命。世俗生命不同于净化了的生命，所以称世俗生命为"异生"；世俗生命是流转变异中的生命，所以称为"异生"。

⑪**展转所证**：根据间接知识辗转推论而得到的。

⑫**无相所行**：指超越了主客对立的精神所认知的对象，或其进行认知的方式。

⑬**有相境界：**指主客对立的意识思维所认知的对象，或其进行认知的方式。

⑭**绝诸表示：**指不能用具体的事物或者具体的活动来加以表现。

⑮**诤论：**互相矛盾的见解、理论和学说等，它们皆不足以揭示真理的本来面目。

译文

当时，法涌大菩萨禀告佛陀说：世尊！从这里向东方去，越过七十二条恒河沙数的世界，有一个世界被称作"美名远扬的地方"，在那片国土上，那位与真理相应的佛被人们称作"美名远扬的觉者"。我是刚刚从那个国土来到这里的。世尊！我在那个国土上，曾看见过一个地方，当时七万七千之外道正在聚会，上首坐着他们的导师。当时他们在思考这样一个问题，即：从真理的角度看，一切存在的本来样子究竟是什么？这些与会人士在一起研究、讨论、比较、观察，可是他们都无法清清楚楚地了解一切存在本来的样子，他们只能根据自己的偏见给予一个解答，这些解答千差万别，有些人还不断地修改自己的意见，一会儿说存在是这个样子的，一旦被人们驳倒，又赶紧说存在是那个样子的。大家观点各异，无法统一，各人坚持自己的意见为是，他人的意见为非，纷纷指责其他人观点的错误，纷纷然争论不休。最后与会大众还是不能达成一致的看法，各人心怀怨愤，离会而去。

世尊！当时我私下想：与真理相应的佛出现在与其他生命共在的世界上，这真是奇妙、难得。为什么呢？因为有佛出现在世界上，对于那超越意识思维、超越语言描述的存在实态，修行人也就能从理性上完全把握它，从修行上亲身实现之。

法涌菩萨讲完这段话后，当时世尊就告诉他说：善男子！一切正如你所说的，我已经能清清楚楚地看见存在的真实相状了，为了让其他生命也有领会真理的可能性，也能享受那完美的知识，我就成立了一套教法语言，希望把真理揭示出来，为其他众生的向上进化提供方便。

为什么这样说呢？我明明白白地告诉你们，一切存在的本来面目，这是修行人在其精神生活中自己亲身体会出来的，这是他的直接知识。而意识猜度、语言描述的一切对象只不过是从他人那里辗转而得的一些间接知识。根据这个道理，我们可以说，存在真正的实态是超出间接知识的经验范围的。一切存在的本来面目，它只会呈现在消除一切实体执着后的认识中，这种认识里绝对没有认识对象与认知活动二者之间的对立并峙了，而日常意识则是充满实体性的执着的，在日常意识的思维活动中，主体与客体、对象与认知分庭抗礼、互相对峙；据此我们可以结论说，存在的真正实态是超出主、客对立的思维模式的。一切存在的本来样子，这不是能用语言来称说或传达的，而日常意识所针对的内容则始终不出语言指向的范围；根据这个道理，我们可以说，存在真正的实态是超过语言的陈述范围的。一切存在的本来样子，这不是可用某种具体事物或某种具体活动表现出来的，而日常意识所认识的则始终只是可用具体事物、具体活动加以表现的东西；根据这个道理，我们可以说，存在真正的实态是超过日常意识的范围的。一切存在的本来样子，这绝对不是说，它是既可用这一套概念来描述，又可用另一套概念来描述的，而日常思维所及的内容则往往既可以这样来界说，又可以那样来界说，有时各种界说会互相抵牾，但却都是同一个内容的不同表述；根据这个道理，我们可以说，存在的真正实态是超越互相矛盾的语言表述的。

原典

法涌！当知譬如有人尽其寿量习辛苦味，于蜜、石蜜上妙美味，不能寻思，不能比度，不能信解。或于长夜由欲贪胜解①、诸欲炽火所烧然故，于内除灭一切色、声、香、味、触②相妙远离乐，不能寻思，不能比度，不能信解。或于长夜由言说胜解，乐着世间绮言说故，于内寂静圣默然乐，不能寻思，不能比度，不能信解。或于长夜由见闻觉知表示胜解，乐着世间诸表示故，于永除断一切表示、萨迦耶③灭、究竟涅槃，不能寻思，不能比度，不能信解。

法涌！当知，譬如有人于其长夜，由有种种我所摄受诤论胜解，乐着世间诸诤论故，于北俱卢洲④无我所、无摄受、离诤论，不能寻思，不能比度，不能信解。如是，法涌！诸寻思者，于超一切寻思所行胜义谛相，不能寻思，不能比度，不能信解。

尔时，世尊欲重宣此义，而说颂曰：

内证无相之所行，不可言说绝表示；
息诸诤论胜义谛，超过一切寻思相。

注释

①**由欲贪胜解**：大意是，由于他贪图欲望的满足，贪图世俗生活的享受，他的所有真理观念、知识观念都被他对欲望的贪着限定了起来。下几句"胜解"，仿此释

义。

②**色、声、香、味、触**：色，指视觉可及的颜色；声，指听觉可及的声音；香，指嗅觉可及的香气；味，指味觉可及的味道；触，指身体可感受到的细、滑、冷、暖等特性。色、声、香、味、触是五种感觉对象，这里可意译为"声色之娱"。

③**萨迦耶**：萨，有义、虚伪义；迦耶，集聚之义、身体之义。"萨迦耶见"即执着有身体的真实存在。

④**北俱卢洲**：四大洲之一，佛典中指生命栖息的一大块陆地，北俱卢洲的生命寿量极长，且少欲知足，经常过着怡静安宁的精神生活。

译文

法涌菩萨！打个比方来说，你应当知道，如果一个人一生一世都只习惯于辛味和苦味，他的口味已定型，那么，你跟他谈起蜂蜜和石蜜的美妙滋味，他是无法设想，无从比较，也绝难相信的。同样道理，如果一个人的所有立场、观点都被内心中的贪欲所支配着，他贪求着各种感官的感受和享乐，贪求着名誉、财产、权势等，他内在的欲望非常强烈，像烈火一般烧灼着他，以致于覆盖住他的灵性，使他无时不处在无知的暗夜里。

那么，这种人对于放弃一切声色娱乐后内心中那种奇妙、愉悦、宁静和喜乐也是无法设想，无从比较，绝难相信的。如果一个人的所有立场、观点都被语言所支配，他爱好世间那虚伪的、浮夸的、不真实的、有染污的闲词碎言，他喜欢玩弄语言、玩弄修辞，他不知道语言的真正本性，不知道语言上固有的实体执着性，以致于他无时不处在无知的暗夜里。那么，他对于那种摆脱一切语言系缚后内心里那种静穆感受也就不能设想，无从比较，难以相信了。如果一些人的任何立场、观点都被见闻觉知这些具体、可感的东西所支配，他们执着于世上那一切感性的东西，你要他稍稍超出可感事物之外去思考一些抽象的问题时，他就非常困难，以致于他完全被见闻觉知这些感性行为困缚着，无时不处在无知的暗夜里。那么，对于那种摆脱了一切感性活动，同时也消除了对所有感性活动中主体的实体性执着后的生命绝对自由境界也就不能设想，无从比较，绝难相信了。

最后，如果一些人的任何立场、观点都被诤论的爱好所支配着，他喜欢辩论，喜欢指责他人的不是，他的本质上并不是为了认识真理，他爱好争论，只是因为他过分地执着着自己的偏见，他无法从自己偏见织成的网上走出来，以致于他对争论的这种偏执态度使他无时不处在无知的暗夜里。那么，这种人对于北俱卢洲人豁达和平的精神品性也就不能设想，无从比较，绝难相信了。法涌菩萨！同上面那些例子相似，一切习惯于日常意识、日常思维的人，对于那以超越日常意识思维的智慧所体认的存在实态就必然不能设想，无从比较，绝难相信了。

当时世尊想把以上教法的要义用简明的语言概括出来，以便一般人记忆和掌握，就说了下面这个偈颂。他说：

那自己亲身体会的存在实态是超越主客对立的认识之对象，它不能用世间语言来描述，也不可用具体活动来显现，在真理面前，种种争论到此止步，真理绝不是日常意识和世俗思维可以理解的。

原典

尔时，善清净慧菩萨白佛言：世尊甚奇，乃至世尊善说。如世尊言，胜义谛相微细甚深，超过诸法一异性相①，难可通达。

世尊！我即于此曾见一处，有众菩萨等正修行胜解行地，同一会坐，皆共思议胜义谛相与诸行相一异性相。于此会中，一类菩萨作如是言：胜义谛相与诸行相都无有异；一类菩萨复作是言：非胜义谛相与诸行相都无有异，然胜义谛相异诸行相；有余菩萨，疑惑犹豫，复作是言：是诸菩萨谁言谛实，谁言虚妄？谁如理行，谁不如理？或唱是言：胜义谛相与诸行相都无有异；或唱是言：胜义谛相异诸行相。

世尊！我见彼已，窃作是念：此诸善男子愚痴顽钝，不明不善不如理行；于胜义谛微细甚深超过诸行一异性相不能解了。

说是语已，尔时，世尊告善清净慧菩萨曰：善男子！如是如是，如汝所说。彼诸善男子愚痴顽钝，不明不善不如理行。于胜义谛微细甚深超过诸行一异性相不能解了。何以故？善清净慧！非于诸行如是行时，名能通达胜义谛相②，或于胜义谛而得作证。何以故？

善清净慧！若胜义谛相与诸行相都无异者，应于今时一切异生皆已见谛③，又诸异生皆应已得无上方便安隐涅槃，或应已证阿耨多罗三藐三菩提。若胜义谛相与诸行相一向异者，已见谛者于诸行相应不除遣，若不除遣诸行相者应于相缚④不得解脱，此见谛者于诸相缚不解脱故，于粗重缚⑤亦应不脱。由于二缚不解脱故，已见谛者应不能得无上方便安隐涅槃，或不应证阿耨多罗三藐三菩提。

注释

①**超过诸法一异性相**：大意是，存在的真实本性既不能认为与生命活动完全一致，也不能认为与生命活动截然差别。换句话说，存在的真正实态是完全超越于"同一"和"差别"这些世俗对待范畴之上的。

②**非于诸行如是行时，名能通达胜义谛相**：遁伦解释说："非观诸行与彼胜义定一定异观行之时名能通达。"大意为，如果这样去观察生命的流转变化过程，把它看成要么和存在的真正实态完全一致，要么和存在的真正实态截然差别，这种看法显然看不透存在的真正面目究竟是怎样。

③**见谛**：又称"见道"，菩萨修行层次中的第一阶位，在此阶位，存在的真实本性不再作为"对象"在精神结构中呈现出来，思维与对象的差别在此被第一次打消，精神无隔碍地直接体会到存在的本性。我们可译成"亲身看到存在的真实本性"。

④**相缚**：主客对立的思维方式，这一思维方式能系缚生命，使其知识功能不能脱出实体执着、主客对立的牢笼而自由体认存在的真正样子。

⑤**粗重缚**：指各种邪恶情绪蛰伏于深层生命结构中的潜在势力，这些潜在势力能系缚生命，使其身心不得

解脱。

译文

当时，善清净慧菩萨禀告佛陀说：佛陀出现在与其他生命共在的世界上，这真奇特、难得。佛已清清楚楚地看见存在本来的样子，为了开悟众生，又借助语言把真理巧妙地陈说出来。世尊，您曾经说过存在本来的样子是细微难见的，一般人的肉眼绝然看不见；存在本来的样子又是深奥难知的，一般人的思维也无法达到它；既不能说它与生命活动是完全同一的，也不能说它与生命活动截然差别；它远远超出"同一"和"差别"的对立范畴，这一道理极为艰深难懂。

世尊！我曾经看到有过一个地方，许多菩萨在一起聚会，这些菩萨已达到这样的修行阶位，他们正力图对教法进行深入的研究，以便从其中确立一些正确的观念，作为以后进一步的修行。当时他们正在研究这样一个问题：存在的真正样子是与生命活动完全同一呢，还是与生命活动截然差别呢？当时与会大众中，有一类菩萨坚持说：存在的真正样子与生命活动没有一点差别，它们是完全一致的；另一类菩萨反对前者，他们认为不能说没有一点差别，应该是有差异的；还有一类菩萨在两种意见之间犹疑徘徊，无法抉择谁对谁错，他们说：究竟哪一类人说得对，哪一类人说得错呢？究竟谁追随真理而行，谁则追随邪恶呢？他们有的说存在的真正样子与生命活动没有一点差别；有的说二者之间风马牛不相及，究竟谁代表了觉者的声音？

世尊！我当时看到那番情景，心里想：这些修行佛法的善人都很愚昧无知，固执己见，他们缺乏智慧，不与真理相应，也不善于与真理相应；那存在的真正样子是远远超出"同一"和"差别"这些范畴范围的，而他们却在此争论不休。

当时，佛陀告诉善清净慧菩萨说：善男子！一切正如你所说的。那些修行人愚昧固执，缺乏智慧，他们所思所为尚未与真理相应，他们没有按照真理去调节自己的行为。存在的真正样子是微细难见、深奥难知的，它本身超越于"同一"和"差异"这些对待范畴之上，而那些修行人对此尚未觉悟。为什么这样说呢？善清净慧！当修行人思考存在实态与生命活动之间的关系时，或者说它们是绝对一致的，或者说它们是截然差别的，这种偏执的态度即表明，他们根本还没有领会所谓"存在实态"究竟指什么，更无从谈去亲身证入存在的真实本性了。这究竟是为什么呢？

善清净慧！如果果如一类修行人所说的，存在实态与一切生命活动没有一点差别，那么，应该推论出来，就在我说话的当下一刻，一切有染污的生命都应该已经看见真理，已经进入真理的范围，都应该获得最圆满安乐的自由境界，或者都应该获得最高最圆满的觉悟了。如果果如另外一类修行人所说的，存在实态与一切生命活动之间没有任何共同点，那么，可以推论出来，已经看见真理的修行人肯定没有排除身心活动中的染污成分，既然没有排除自己身心活动中染污成分，那么他也就无法摆脱认知活动过程里的一切实体性执着，如果他尚且连认知活动过程里的实体执着都无法摆脱，那也不可能摆脱实体执着的心理潜势力了。如果一个修行人不能从显在和潜在的两种实体执着的重重束缚中脱离出来，那么，我们一方面说，有些修行人已经看见真理了，另一方面我们又说，已看见真理的人必然不能达到最圆满的安乐自由境界，也不可能获得最高最圆满的觉悟了。

原典

善清净慧！由于今时非诸异生皆已见谛，非诸异生已能获得无上方便安隐涅槃，亦非已证阿耨多罗三藐三菩提。是故胜义谛相与诸行相都无异相，不应道理。若于此中作如是言：胜义谛相与诸行相都无异者，由此道理，当知一切非如理行，不如正理。

善清净慧！由于今时非见谛者于诸行相不能除遣，然能除遣；非见谛者于诸相缚不能解脱，然能解脱；非见谛者于粗重缚不能解脱，然能解脱；以于二障能解脱故，亦能获得无上方便安隐涅槃，或有能证阿耨多罗三藐三菩提。是故胜义谛相与诸行相一向异相，不应道理。若于此中作如是言：胜义谛相与诸行相一向异者，由此道理，当知一切非如理行，不如正理。

复次，善清净慧！若胜义谛相与诸行相都无异者，如诸行相堕杂染相，此胜义谛相亦应如是堕杂染相；善清净慧！若胜义谛相与诸行相一向异者，应非一切行相共相①名胜义谛相。

善清净慧！由于今时胜义谛相非堕杂染相，诸行共相，名胜义谛相，是故胜义谛相与诸行相都无异相，不应道理，胜义谛相与诸行相一向异相，不应道理。若于此中作如是言：胜义谛相与诸行相都无有异，或胜义谛相与诸行相一向异者，由此道理，当知一切非如理行，不如正理。

复次，善清净慧！若胜义谛相与诸行相都无异者，如胜义谛相于诸行相无有差别，一切行相亦应如是无有差别。修观行者于诸行中如其所见、如其所闻、如其所觉、如其所知，不应后时更求胜义。

若胜义谛相与诸行相一向异者，应非诸行唯无我性、唯无自性之所显现。是胜义相又应俱时别相成立^②，谓杂染相及清净相。

善清净慧！由于今时一切行相皆有差别，非无差别，修观行者于诸行中，如其所见、如其所闻、如其所觉、如其所知，复于后时更求胜义；又即诸行唯无我性、唯无自性之所显现名胜义相，又非俱时染净二相别相成立，是故胜义谛相与诸行相都无有异，或一向异，不应道理，若于此中作如是言：胜义谛相与诸行相都无有异，或一向异者，由此道理，当知一切非如理行，不如正理。

注释

①**共相**：共同的相貌、共性，这里指一切存在现象共同具有的存在实态。

②**俱时别相成立**：遁伦解释说："胜义与行超然有异，是即见胜义时应不除染，见染行时应不障净。"这即是说，如果认为存在的真正实态与现实生命活动截然有异，认为存在实态是完全超出现实生命活动之外的，那么在看见存在实态时必然没有排除有染污的生命活动，

在观察有染污的生命活动时，也不妨碍净化生命同时显现出来，这样就在同一时刻、同一个生命现象中，既要成立有染污的生命现象，又要成立另一个与之绝无任何联系的存在本性，这显然是错误的。

译文

善清净慧！让我们从事实出发，在我陈说教法的这当下一刻，并不是所有染污中的众生都已看见真理，也不是所有染污中的众生都已经获得圆满安乐或者最高觉悟，而且恐怕在将来的很长时间里情况也只会如此。所以，说存在实态与生命活动二者之间没有一点差别，这显然是不符合道理的。如果一些人坚持存在实态与生命活动的绝对一致性，他甚至根本就无须修行活动了，那么，他由此引发的一切思想和行为就必然不可能与真理相应。

善清净慧！让我们再从事实出发，现在，那些已看见真理的人，不是说他们没有排除有染污的生命活动，反而恰恰是勤勉不懈地排除着生命现象中的一切染污；不是说他们没有摆脱认识过程中的实体执着，相反是通过勤勉不懈的修学，极力去摆脱这些实体执着；不是说他们没有彻底消除生命现象中的烦恼潜势力，而是自始至终在努力地消除任何染污生命本性的烦恼潜势力；正因为修行人都解除了身心两重系缚的痛苦烦恼，所以他们能获得圆满安乐和最高觉悟。所以，说存在实态与一切生命活动截然差别，这显然也是不符合道理的。如果一些人顽固坚持存在实态与生命活动的绝对差异性，那么，他事实上就无法改造自己的现实生活，那么，他由此所引发的一切思想和行为也就绝对不符合真理。

善清净慧！让我们再进一步思考这个问题。如果说存在的真实样子与生存活动没有任何差别，那么，可以推论说：既然生存活动是有染污的，存在的真正样子也应该是染污的；善清净慧！如果说存在的真正样子与生存活动没有任何共同点，那么就不应该说存在的真正样子是一切生命现象的共同面目或者共性了。

善清净慧！我们现在知道一些事实，即存在的实态是净化的，是绝对不会有染污的，而存在的真正样子又是一切生命现象的共同本性，所以，说存在实态与生命活动完全一致，这是错误的，说存在实态与生命活动完全不一样，这也是错误的。如果有些人在这里顽固地维护他们的错误观念，要么执着着同一性，要么执着着差异性，这种态度根本就不适合讨论真理，随之引发出来的一切思想和行为就绝对不会和真理相符契。

善清净慧！如果说存在实态与生命活动之间没有

任何差别，就可以推论说：既然存在实态同任何生命活动都是没有差别的，那么，不同的生命活动之间也势必是没有差别的。这样，当修行人把生命活动作为一个对象进行思考时，他就会认为，无论是视觉活动、听觉活动，或是感觉活动、知觉活动，举凡生命现象中的一切活动，其价值都是一致的，它们都是同一个生命实态的表露。同样道理，修行人也不必在研究生命现象的一切活动之后，再去寻找存在的真正样子究竟是什么，他们会得出结论说：什么是存在的真正样子？它就是我见闻觉知的一切活动，它就是我起心动念的一切活动。这是因为，我们现前已经假定，存在的真正样子与生存行为应该是完全一致的。

如果说存在实态同生命活动之间没有任何共性，那么，我们就不应该说，在生理心理复合而成的生命活动里，透破自我主体和对象客体的实体性执着后显示出来的生命现象，就是生命的实际情态。再者，如果我们勤勉不懈地改造着自己的精神生活，以期实现染污生命的净化，而我们又同时坚持生命的实际情态与染污生命之间决不相伴，那么，这岂不是说，当我们看见存在实态时，应该不排除染污生命，或者说，不排除生命活动中的染污成分；当我们看见染污生命时，也应该不妨碍存在实态的显现，这样，同时同地针对同一个生命现象，我们就必须承认有两个生命现象存在着，其一是有染污的生命活动，其二是存在实态，它们之间没有任何联系，但它们同时同处并存着。

善清净慧！我们现在看到这样一些事实，即生命现象的一切活动，彼此无论是在功能上还是在价值上都是有差别的，而修行人在对生命活动进行研究时，又总在见、闻、觉、知等感性生命活动之中再进一步去寻找存在的真正样子；再者，我们确实是把突破两种实体执着后显现出来的生命现象叫作存在实态的，而在同时同地同一个生命活动中，又绝对不能承认有两个生命现象存在着，所以，无论是坚持存在实态与生命活动的绝对同一，还是差别，两种观念都是错误的，由此引发出来的一切思想和行为也势必不能与真理相符契。

原典

善清净慧！如螺贝①上鲜白色性，不易施设与彼螺贝一相异相；如螺贝上鲜白色性，金上黄色亦复如是；如箜篌②声上美妙曲性，不易施设与箜篌声一相异相；如黑沉③上有妙香性，不易施设与彼黑沉一相异相；如胡椒上辛猛利性，不易施设与彼胡椒一相异相；如胡椒上辛猛利性，诃梨④淡性亦复如是；如蠹罗绵⑤上有柔软性，不易施设与蠹罗绵一相异相；如熟酥⑥上所有醍醐⑦，不易施设与彼熟酥一相异相。

又如一切行上无常性，一切有漏法上苦性，一切法上补特伽罗无我性，不易施设与彼行等一相异相；又如贪上不寂静相及杂染相，不易施设此与彼贪一相异相；如于贪上，于嗔、痴上当知亦尔。

如是，善清净慧！胜义谛相不可施设与诸行相一相异相。善清净慧！我于如是微细极微细、甚深极甚深、难通达极难通达、超过诸法一异性相胜义谛相，现正等觉。现等觉已为他宣说，显示开解施设照了。

尔时，世尊欲重宣此义，而说颂曰：

> 行界⑧胜义相，离一异性相；
> 若分别一异，彼非如理行。
> 众生为相缚，及彼粗重缚；
> 要勤修止观，尔乃得解脱。

注释

①**螺贝**：佛典中所记五种宝物之一。

②**箜篌**：巴利语词，指一种印度古代弦乐器。

③**黑沉**：一种香料。

④**诃梨**：一种果物，可入药。

⑤蠹罗绵：巴利语词，可产花絮之物。

⑥熟酥：五味之一。

⑦醍醐：由牛乳精制而成的最精纯之酥酪。

⑧行界：各种各样的生命活动。行，物质、心理等有迁变生灭的东西；界，类别之义。

译文

善清净慧！你不妨好好考虑一下下面这些例子。我们能说螺贝上那种鲜嫩的白色是和螺贝同一的呢，还是其间有差异？我们能说金上的黄色是和金本身同一的呢，还是其间有着差异？箜篌这种乐器能奏出美妙的音乐，箜篌乐器上的潜在音乐性能与它所奏出的声音究竟是同一的呢，还是其间有差异？黑沉能散发出香气，我们能说黑沉上的这种功能究竟与黑沉是同一的呢，还是其间有差异？胡椒上有极其浓烈的辣味，我们能说这种辣味同胡椒本身究竟是同一的呢，还是其间有差异？我们解说诃梨的苦涩味道究竟与诃梨是同一的呢，还是其间有差异？再比方说，蠹罗绵上有柔软的纤维性能，这种纤维性能究竟与蠹罗绵是同一的呢，还是其间有差异？熟酥上有上好之味，这种上好之味与熟酥究竟是同一的呢，还是其间有差异？

再比方说，一切生理心理的活动现象都具有变动无常性的特点，一切有错失的生命活动都具有痛苦烦恼的情绪特征，一切存在现象上都没有实体存在着，等等，我们能说"变动不居的特点"究竟和生理心理的活动本身是同，是异呢？痛苦烦恼的情绪特征究竟和错失的生命活动是同，是异呢？没有实体存在的存在本性究竟和存在的一切现象是同，是异呢？再比方说，一切贪欲活动都具有扰动不安和染污污秽的表现特征，我们能说这种表现特征究竟与贪欲活动是同，是异呢？另外几种不健康的心理活动，例如愤恨、愚昧、偏执等，情况也可据此类推。

善清净慧！同样道理，我们也很难说存在的实态究竟与生命的现实活动本身二者之间究竟是同是异。善清净慧！我对那细微难见、深奥难知、理性认识能力极难洞彻的存在之真实样子已经完全觉悟，我知道，存在实态是绝对超越于"同一"或"差别"的对待范畴之上的，它是绝对超越于世间的任何语言表述与任何日常思维之上的。在我获得对真理的圆满认识后，我已经用各种各样的方式把这一真理陈说出来了。

当时，世尊想把以上教法道理用很简略的话概述出来，以便一般人记忆和掌握，就说了下面这些偈颂。他说：

生命现象和存在实态，这二者之间既不可说是同一的，又不可说它们截然差别，如果用"同一"和"差别"的概念理解它们，那就绝不可能与真理契合了。生命不仅遭受实体执着的系缚，而且被种种烦恼潜势力所推动，必须认真练习观照思维和心念相续，最后才能获得解脱、获得自由。

原典

尔时，世尊告长老善现曰：善现！汝于有情界中，知几有情怀增上慢①，为增上慢所执持故，记别所解？汝于有情界中，知几有情离增上慢，记别所解？

长老善现白佛言：世尊！我知有情界中，少分有情离增上慢，记别所解。世尊！我知有情界中，有无量无数不可说有情怀增上慢，为增上慢所执持故，记别所解。世尊！我于一时住阿练若②大树林中，时有众多苾刍③，亦于此林依近我住。我见彼诸苾刍于日后分展转聚集，依有所得现观④，各说种种相法，记别所解。

于中一类由得蕴⑤故，得蕴相⑥故，得蕴起⑦故，得蕴尽⑧故，得蕴灭⑨故，得蕴灭作证故，记别所解。如此一类由得蕴故。

复有一类由得处⑩故，复有一类得缘起⑪故，当知亦尔。

复有一类由得食^⑫故，得食相^⑬故，得食起^⑭故，得食尽^⑮故，得食灭^⑯故，得食灭作证^⑰故，记别所解。

复有一类由得谛^⑱故，得谛相^⑲故，得谛遍知^⑳故，得谛永断^㉑故，得谛作证^㉒故，得谛修习^㉓故，记别所解。

注释

①**增上慢**：没有理解圣人的教法，就认为自己已经理解了；没有按照圣人的教法切实修行获得可观的成果，就认为自己在修行上已经大有所获了。意译为"骄矜""傲慢"，骄矜、傲慢的根本原因在于生命内部的主体偏执。

②**阿练若**：寂静的地方，佛典中用来指修道场所。

③**苾刍**：出家修行人，一般译为"比丘"。

④**有所得现观**：一种观照思维方式，在这种观思维里，存留着得果的观念，所以尚未能彻底突破主客二元的对立、对峙。

⑤**蕴**：构造生命的成分聚集体，佛典认为构造生命的成分聚集体共有五大类，即物质聚集体、感受活动聚集体、知觉活动聚集体、意志活动聚集体、认知活动聚集体。每一类事物中包含更多的构造成分，所以称之为

"聚集体"。"由得蕴"，即是说，通过研究有关构造生命聚集体的理论，因而有所体会。

⑥蕴相：即五蕴生命的特征，生命是由众多成分复合而成的，这种"复合性"就是五蕴生命的特征。

⑦蕴起：生命现象的产生。

⑧蕴尽：生命现象的消灭。

⑨蕴灭：生命彻底摆脱诸种成分的流转变异状态。

⑩处：构造感知及认识活动的因素，佛典认为构造感知及认识活动的因素共有十二个，包括认知活动中主观方面的六个因素：视觉器官、听觉器官、嗅觉器官、味觉器官、触觉器官、深层心识等；对象方面的六个因素，即视觉可及之颜色、听觉可及之声音、嗅觉可及之香气、味觉可及之味道、触觉可及之细滑冷暖、意识可及之名称概念等。"处"是处所之义，这十二个因素是认识活动发生的场所，所以叫作"处"。"由得处"，即通过研究有关构造认识活动的理论，因而有所体会。

⑪缘起：即"十二缘生""十二因缘"，指生命流转过程中的十二个环节。据佛典，这十二个环节是愚昧无知、生命行为、深层心识、身体胚形、六种感知功能、触觉、感受、爱恋、执着、思想行为的总和、受生、衰老死亡等。以上十二个环节前后相推，勾锁相连，这就造成生命在空间上的展开和时间上的流转。"得缘起"，

即通过研究有关生命过程的理论，因而有所体会。

⑫食："食"有滋养、资益之义，它指滋养生命的事物，也指维系生命活动的资生方式。据《增一阿含经》，有情生命的资生方式共有九种，其中世俗生命有四种资生方式，净化生命有五种资生方式。经称："诸比丘！当共专念，舍除世间四种之食，求办出世间之食，盖令众生但以世间之食资养色身，不当贪着，须求出世间之法食，增长菩提慧命也。"世间的资生方式只能维系世俗肉体生命的存在，而与真理相应的超世间的资生方式则能滋润维持着智慧和德性。

具体说来，九种资生方式包括：（一）段食，指物质性的食物，它能维持肉体生命的存在；（二）触食，指感官知觉面对外部世界时产生的喜乐感受，这种感受会强化感官知觉的功能，因此感官知觉与外部事物的接触也被当作一种"食"，它主要用来滋润官能；（三）思食，思即意欲，指第六意识对外境产生贪恋，贪恋意欲也能滋润官能感觉，所以也是滋养生命的一种资生方式；（四）识食，这里，"识"是执持、统摄之义，指深层心识执持感官功能和山河大地，统摄生命活动，造成生命自身的同一性和完整性，生命即通过深层心识的统摄而得到维持和稳定，所以深层心识的统摄功能也是滋养生命的一种方式。以上四种是世俗生命的资生方式。（五）

禅悦食，即通过修学静中思维，在心理生理上引发出安宁舒适的感受，这种感受能滋润官能、开发智慧，所以说静中思维中的愉悦感受也是滋益生命的一种方式；（六）法喜食，指通过接受教法、研究教法而获得与真理相应的感受，这种感受也能滋润官能、开发智慧，所以说与真理相应的感受也是滋养生命的一种方式；（七）愿食，愿，即誓愿、志愿、志向等，指修行人立下救度一切生命的浩大志愿，这一志愿就能统摄住修行生活的一切方面，给修行生活带来永不止息的生机、力量，所以说志愿也是滋养生命的一种方式；（八）念食，念即忆念，指修行人经常温习教法、反复研究教法，使教法语言和教法道理在记忆中永持不忘，这也能滋润官能、开发智慧，所以说记忆教法也是滋养生命的一种方式；（九）解脱食，指修行人按照教法的指导来改造自己的精神结构，能破除一切烦恼痛苦的束缚，这就能滋润官能、开发智慧，所以说修行活动自身也是资益生命的一种方式。以上五种是净化生命的资生方式。"由得食"，即由于对生命资生方式的研究而有所体悟。

⑬**得食相：**知道维系生命的资生方式是多种多样的。

⑭**食起：**向外界摄取食物、养分，使生命发育长大。

⑮**食尽：**生命向外界摄取的功能弱化，生命失去统摄外部事物、取之为己所用的功能。

⑯**食灭**：解除世俗生命的资生方式，使生命从世俗存在中摆脱出来。

⑰**食灭作证**：摆脱世俗生命资生方式的方法、道路、途径。

⑱**由得谛**：谛，真实不虚之义，这里指"四谛"，阐述生命现象的四种真理，这是佛陀的基本教法之一。四种真理是：其一，世俗的生命活动、世俗的生命现状是痛苦烦恼的；其二，使生命痛苦烦恼的根本原因是种种邪恶情绪和邪恶行为；其三，生命的净化状态和净化生命的一切活动是圆满、安乐、自由的；其四，实现生命净化的方法和道路。"由得谛"，即由于对四种真理的研究而深有所悟。

⑲**得谛相**：了解到四种真理的陈说范围。

⑳**得谛遍知**：遍知，周遍了解，即认识到苦的表现是多种多样的，四种真理之一，即苦谛。

㉑**得谛永断**：永断，永远断除掉，即认识到什么是造成痛苦烦恼的原因、什么是必须予以全部断除的，四种真理之一，即集谛。

㉒**得谛作证**：作证，亲身证入、亲身体会之义，即认识到什么是痛苦烦恼不再存留的生命安乐境界、什么是应该亲身去体会去实现的，四种真理之一，即灭谛。

㉓**得谛修习**：修习，即修学活动，即认识到应该采

用什么样的方法、选择什么样的道路来实现安宁安乐的生命境界，四种真理之一，即道谛。

译文

当时，佛告诉大弟子善现说：善现！请你现在观察生命世界，有哪些修行人，内心中骄矜固执，他们还没有理解佛的教法，就说自己完全理解了；他们还没有取得乐观的修行成果，就说自己已经收获累累了；他们被自己的骄慢之气主宰着，只认可自己所理解的那一类教法？还有哪些已摆脱了骄矜、固执，他们陈说自己的心得体会却丝毫没有执着的心态？

当时，佛的大弟子善现回答佛陀说：世尊！我知道生命世界虽然遍布于宇宙，但其中却只有很少部分的众生摆脱了骄慢、偏执，他们能陈述自己的心得，能与其他同道交流，而没有丝毫主观执着的情绪以及先入为主的观念。世尊！我还发现在生命世界里，有无量无数的修行人都怀有偏执和骄慢，他们被自己的骄慢习气主宰着，总觉得只有自己所领会的那部分教法才最有价值，而其他的教法则不值得注意。我曾经到过一片寂静的大森林中，当时这片大森林里有很多修行人，他们也和我住在一起。每天我看见他们陆陆续续地从各个栖息地聚集起来，根据自己修行所得的体会，各自陈说种种教法，各自把自己所陈说的教法看成是最正确最有价值的。在他们当中有一类修行人对于"生命聚集体"的教法很有研究，他们认识到，生命是由几个部分复合而成的，而每一个复合成分又由更多的成分聚集起来；生命活动有产生，有变动，也有消亡，现实生命是充满苦痛和烦恼的；生命活动全盘抛弃的境界是安宁、安乐的；而要达到这一境界则需要正确的修行方法，如此等等。这一类修行人就把"生命聚集体"的理论看成是最正确的，其他的教理则不值一哂。

还有一类修行人对于生命活动中的认知功能之构造颇有研究，他们就把"认知功能之构造"的理论看成是最正确的，其他的教理则不值一哂。

第三类修行人对于生命活动的展开颇有研究，他们就把"生命活动展开之十二环节"的理论看成是最正确的，其他的教理则不值一哂。

第四类修行人对于有情生命的资生方式颇有研究，他们认识到，资生方式是复杂多样的，不同生命以不同的方式作为资生依据，生命怎样利用资生要素来维持身体的存在和发育，这一向外界摄取的功能到了什么程度会衰落下来；世俗资生方式全盘抛弃以后的境界是安宁、安乐的，而要达到这一安宁、安乐的境界则需要正确的修行方法，如此等等。这一类修行人就把"生命资生方式"的理论看成是最正确的，其他教理则不值一哂。

第五类修行人，对于四种真理颇有研究，他们认识到各种真理的自身界限，痛苦烦恼的生命现象，与其原因，痛苦烦恼的断然抛弃，及断除的具体方法，如此等等。这一类修行人就把四种真理看成是最正确的，而其他的教法则不值一哂。

原典

复有一类由得界①故，得界相②故，得界种种性③故，得界非一性④故，得界灭⑤故，得界灭作证⑥故，记别所解。

复有一类由得念住⑦故，得念住相⑧故，得念住能治⑨所治⑩故，得念住修故，得念住未生令生故，得念住生已坚住不忘、倍修增广故，记别所解；如有一类得念住故，复有一类得正断⑪故，得神足⑫故，得诸根⑬故，得诸力⑭故，得觉支⑮故，当知亦尔。

复有一类得八支圣道⑯故，得八支圣道相⑰故，得八支圣道能治所治故，得八支圣道修故，得八支圣道未生令生故，得八支圣道生已坚住不忘、倍修增广故，记别所解。

世尊！我见彼已，窃作是念：此诸长老依有所得现观，各说种种相法，记别所解。当知彼诸长老一切皆怀增上慢，为增上慢所执持故，于胜义谛遍一切一味相⑱不能解了。是故，世尊甚奇，乃至世尊善说。如世尊言：胜义谛相微细最微细、甚深最甚深、难通达最难通达，遍一切一味相。

世尊！此圣教中修行苾刍，于胜义谛遍一切一味相，尚难通达，况诸外道！

注释

①界：成分、类别之义，这里指"十八界"，构造宇宙世界的十八种成分。这十八种成分是：（一）眼界，视觉功能；（二）耳界，听觉功能；（三）鼻界，嗅觉功能；（四）舌界，味觉功能；（五）身界，触觉功能；（六）意界，认知功能；（七）色界，肉眼可见的一切物质现象；（八）声界，即声音；（九）香界，即香气；（十）味界，即味道；（十一）触界，即身体可感受的细滑冷暖等；（十二）法界，意识所认识的名称、概念；（十三）眼识界，作为感知活动的视觉；（十四）耳识界，作为感知活动的听觉；（十五）鼻识界，作为感知活动的嗅觉；（十六)舌识界，作为感知活动的味觉；（十七)身识界，

作为感知活动的触觉；（十八）意识界，思维判断的意识活动。宇宙世界由以上十八种成分复合而成，所以称作"十八界"。"由得界"，即由于对宇宙世界构造成分的研究而深有所悟。

②**得界相**：研究各种构造成分的范围、界限。

③**得界种种性**：知道宇宙世界的构造成分是多种多样的。

④**得界非一性**：知道每一个构造成分又是由诸多成分复合而成的。

⑤**得界灭**：大意是，认识到在摆脱对十八种构造成分的实体执着后显示出来的宇宙安乐状态。

⑥**得界灭作证**：掌握了消除实体执着、得到圆满安乐的方式、方法。

⑦**念住**：三十七道品之一，又译为"念处"，即通过把注意力集中到身体、感受、心识和认知对象这四种事物之上，来有意识地使精神凝聚于真理。"念住"共有四种：其一，身念处，即通过体会身体器官的污秽不净而使注意力集中起来；其二，受念处，即通过体会感受活动的痛苦烦恼而使注意力集中起来；其三，心念处，即通过体会心识活动的念念不住而使注意力集中起来；其四，法念处，即通过体会一切现象因缘而起，没有主宰实体的存在而使注意力集中起来。"四念住"是修行生活

的入门和基础，这里姑取大意，译为"培养注意力的方法"。"得念住"，即通过研究培养注意力的四种方法而深有所悟。

⑧**得念住相**：知道为什么要培养注意力。

⑨**得念住能治**：知道每一种培养注意力的方法自身所拥有的功能。

⑩**所治**：知道每一种培养注意力的方法能克服何种身心毛病。

⑪**正断**：三十七道品之一，又译为"正勤"。"正勤"侧重意志力的培养，其核心是要强化为善去恶的意志自觉力。共分四种：其一，已生恶令永断，如果邪恶思想、邪恶行为已经产生，要用意志力警觉自己去舍弃它们；其二，未生恶令不生，如果邪恶思想、邪恶行为尚处萌芽状态，要用意志力警觉自己，不让它们产生出来；其三，未生善令生，如果良善思想、良善行为尚处萌芽状态，要用意志力警觉自己，促使善行实现出来；其四，已生善令增长，如果良善思想、良善行为已经引发，要用意志力警觉自己，促成其持续、提高和强化。今取大意，译为"为善去恶的意志力之培养"。"得正断"，即通过研究培养意志力的学理而深有所悟。

⑫**神足**：三十七道品之一，又译为"如意足"，足是基础之义，如意足，即美德和智慧的基础，意谓一切

美德和智慧都要以它们作为前提才有可能发生。共有四种，它们是：其一，欲如意足，欲即欣慕真理，对真理的欣慕心理是一切美德和智慧的基础；其二，精进如意足，精进，即有勤勉不已、自强不息之义，在追求真理的道路上能够做到勤勉不已、自强不息，这种心理品质也是一切美德和智慧的基础；其三，念如意足，念是记忆，指对有关教法能反复诵习、反复研究，对于其中的道理能忆持不忘，这种记忆能力也是一切美德和智慧的基础；其四，思维如意足，即对教法的分析研究，这是说，运用自己的理性能力对教法进行分析研讨，这也是美德和智慧的基础。这里略取大意，译成"美德和智慧的四种基础"。"得神足"，即通过研究有关美德和智慧基础的学理而深有所悟。

⑬诸根：三十七道品之一，即"五根"，根是生发之义，五根指五种心理品质，五种心理品质能生发一切美德和智慧，所以说这些心理品质是美德和智慧的根源。五种心理品质是：其一，信根，信仰真理，信仰陈说真理的佛陀，信仰佛陀建立的教法；其二，精进根，追求真理勤勉不息的意志；其三，念根，极好的记忆能力；其四，定根，静中思维的能力；其五，慧根，抉择、分析、判断的思维能力。这里姑取大意，认为"能生发未来一切美德和智慧的良善心理品性"。"得诸根"，即通过

研究有关良善心性的学理而深有所悟。

⑭诸力：三十七道品之一，即"五力"，以上五种良善心理品性在得到进一步的提高、强化之后，就具有极大的力量，能引导有情生命从痛苦烦恼中摆脱出来，所以称作"力"。这里姑取大意，译成"五种良善心理品性的提高和强化"。"得诸力"，即通过研究有关强化良善心性的学理而深有所悟。

⑮觉支：三十七道品之一，即"七觉支"，七种觉悟能力，这七种觉悟是在"诸根""诸力"的基础上进一步引发出来的，它们已能窥见真理，所以称作"觉"。七种觉悟是：（一）择觉，已能与真理相应的抉择判断思维能力；（二）精进觉，已能与真理相应的意志力量；（三）喜觉，因觉悟真理而产生喜悦的内心感受；（四）除觉，断除种种偏见执着；（五）舍觉，舍离偏见所执着的一切实体观念；（六）定觉，心念相续的思维方法，这种思维结构与真理恰好相应；（七）念觉，指起心动念都已能与真理相应。这种姑取大意，译为"觉悟真理的能力"。"得觉支"即通过研究有关七种觉悟能力的学说而对真理深有所悟。

⑯八支圣道：三十七道品之一，即"八正道"，通向真理的八条正确生活道路。这八条道路是：（一）正见，与真理契合的正确观点；（二）正思维，对真理教法的正

确思考；（三）正语，不说虚妄之语；（四）正业，从事一切有利于其他生命的良善事业；（五）正命，选择适当的谋生方式；（六）正精进，在正确观念指导下展开勤勉不懈的进修生活；（七）正念，经常诵习教法，忆念教法中的道理；（八）正定，致力于培养与真理相应的思维结构。"得八支圣道"，即通过研究有关八条正确生活道路的学理而深有所悟。

⑰**得八支圣道相：**知道选择八条正确生活道路的原因。

⑱**遍一切一味相：**味，意味、蕴味、意蕴。大意是，真理遍在于一切教法中，一切教法都拥有同样一个意蕴，一切教法都是对存在本性的开展、阐述，一切教法都以把生命引向真理为终极旨归，所以说真理"遍一切一味相"。

译文

第六类修行人，对于宇宙世界构造成分颇有研究，他们认识到各种成分的界限，认识到十八种基本的构造成分，而每一成分中又可进行更详细的分类；他们认识到十八种成分在消除实体执着后的圆满安宁状态，而要达到这一安宁状态，则需要正确的方法，如此等等。这一类修行人就把宇宙世界构造成分的理论看成是最正确的，而其他的教理则不值一哂。

第七类修行人，对培养注意力的方法颇有研究，他们认识到为什么需要培养注意力，每一种培养注意力的方法自身拥有什么功能；又能克服身心中的何种毛病；培养注意力的具体方法；如何从精神分散状态一下子过渡到精神集中状态；又如何在赢得初步成果后，使注意力更加强化、集中、深化和扩展，如此等等。他们就把注意力的培养看成是全部教法中最重要的，而其他的教理则不值一哂。有些人着重研究去恶行善的意志力之培养、美德和智慧的四种心理基础之培养、基本良善的心理品性之培养、基本良善的心理品性之提高、觉悟能力的培养，等等。

第八类修行人，着重研究走向真理的八条生活道路，他们认识到为什么要选择八条生活道路，八条道路各自包含什么功能，又能克服身心中的何种毛病，如何按八条道路指示的方法去切实践修，如何从错误的生活道路上走到"八条道路"提示的正确人生道路上来，如何在八条生活道路上站稳脚跟、决不退回，也不走岔，如此等等。他们就把"八条走向真理的道路"看成是全部教法中最精彩的部分，而其他的部分则不值一哂。

世尊！当时我听到他们的讨论，心里就想：这些修行人根据他们各自的体会，各自陈说他们理解得比较透彻的教法，认为其他的教法都不足一晒。我知道这些修行人都怀有强烈的骄傲心理，他们沾沾自喜于自己的修行成果，他们把自己封闭在修行成果里面，心灵世界未能进一步地打开；他们被自己骄慢心主宰着，对于真理遍布于一切教法，一切教法都拥有同样一个意蕴的深奥道理就无法理解。所以我说，与真理相应之佛出现世间，这是奇特、难遇的，他已透彻地体认了真理，并为着救济其他众生的需要，假借语言成立了各种善巧的教法。存在的真正样子是幽微难见、深奥难知的，它根本无法用一般的意识结构来思考，它存在于一切的存在中，它是一切存在现象的共同面目。

世尊！按照您的教法修学的人对于存在实态的这一特性尚且懵懂糊涂，更何况佛教之外其他的理论和学说呢？要知道这些理论和学说都是从日常思维结构里产生出来的。

原典

尔时，世尊告长老善现曰：如是如是，善现！我于微细最微细、甚深最甚深、难通达最难通达、遍一切一味相胜义谛，现正等觉，现等觉已，为他宣说，显示开解施设照了。何以故？善现！我已显示于一切蕴中清净所缘是胜义谛，我已显示于一切处、缘起、食、谛、界、念住、正断、神足、根、力、觉支、道支中，清净所缘是胜义谛。此清净所缘，于一切蕴中是一味相，无别异相；如于蕴中如是，于一切处中，乃至一切道支中，是一味相无别异相。是故，善现！由此道理，当知胜义谛是遍一切一味相。

复次，善现！修观行苾刍，通达一蕴真如胜义法无我性已，更不寻求各别余蕴、诸处、缘起、食、谛、界、念住、正断、神足、根、力、觉支、道支真如胜义法无我性。唯即随此真如胜义无二智为依止故，于遍一切一味相胜义谛审察趣证。是故，善现！由此道理，当知胜义谛是遍一切一味相。

复次，善现！如彼诸蕴展转异相，如彼诸处、缘起、食、谛、界、念住、正断、神足、根、力、觉支、道支展转异相，若一切法真如胜义法无我性亦异相者，是则真如胜义法无我性亦应有因，从因所生，若从因生应是有为，若是有为应非胜义，若非胜义应更寻求余胜义谛。

善现！由此真如胜义法无我性，不名有因非因所生，亦非有为是胜义谛。得此胜义，更不寻求余胜义谛。唯有常常时、恒恒时，如来出世、若不出世，诸法法性安立、法界安住。是故，善现！由此道理，当知胜义谛是遍一切一味相。

善现！譬如种种非一品类异相色中，虚空无相①无分别无变异，遍一切一味相，如是异性异相一切法中。胜义谛遍一切一味相，当知亦然。

尔时，世尊欲重宣此义，而说颂曰：

> 此遍一切一味相，胜义诸佛说无异；
> 若有于中异分别，彼定愚痴依上慢。

注释

①**虚空无相：** 虚空没有一个具体可感的形相。

译文

当时，佛陀告诉大弟子善现说：一切正如你所说的，善现！我对那幽微难见、深奥难知、一般意识根本无法思考的、作为一切现象共同面目而遍布于一切存在现象中的存在实态，已经有圆满的觉悟，我觉悟后，又向他人阐述这一真理，并假借语言成立了教法体系。为什么这样说呢？善现！我已经指明，在一切生命活动中，作为净化了的精神结构之对象，就是这一真理；我已经指明，在认识构造、生命流转、生存方式、四种真理、宇宙构造成分、培养注意力的方法、去恶行善的意志力之培养、美德和智慧的心理基础、基本的良善品质、基本良善品性的强化、抉择能力、八条生活道路等等一切教法中，作为净化了的精神活动之对象，就是这一真理。这一真理在一切生命活动中都是平等无差别的，同样道理，它在认识构造活动乃至于在八条生活道路上也都是平等无差别的。因此，善现，你应当知道，真理普遍地存在于一切现象之中，它是平等而无差别的。

善现！那些致力于改造精神结构的修行人，在透彻地体会到生命中的某一些事物，透破一切实体执着后显示出来的存在本性后，就不需要再分别地研究生命构造、认识构造、流转过程、资生方式、四种真理、注意力的培养方式、意志力的培养方式、美德和智慧的心理基础、基本的良善心理品性之发掘、良善心理品性的强化、抉择能力的培养、八条生活道路等等诸多事物，以便逐个地从中发现存在之本性。这就是说：他依据他在生命某一聚集体中体会到真理的智慧，就可以对普遍存在于一切现象中的真理，运用理性细致地审察，通过修行，亲身去证入。善现！修行人可以通过透彻研究某一事物，而得以认识普遍一切事物中的存在本性，这一现象也足以证明真理是遍在于一切生命活动中的，它平等而无差别。

善现！那构造生命的五类聚集体是在相互联系、相互作用中不断地变化着的，与五类聚集体的情况相似，认识构造、生命流转过程、生存方式、四种真理、宇宙构成、注意力的培养、意志力的培养、美德和智慧的心理基础、基本的良善心理品性之发掘、良善心理品性之强化、抉择能力、八条道路等种种事物在现实的生存活动中也是不断变化、发展着的，如果那突破一切实体执着之后显示出来的真理也有变化发展的话，那么，我们所谓的"存在真实本性"也就成了有条件的东西，它是从其他条件中产生出来的，如果存在的真实本性是从其他条件中引发出来的，那它就是有造作、有生灭变化的东西，如果它是有造作、有生灭变化的东西，那我们就不会说它是真理了，如果它还不是真理，那么修行生活就理当再求出另外一个真理来。

　　善现！由于存在的真实本性是透破一切实体执着后显示出来的真理，所以它没有产生它的条件，它不是从条件中引生出来的东西，它不是有造作、生灭变化的东西。因此，不是说，它先前并不存在，是我们使它存在了，它是绝对的存在真理；找到了这个真理，就不需要再去寻找其他的存在真理了。不管与真理相应的觉者是否会出现在一般生命世界上，从遥远的过去直到今天，从今天一直到无穷无尽的未来，那一切存在现象的本性是平安的，不被扰动的，是存在在自己的真实本性中。
所以，我说，善现，绝对真理是存在于一切现象中的，它遍在于一切现象之中，平等而无差别。

善现！打个比方说，物质的类型千差万别，物质的具体表现也是千差万别的，可是在千差万别的物质世界，在繁杂缤纷的形体世界，虚空虽然没有一个具体的形象，但它却平等地渗入物质世界和形体世界之中，虚空在感知世界里无所不在，但它却又不随感知世界而有变动生灭。因此可以说，在不同特质、不同形态的一切存在现象中，真理遍在于其中，平等而无差别。

当时佛陀想用简略的语言把以上教法的大意概括起来，以便一般人记忆和掌握，就说了一个偈颂。他说：

这遍在于一切现象中的真理是平等无差别的，只有与真理绝对相应的觉者才可以陈说它，如果有人不了解这点，说这个佛的真理不同于那个佛的真理，那他一定是个愚昧无知的修行人，因为他仍然抱着世俗的偏见去理解超越世俗的真理，他没有放弃自我实体执着，他骄傲、狂妄而又愚蠢。

3 深层心识的奥秘

原典

心意识相品第三

尔时,广慧菩萨摩诃萨白佛言:世尊!如世尊说,于心意①秘密②善巧③菩萨。于心意识秘密善巧菩萨者,齐何名为于心意识秘密善巧菩萨?如来齐何施设彼为于心意识秘密善巧菩萨?

说是语已,尔时世尊告广慧菩萨摩诃萨曰:善哉善哉!广慧!汝今乃能请问如来如是深义。汝今为欲利益安乐无量众生,哀愍世间及诸天、人、阿素洛等,为令获得义利安乐,故发斯问。汝应谛听,吾当为汝说心意识秘密之义。

广慧！当知于六趣④生死，彼彼有情堕彼彼有情众⑤中，或在卵生⑥，或在胎生⑦，或在湿生⑧，或在化生⑨。身分⑩生起，于中最初一切种子心识⑪成熟、展转、和合⑫、增长广大，依二执受⑬：一者有色诸根⑭及所依⑮执受，二者相名分别⑯言说戏论习气⑰执受。有色界中具二执受，无色界中不具二种。

广慧！此识亦名阿陀那识⑱，何以故？由此识于身随逐执持故。亦名阿赖耶识，何以故？由此识于身摄受、藏隐，同安危义故。亦名为心，何以故？由此识，色声香味触等积集滋长故。

注释

①**心意识**：遁伦说："心、意、识义，自有通别，别名心意识者，赖耶是心，以能集起三界生死色心性故；末那名意，以与六识为同时根，生六识故；六识名识，以对六境分别强故。二通名心意识，谓八识中一一皆有集起名心、能生名意、了别名识故。"这是说，心、意、识这三个名称可以有通、别两种理解，从"别"的角度看，心是"集起"的意思，指阿赖耶识，阿赖耶能贮藏一切现象的潜能，并由此潜能产生出现实的活动来；意是"能生"之义，指"第七识"能直接引生前六识的现

实活动；识是"了别"之义，即能观察分析存在现象，这是指前六识，因为前六识就有对现象进行感知和分析的功能。从"通"的角度看，三个名称都可以通指八个识，因为一切心识都具有贮藏精神活动潜能的功能，所以一切心识都可以称作"心"；一切心识又都能引发现实活动，所以它们都可以称作"意"；最后，一切心识又都有观察分析的功能，所以都可以称作"识"。按：遁伦从"通""别"两个角度对心意识进行审定，这是有道理的，但《解深密经》中尚无明显的"八识"概念，特别是它没有提到第七末那识的存在，因此在这里把心、意、识分割开来，像后代唯识家所做的那样，这是不符合经文原意的。经中所谓"心意识"只是"一切心识"之义，可以把它翻译成"精神活动"。

②秘密：深层结构，也可理解为"奥秘"。

③善巧：透彻认识了，透彻把握了。

④六趣：又译为"六道"，六种生死流转的生存状态，或者六种生死流转的生存场所。据佛典，这六道是：（一）天道，指天界生命；（二）人道，指人间生命；（三）阿修罗道，一种介于天、人之间喜好争斗的生命；（四）饿鬼道，各种鬼怪；（五）畜生道，指各种动物；（六）地狱道，指地狱中的生命。世俗生命总在以上六种生命类别里流转，所以称为"六道"。其中，前三种

称为"三善道",指较良善的、较容易实现进化的生存状态;后三种称为"三恶道",指邪恶的、没有进化希望的生存状态。

⑤**有情众**:指诸种生命类别。

⑥**卵生**:生命产生的四种方式之一,即通过孵化而产生出生命。

⑦**胎生**:生命产生的四种方式之一,即通过母胎而孕育出的生命。

⑧**湿生**:生命产生的四种方式之一,即通过潮湿发酵、霉变而引出的生命。

⑨**化生**:生命产生的四种方式之一,指修行人通过修行的精神活动引发出来的生命。

⑩**身分**:最初的身体,这是指由极精细的物质和极精细的精神复合而成的生命,它尚未能以明显的形象显示出它的存在;它携带着过去生活的全部影响力,在生命由上一周期向下一周期流转时,它代表着过渡状态中的潜在生命形式。

⑪**一切种子心识**:又称为"种子识",即指深层心识。种子,即潜能、潜势力之义,一切生命活动的发生,除了借诸种外部条件外,更需要生命内部的条件,生命内部条件作为一切现实活动的潜在状态,即称为潜在势力、潜能或"种子"。生命中的潜能除良善势力外,还有

诸种邪恶的心理情绪，它们能随逐身体、控制身体、拖累生命，从而使生命失去向上腾飞的自由能力，沉沦于痛苦烦恼的滞重状态，因此，邪恶的生命潜能又称为"随眠""粗重"等。深层心识以贮藏生命活动中的一切潜能为其主要特质，所以被称为"一切种子心识"。

⑫和合：种子心识通过父母身体结合这一外部条件而发生变化，使其生命潜能发育成熟起来。

⑬依二执受：种子心识把两样事物统摄起来，把它们领会为是自己的所有物，由此激发出内在的感受活动。

⑭有色诸根：色，指精细物质；根，指五种感觉器官。佛典认为，五种感觉器官是由肉眼看不见的精细物质构成的，它们为深层心识所统摄，是深层心识最重要的活动对象之一。

⑮所依：指五种感觉器官所依据的肉体，这就是指肉体生命，它也是由深层心识统摄着的，是深层心识最重要的活动对象之一。

⑯相名分别：相指对象，名是名称概念，即把对象和指谓对象的名称概念区分开来，把对象看成是独立于名称之外有固定实体的存在。

⑰习气：习惯性势力，这也是潜能、种子的一个常用名称。

⑱阿陀那识：慧景解释说："此识亦名阿陀那，此云

执持，执持色根及诸种。"执持，即执取之义，即把身体感官和生命潜能统摄起来，使生命的一切活动都表现出内在的统一性，阿陀那识这一名称主要指生命活动的统一性。

译文

当时广慧大菩萨禀告佛陀说：世尊！您曾经说过有透彻了解精神活动奥秘的菩萨。现在我想知道，究竟怎样才算了解了精神活动的奥秘呢？那与真理相应的佛究竟根据什么认可菩萨证悟的阶次，他们已经深深领会了心灵世界的奥秘呢？

当时世尊告诉广慧菩萨说：广慧！你问得太好了！你今天能提出这样深奥的问题来，我知道，你是为了帮助一切众生，为了让他们获得利益安乐，才提出的。你同情那无穷尽的世界上无量无数的苦难众生，你想用真理救济他们，让他们都能真有所获。你现在要一心谛听，我要为你分析心灵世界的奥秘。

广慧！你应当知道，在天、人、阿修罗、地狱、饿鬼、畜生这六种生存状态里流转变化的一切生命，都要根据其过去行为的牵引力而在新的形式下开始其下一期的生命，他们取得新生命的方式有四种，有的是在卵中孵化而出的，有的是在母胎里孕育诞生的，有的是通过潮湿发酵或霉变产生出来的，还有的靠修行力量牵引出新的生命。生命发生的具体过程大致是这样的，首先在两期生命之间有一个过渡阶段，那过渡阶段中的身体是由极微细的物质构造成的，它被包含在拥有各种潜能的深层心识里，这深层心识处在不断的变化和发展中，它引发现实生命的潜能在逐渐成熟，此后，通过诸如父母交合等外部条件的影响和作用，生命潜能就会进一步增长、扩大，变得有力量，能统摄住两种事物，把它们领会为自己的所有物，把它们作为认知之对象，并且对它们产生出内在的感受来。被深层心识领会为感知对象的这两种事物是：其一，五种物质性的感觉器官以及感觉器官所依据的肉体，深层心识把感觉器官和肉体领会是自己生命整体中的一个部分，因此对它们发生感受；其二，深层心识既然有了自己的感知对象，也就有了对对象与表述对象的名称之间的分别，随着名称和名称表述的对象之间的区分，也就进一步产生出命题和判断来，有了命题和判断，接着也就产生出种种观念、种种学说来，这些名称、判断、观念和学说，有的是上期生命活动滞留下来的，它们作为潜在势力在深层心识里盘踞着，有的是随着身心的发育、随着生命活动的展开而逐渐孕育出来的，它们也落实到深层心识中，化为心理上的潜在力量，——现在，深层心识也把种种心理上的潜在力量领会为是自己生命整体中的一个部分，因此对它产生感受。以上说的是欲念世界中拥有潜能的深层心识之一般状况，在没有欲念但有肉体的生命世界里，此种潜能心识仍然包含上面两个方面的内容，到了既无欲念又无肉体但残存思想活动的生命世界里，潜能心识在内容、对象上就有了一些变化。

广慧！深层心识也可以叫作"执持识"，为什么把它叫作"执持识"呢？因为它始终追逐着身体的一切活动，身体在哪儿，它也就在哪儿，它把身体中的感觉器官和肉体统摄为一个整体，从而才能使生命的一切活动表现为某一个生命的活动。深层心识也可以叫作"藏识"，为什么把它称作"藏识"呢？因为它把身体活动统摄着，对身体的一切活动都能产生感受，就好像身体是藏在它的框架中似的，同时它又像是隐藏在身体中似的，它与身体同安共危。深层心识也可以叫作"心"，"心"是什么意思呢？心是集聚、生起的意思，就是说，由于这个心识，就能把视觉可及的颜色、听觉可及的声音、嗅觉可及的香气、味觉可及的味道以及触觉可及的细滑冷暖等一切事物都贮藏起来、收集起来，使它们在精神结构里稳定地积淀下来，而一旦条件成熟的时候，这些积集在深层心识里的事物又会滋生出来、显现出来，而这也就是表层心识活动的发生过程。

原典

广慧！阿陀那识为依止、为建立①故，六识身②转，谓眼识、耳、鼻、舌、身、意识。此中有识，眼及色为缘，生眼识，与眼识俱随行，同时、同境、有分别意识转。有识，耳、鼻、舌、身及声、香、味、触为缘，生耳、鼻、舌、身识，与耳、鼻、舌、身识俱随行，同时、同境、有分别意识转。

广慧！若于尔时一眼识转，即于此时唯有一分别意识，与眼识同所行转，若于尔时二三四五诸识身转，即于此时唯有一分别意识，与五识身同所行转。

广慧！譬如大瀑水流，若有一浪生缘现前，唯一浪转，若二若多浪生缘现前，有多浪转，然此瀑水自类恒流，无断无尽。又如善净镜面，若有一影生缘现前，唯一影起，若二若多影生缘现前，有多影起，非此镜面转变为影，亦无受用灭尽可得。③

如是，广慧！由似瀑流阿陀那识为依止为建立故，若于尔时有一眼识生缘现前，即于此时一眼识转，若于尔时乃至有五识身生缘现前，即于此时五识身转。

注释

①**为建立**：即以深层心识为基础，在深层心识的统摄下，由深层心识中的生命潜能引发出六种显在心识的现实活动。

②**身**：即"众""类"之义。

③**广慧！譬如大瀑水流……亦无受用灭尽可得**：遁伦曾记述古代注释家对本段中两个譬喻的不同看法，他说："喻中略引二喻，有何差别？有古德说，镜面譬，譬心真如门；水浪喻，喻心生灭门。今奘法师云：西方诸师释二喻所说同，但欲令明了本义，故须二喻。"中国古德曾在两个譬喻间做出区分，认为"镜面"比况心识的本来状况、本体；"水浪"比况心识的现实状况、现象。玄奘大师认为这种诠释是错误的，它完全不符合印度佛教的解释传统，因为《解深密经》及其所肇开的唯识学，从头至尾都在阐说深层心识与表层心识之间的发生关系，这里并没有设定"本体"心识的存在，深层心识、表层心识都是生命活动进行的形式，它们之间的关系是潜在与显在的关系，而不是本体与现象的关系，因此，古德"心真如门"的解说曲解了唯识学的本义。

译文

　　广慧！让我们对表层心识活动的发生过程做一个更仔细的观察。以执持身体的心识作为依靠之处，这个生命活动的统摄者就会使表层心识的现实活动成为可能。具体地说，表层心识就是眼识、耳识、鼻识、舌识、身识和意识这六种心识。六种表层心识发生现实作用的情况是这样的：以眼睛这一视觉器官和视觉可及之颜色、物体作为条件，就会产生出眼识——视觉活动来，随着视觉活动的展开，在同一时刻、面对共同的感知对象，就会有对感知材料进行分析、整理和判断的意识产生出来。同样道理，以耳朵、鼻子、舌头、身体以及听觉可及之声音、嗅觉可及之香气、味觉可及之味道、触觉可及之细滑冷暖等作为条件，就会产生出耳识——听觉活动，鼻识——嗅觉活动，舌识——味觉活动，身识——触觉活动，同以上感觉活动一起，伴随着诸种感觉活动，在同一时刻、面对同一感知对象，就有对感知材料进行分析、整理和判断的意识活动产生出来。

　　广慧！如果感知活动发生时，只有视觉功能的展开，那么此时就只有一个能分析、整理、判断的意识与这个视觉功能一起展开，如果感知活动发生的时候，不仅仅只有视觉的展开，而且其他诸种感觉活动也同时展开着，那么此时仍然只有一个能分析、整理、判断的意识与诸种感觉活动同时展开。

广慧！生命现象中精神活动的这种展开是比较难理解的，打个比方说，这就好像是一片巨大的水流，在此湍急的流水中，如果有引发一个浪花的外部条件存在，那么就会有一个浪花从平整的水体中飞溅而出，如果有引发两个浪花乃至多个浪花的条件存在着，那么就会有两个浪花乃至多个浪花从水体中飞溅出来，可是，不管浪花是多是少，也不管每一个浪花是生起还是消失，那整个一片巨大的水流始终延续着，作为一个整体，它稳定地存在着，绝不会有间断，也绝不会有终结。再比方说，这就好像有一个擦得很干净的镜面，如果有产生一个影像的条件存在，此时镜面上就会呈现出一个影像来，如果有产生两个乃至多个影像的条件存在着，那么镜面上就会呈现出两个乃至多个影像，这绝不是说镜面直接变成了影像，不管镜面上的影像是产生还是消失，镜面本身则既无产生又无消失可言。

广慧！你应当知道，统摄生命一切活动的深层心识就像是那湍急的水流，也像是能映现万象的镜面，它是生命现象一切展开活动的依据，它的存在乃使其他显在心识表层的现实活动成为可能。当使视觉活动发生现实作用的内外条件成熟时，这时就会依据深层心识引发出视觉活动来，当使五种感觉功能发生现实作用的内外条件成熟时，就会有五种感觉活动同时展开出来！

原典

广慧！如是菩萨虽由法住智为依止、为建立故，于心意识秘密善巧，然诸如来不齐于此施设彼为于心意识一切秘密善巧菩萨。

广慧！若诸菩萨于内各别如实不见阿陀那，不见阿陀那识，不见阿赖耶，不见阿赖耶识，不见积集，不见心，不见眼、色及眼识，不见耳、声及耳识，不见鼻、香及鼻识，不见舌、味及舌识，不见身、触及身识，不见意、法及意识，是名胜义善巧菩萨。如来施设彼为胜义善巧菩萨①，广慧！齐此名为于心意识一切秘密善巧菩萨，如来齐此施设彼为于心意识一切秘密善巧菩萨。

尔时世尊欲重宣此义，而说颂曰：

　　　阿陀那识甚深细，我于凡愚不开演；
　　　一切种子如瀑流，恐彼分别执为我②。

注释

①**如来施设彼为胜义善巧菩萨**：遁伦解释这段话极为透彻，他说："若诸菩萨于内各别如实不见阿陀那者，

不见用也，不见阿陀那识者，不见体也，余句例之。即证真如不见诸法，是名胜义善巧菩萨如来建立。""用"指心识的现实活动，"体"指心识自身的体质，这意思是说，菩萨在研究精神结构时，如果一方面不执着于心识的现实活动，另一方面也不执着于心识自身体质的实体存在，那么他就确实完全看见了存在的真实本性，他对于精神结构的奥秘就已经完全洞彻了。相反，如果一个修行人虽然了解了生命现象中显在心识的作用，了解到生命深层结构中的潜在心识之存在，知道这个潜在心识事实上以肉眼看不见的方式自始至终都在发生着作用，但他却未能通过切实修学突破对种种精神活动的实体执着，这就表明，他尚未能彻底洞彻存在的真实本性，他对精神结构的奥秘也尚未能彻底通达。

②**分别执为我**："我"是自我、主体、主宰之义，对"自我主体"的虚妄执着有两种情况，其一是俱生的我执，即与生俱来的自我偏见；其二是后天的我执，即通过后天生活培育出来的自我偏见。由于后天的自我执着主要是通过分别计较的第六意识产生出来的，因此它又被称作"分别我执"。《解深密经》中佛陀为剖析人类精神生活的奥秘，点明了生命结构中深层心识的存在。如果一般人在听到这个教法后，没有很好地领会成立深层心识的依据和用意，把它当作生命内部的主宰自我牢牢

地执着着，这样佛陀点示的深层心识反而成了一般人听闻教法后培养出来的一种自我偏见之依据。

又，菩提流支所译的《深密解脱经》中，上面这个偈颂是这样翻译的："诸种阿陀那，能生于诸法，我说水镜喻，不为愚人说。"魏译较为明快地提示了深层心识与一切存在现象之间的发生关系。

译文

广慧！正如前面所说的，如果菩萨们根据因果作用的道理来观察心灵世界的结构，他已认识到，精神活动的一切展开都被深层心识统摄着，由于深层心识的统摄功能，一切表层心识的现实运作才有了可能，到此地步，可以说菩萨对精神活动的结构已经极其透彻地理解，然而，那些与真理相应的觉者们，并不承认到此地步就可以把他叫作彻底理解了精神奥秘的修行人。

广慧！如果那些菩萨在修行生活里，确确实实地再也不执着于深层心识的统摄作用，不执着于那个统摄心识的存在，不执着于藏识的作用，也不执着于藏识的存在，不执着于深层心识引发表层心识的作用，也不执着于这个心识活动展开的依据者之存在，也不执着于深层心识贮藏生命活动潜能的作用，不执着于视觉的作用，也不执着于视觉功能的存在，不执着于听觉的作用，也不执着于听觉功能的存在，不执着于嗅觉作用，也不执着于嗅觉功能的存在，不执着于味觉的作用，也不执着于味觉功能的存在，不执着于触觉的作用，也不执着于触觉功能的存在，不执着于意识的作用，也不执着于意识功能的存在，到此地步，修行人就已经彻底认识了真理。那与真理相应的觉者，根据菩萨在修学上的这种进步，就说他们已经透彻领会了精神世界的奥秘，我就是根据这一点才成立一类菩萨，说这类菩萨已经完全洞彻了心灵世界的奥妙。

当时佛陀想把以上教法中的道理用极为简略的语言概括起来，以便于一般人记忆和掌握，就说了下面这个偈颂。他说：

那统摄生命活动的深层心识幽微难睹，它贮存着生命活动的一切潜能，它自身虽然变动不居，却又持续稳定，维持着生命现象的同一，就像那湍急的水流，虽然浪花四溅，但却从无间断。对于一般众生，我不敢把精神结构中的这一层次直接揭示出来，因为他们将会执着于深层心识的存在，把它看成生命内部的自我和主宰。

4　存在的三种样态

一切法相品第四

　　尔时，德本菩萨摩诃萨白佛言：世尊！如世尊说，于诸法相①善巧菩萨。于诸法相善巧菩萨者，齐何名为于诸法相善巧菩萨？如来齐何施设彼为于诸法相善巧菩萨？

　　说是语已，尔时世尊告德本菩萨曰：善哉！德本！汝今乃能请问如来如是深义。汝今为欲利益安乐无量众生，哀愍世间及诸天、人、阿素洛等，为令获得义利安乐，故发斯问。汝应谛听，吾当为汝说诸法相。

　　谓诸法相略有三种，何等为三？一者遍计所执相②，二者依他起相③，三者圆成实相④。云何诸法遍计所执相？谓一切法名假安立⑤，自性⑥差别⑦，乃至为令随起言说。

云何诸法依他起相？谓一切法缘生自性，则此有故彼有，此生故彼生；谓无明缘行，乃至招集纯大苦蕴⑧。

云何诸法圆成实相？谓一切法平等真如⑨，于此真如，诸菩萨众勇猛精进为因缘故，如理作意无倒思维为因缘故，乃能通达，于此通达渐渐修集，乃至无上正等菩提方证圆满。

注释

①**法相**：法是存在之义，相是相状、相貌、显像之义，"法相"犹言"存在的相状"或"存在的显像"，今译为"存在的样态"。

②**遍计所执相**：意识处处计较所虚构的实体存在样态。遍，同遍之义；计，计较分别之义。

③**依他起相**：依据因缘条件流转的生命样态。他，指生命活动中的诸种内外条件。

④**圆成实相**：圆满成就的存在实态，或译为存在的真实样态，或译为存在的真实本性。

⑤**名假安立**：是假借名称概念成立的。

⑥**自性**：事物的自体、自身特质，即事物是什么。

⑦**差别**：事物不同的属性。

⑧**纯大苦蕴**：蕴，指多种成分聚集的生命，这是指痛苦烦恼的现实生命。

⑨**一切法平等真如**：指一切存在现象的真实本性。存在的真实本性是平等存在于一切现象之中而没有差别的，是透破千差万别的存在现象之实体执着后显示出来的，所以被称为"一切法平等真如"。真如，即存在的真实本性。

译文

当时德本大菩萨禀告佛陀说：世尊！您曾经说过，有透彻了解、领会了存在样态的菩萨。现在我想知道，什么叫作透彻认识了存在样态呢？您根据什么成立这样一类菩萨，说他们"已经透彻认识存在样态"了呢？

佛陀告诉德本菩萨说：德本！你这个问题问得太好了！你今天能提出这样深奥的问题来，我知道，你是为了利益众生，为了让他们得到安乐，才提出这个问题来。你同情那无穷无尽的世界上无量无数的苦难众生，你想救济他们，想用真理使他们得到真实的安乐，所以你才提出"存在样态"这个极有意义的问题来了。一个修行人如果认识了有关存在样态的教法道理，又能根据这一道理悉心体会，勤勉修学，他最终就必然能获得最高最圆满的觉悟！

　　所谓存在的一切样态，归纳起来不外三种，哪三种呢？其一是意识处处计较所虚构的实体存在样态，其二是依据因缘条件流转的生命样态，其三是圆满成就的存在实态。什么叫作意识处处计较所虚构的实体存在样态呢？我们所谓的一切存在现象，这都是假借语言名称成立的，我们用语言指谓一个事物自体，说一个事物是什么，我们又用语言指谓事物的特性，说一个事物怎样怎样等；这样做从本质上来说是为了认识事物的方便，但是一般人并不了解语言的这种特性，在语言名称称谓的一切事物上，用意识虚构出实体来，这就是存在的第一种样态。

　　什么叫作依据因缘条件流转的生命样态呢？这是说一切存在现象、一切生命现象都依据因缘条件而产生、变化和发展，这样，如果有了甲事物，那么也就有了乙事物，如果甲事物产生出来，乙事物也就随之而产生了；就生命具体的流转过程来说，以愚昧无知作为条件，就引发出生命行为来，由生命行为，就引发出贮藏生命行为的心识，如此辗转下去，最后就会招致痛苦烦恼的现实生命，这种因缘流转的生命样态就是存在的第二种样态。

什么叫作圆满成就的存在实态呢？这就是指一切存在的真实本性，对于存在的真实本性，菩萨们用勤勉不懈的意志力推促着自己去反复研究之、反复体会之，最后菩萨达到最高最圆满的觉悟，他才使一切存在的真实本性完完全全地显示出来，使最圆满的存在状态显示出来，这个最圆满的存在状态也就是"圆满成就的存在实态"。

原典

　　善男子！如眩翳人眼中所有眩翳过患，遍计所执相当知亦尔；如眩翳人眩翳众相，或发毛轮，蜂蝇巨胜，或复青黄赤白等相差别现前，依他起相当知亦尔；如净眼①人远离眼中眩翳过患，即此净眼本性所行无乱境界，圆成实相当知亦尔。②

　　善男子！譬如清净颇胝迦宝③，若与青染色合，则似帝青大青末尼宝像④，由邪执取帝青大青末尼宝故，惑乱有情；若与赤染色合，则似琥珀末尼宝像，由邪执取琥珀末尼宝故，惑乱有情；若与绿染色合，则似末罗羯多⑤末尼宝像，由邪执取末罗羯多末尼宝故，惑乱有情；若与黄染色合，则似金像，由邪执取真金像故，惑乱有情。

　　如是，德本！如彼清净颇胝迦上所有染色相应，依他起相上遍计所执相言说习气当知亦尔；如彼清净颇胝迦上所有帝青、大青、琥珀、末罗羯多、金等邪执，依他起相上遍计所执相执当知亦尔；如彼清净颇胝迦宝，依他起相当知亦尔；如彼清净颇胝迦上所有帝青、大青、琥珀、末罗羯多、真金等相，于常常时、于恒恒时，无有真实，无自性性，即依他起相上，由遍计所执相于常常时、于恒恒时，无有真实，无自性性，圆成实相当知亦尔。

注释

①**净眼：**指眼睛无病、视觉功能正常。

②**如眩翳人眼中所有眩翳过患……圆成实相当知亦尔：**慧景解释这段话说："如眩翳过患所执亦尔者，问：眩翳是因缘法，云何譬遍计所执耶？解云：不取眩翳，意明由眩翳故，妄见毛轮，譬遍计所执也，故云眩翳过患。言如眩翳人见毛轮等依他亦尔者，毛轮等正是遍计所执，不欲取此以譬依他，欲明因此执毛轮故、熏识成种生后时依他。如净眼人见法本性，譬根本智，证圆成实。"按照慧景的解说，眼睛有毛病的人，因为视觉器官上的病变，看见一些正常人不应该看到的视觉图像，这就是"遍计所执性"；病眼人的视觉错误在持久延续后，

会化为潜在势力影响他未来的视觉功能，这就是"依他起性"。神泰的解说则与慧景不同，神泰说："眩翳过患者，执为定实发毛等，名过愚，喻遍计所执定有性法；若眩翳识变为发毛等，从因缘生无有定性，喻依他性。"这是说，视觉器官有毛病的人看见一般人看不到的视觉图像，这并不是"遍计所执性"，因为从有毛病的视觉功能引发出错误的视觉图像来，这恰恰是依据因缘条件而产生的现象，是"依他起性"；但是视觉功能不正常的人往往不知道自己的视觉功能有毛病，也不肯承认视觉功能有毛病，相反他们会执着于自己的视觉图像，把它们看成是真正实在的，这种执着才是"过愚"，才是"遍计所执性"。按：以上二说中，慧景之说略显迂曲，于经文义脉又极难贯达，神泰所说则明快畅通，应取泰说。

③颇胝迦宝：佛典所记诸种宝物之一。

④帝青大青末尼宝像：即帝释之青如意珠，亦为佛典所记诸种宝物之一。

⑤末罗羯多：即砗磲，亦为佛典所记诸种宝物之一。

译文

善男子！让我们通过一些比方使存在的这三种样态之间的关系清晰地显露出来。一个眼睛有毛病的人，因为视觉官能上的毛病，他看见的视觉图像往往与正常人有着很大的不同，可是他并不明白他的视觉图像之所以和其他人不同，问题全出在他病变的视觉器官上，他坚持自己看到的图像一定是正确的，而他人的视觉图像则一定有问题，意识处处计较所虚构的实体样态，其过错正与此相同；一个眼睛有毛病的人，他的病变眼睛所造成的一些视觉幻象，例如在细毛发上看见周围有一个轮圈，把蜜蜂苍蝇看成巨胜，或者看到青黄红白诸种缤纷的色彩等等，这些视觉幻象同他的病变器官是相互依存互为条件的东西，你应当知道，依据因缘条件流转的生命样态，情形正与此相同；一个视觉功能正常的人，只要睁开眼睛就能看到对象本身的面貌，他的眼睛没有扰乱、没有改变对象的面貌，没有在对象身上增加什么，也没有减少什么，你应当知道，圆满成就的存在实态，其情形也正与此相同。

善男子！我们再打一个比方来说明三种存在样态相互之间的关系。我们知道，洁净的颇胝迦宝，其本身是没有确定颜色的，如果它与青色染在一起，它就变成了青色，看上去就像帝释的青如意珠一样，一些人不明就里，就对别人说这就是帝释的青如意珠，旁人不知道内情，也就给他弄糊涂了，就把颇胝迦宝当成了如意珠；如果把颇胝迦宝与红色染在一起，它就会变成红颜色的，看上去就像是琥珀的样子，有些人不明就里，就对别人说这就是琥珀，把自己和听的人都给弄糊涂了，就把颇胝迦宝当成了琥珀；如果再把颇胝迦宝和绿色混在一起，它就染成了绿颜色的，看上去就像是砗磲的样子，有些人不明就里，就对别人说这就是车渠，把自己和听的人都弄糊涂了，就把颇胝迦宝当成了车渠；最后，如果再把它和黄颜色混在一起，那它看上去就像是黄金的样子，有些人不明就里，就对旁人说这就是黄金，也把别人给弄糊涂了，就把颇胝迦宝当成了黄金。

德本！三种存在样态之间的关系同上面颇胝迦宝的例子非常相似。在依据因缘条件流转的生命活动中，意识的实体执着作为心理上的潜在势力也会来影响它、染污它，就像洁净的颇胝迦宝在和各种杂色混合后，看上去就像是青如意珠、琥珀、车渠或者黄金，一般人不知道内情，就坚持把它看成是青如意珠、琥珀、车渠或黄金，虚妄地执着它们，在依据因缘条件流转的生命活动中，本来一切均因缘而起，没有任何实体主宰于其间，没有永恒不变的自我存在着，但是由于与生俱来的实体执着已化为潜在势力控制、支配着生命的一切活动，所以人们也就执着生存活动中有主宰自我的存在了；洁净的颇胝迦宝在和其他各种杂色相混后，就会变得像是青如意珠、琥珀、车渠或者黄金的样子，如果没有其他外在条件的影响，它就保持它本来的样子，依据因缘条件流转的生命样态也正是这样一个情况，一旦内外条件结合，某种生命活动就会发生，当条件不具备时，生命活动就保持其潜在状态，洁净的颇胝迦宝即便在受各种杂色的染污时看上去像是青如意珠、琥珀、车渠或者黄金的样子，但是那些不知内情的人在颇胝迦宝身上所执着的那些事物并不存在，不管是什么时候，也不管这颇胝迦宝是否受着诸种杂色的染污，它仍然是颇胝迦宝，它的本质是不会改变的，同样道理，虽然人们的意识功能总是在依据因缘条件流转的生命现象上，虚构有主宰自我的存在，但是从遥远的过去一直到今天，从今天再下推到无尽的未来，这些被虚构的实体都是不存在的，生命的本性绝不会因为实体执着而改变，在透破一切实体执着后显示出来的生命活动就是圆满成就的存在实态——生命的真实本性。

原典

复次，德本！相名相应①以为缘故，遍计所执相而可了知；依他起相上遍计所执相执以为缘故，依他起相而可了知；依他起相上遍计所执相无执以为缘故，圆成实相而可了知。

善男子！若诸菩萨能于诸法依他起相上，如实了知遍计所执相，即能如实了知一切无相之法[②]；若诸菩萨如实了知依他起相，即能如实了知一切杂染相法；若诸菩萨如实了知圆成实相，即能如实了知一切清净相法。

善男子！若诸菩萨能于依他起相上，如实了知无相之法，即能断灭杂染相法，若能断灭杂染相法，即能证得清净相法。

如是，德本！由诸菩萨如实了知遍计所执相、依他起相、圆成实相故，如实了知诸无相法、杂染相法、清净相法；如实了知无相法故，断灭一切杂染相法，断灭一切染相法故，证得一切清净相法。齐此名为于诸法相善巧菩萨，如来齐此施设彼为于诸法相善巧菩萨。

尔时，世尊欲重宣此义，而说颂曰：

若不了知无相法，杂染相法不能断，
不能杂染相法故，坏证微妙净相法。
不观诸行众过失，放逸过失害众生，
懈怠住法动法中，无有失坏可怜愍。[③]

注释

①**相名相应**：执着对象和名称之间一定相应，即有一定的名称，就一定有名称所指谓的对象之实体存在。

②**如实了知一切无相之法**：如实了解哪些东西是绝对不存在的。无相，是指不存在之义。

③**懈怠住法动法中，无有失坏可怜愍**：遁伦记载了注释家对这两句话的几种不同解释：其一，玄奘释为："懈怠者，不修定之本，住法者是定，动法中是散乱也。无有失坏可怜愍者，由懈怠故，无上住法名无，有上动法名有，由彼无定有散乱故，故于彼身中失于正法，名为失坏，故可怜愍。"这是说，不能认真修学静中思维，对一些有染污的生命现象又不能认真改造，所以他终身不能实现真理，这是非常值得怜悯的。

其二，神泰解释说："住法是定，动法是乱，失坏有二，一无住法故失坏，二有动法故失坏，失坏之时，皆由懈怠故尔者，为此故可怜愍。"神泰之说完全宗奘师而来，但比奘说稍显明快。

慧景的解释是："真实性不生不灭，故名住法，遍计执依他有生灭，故名动法。懈怠住法动法中者，失无坏有，故云无有失坏也。无即真实性空理，有乃依他遍计所执妄有法也。此人失坏三性理，故可怜愍。"这是说，"住法"又叫作"无"，"动法"又叫作"有"。"无"就是指存在的真实本性，存在的真实本性是不生不灭的，所以称之为"无"，无，就是无生灭义；"有"是因缘而起、遍计执着的东西，这些东西是有生有灭的，所以说是

"有"，有，即有生灭之义；不能很好地理解存在的真实本性，不能亲自使真理实现出来，这就失坏了"无"，不能很好地理解"遍计执"和"依他起"的本性，应该予以彻底断除的东西未能予以断除，应该给予深刻改造的东西未能认真改造，这就失坏了"有"。

　　按：以上诸说均可通，译文取慧景的解说。

译文

　　德本！其次，我们看到，一般人在研究存在现象时，通常认定名称概念总是和相应的对象联结在一起的，对象是名称所依据的，名称则能称述对象，因此，只要有某一名称存在着，那就必定有名称所称述的对象存在着，这种思维方法就会导致在一切语言名称背后去寻找被称谓、被指向的对象之实体，据此我们就能了解到什么是意识处处计较所虚构的实体存在样态了；由对语言背后实体的执着，导致对一切认知对象、一切存在现象的实体执着，由于这些执着会在生命活动中化为潜在势力，积累在生命结构的深层，因此能决定着未来生命活动的方向，据此我们就能了解什么是依据因缘条件而流转的生命现象了；在因缘流转的生命活动中，如果排除了对存在的实体执着，这就净化了生命，使生命的真实本性得以显现，据此我们就能了解什么是圆满成就的存在实态了。

善男子！如果菩萨们在依据因缘条件流转的生命样态中，能如实理解意识处处虚构的实体样态，那么他们也就懂得什么东西是绝对不存在的了；如果菩萨们能如实理解依据因缘条件流转的生命样态，那么他们也就懂得什么是有染污的生命活动了；再者，如果菩萨们能如实理解生命圆满成就的真实样态，那么他们也就懂得什么是净化的生命活动了。

善男子！如果那些菩萨在依据因缘条件流转的生命样态中如实认识到什么是绝对不存在的东西，那么他们就必然能消除一切有染污的生命活动，如果他们能消除一切有染污的生命活动，那他们就必然能把生命由染污状态提升到净化状态。

总起来说，德本！由于那些菩萨如实认识了意识处处虚构的实体样态，依据因缘条件流转的生命样态以及存在的真实本性，那么他们也就能如实理解什么是绝对不存在的东西，什么是相对存在有染污的生命活动，什么是绝对存在净化的生命活动；如果他们如实理解了什么是绝对不存在的东西，那他们就必然能排除生命活动中的染污成分，如果他们能排除生命活动中的一切染污成分，那么他们的生命活动就必然能过渡到净化状态。

到此地步，就可以说他们已经能透彻认识存在的三种样态了，所以，佛才成立一类菩萨，他们就叫作"已经能够透彻认识存在三种样态的菩萨"。

当时佛陀想把以上教法的大意用简略语言概括出来，以便于一般人记忆和掌握，就说了下面这些偈颂。他说：

如果修行人不懂得什么是绝对不存在的，那么他就不知道该如何改造有染污的生命活动，而如果不能彻底消除生命活动中的染污成分，那也就不可能使生命净化起来。不能对生命活动中的种种错误进行认真研究，随心所欲，那就会残害其他的生命，必须对存在的三种样态进行透彻地研究，如果不存在的东西不能断然放弃，存在而有染污的东西不能认真改造，那就永远不能看透生命的本性，这种人的生活真值得同情。

5　没有实体存在的
　　存在本性究竟是什么

原典

无自性相品第五

　　尔时，胜义生菩萨摩诃萨白佛言：世尊！我曾独在静处，心生如是寻思：世尊以无量门，曾说诸蕴所有自相、生相、灭相、永断、遍知；如说诸蕴，诸处、缘起、诸食亦尔；以无量门曾说诸谛，所有自相、遍知、永断、作证、修习；以无量门曾说诸界，所有自相、种种界性、非一界性、永断、遍知；以无量门曾说念住，所有自相、能治、所治，及以修习、未生令生、生已坚住不忘倍修增长广大；如说念住，正断、神足、根、力、觉支，亦复如是；以无量门曾说八支圣道，所有自相、能治、所治，及以修习、未生令生、生已坚住不忘倍修增长广大。

世尊复说：一切诸法皆无自性①、无生无灭、本来寂静、自性涅槃②。未审世尊依何密意作如是说③：一切诸法皆无自性、无生无灭、本来寂静、自性涅槃。我今请问如来斯义，惟愿如来哀愍解释，说一切法皆无自性、无生无灭、本来寂静、自性涅槃所有密意。

注释

①**一切诸法皆无自性**：一切存在现象都没有实体存在。自性，这里即指实体之义。

②**自性涅槃**：一切生命现象在本性上是圆满、安乐、自由的。自性，即本质、本性之义；涅槃，指圆满净化了的生命状态。这句话又可译成："存在就其自身即圆满、安乐而自由。"

③**世尊依何密意作如是说**：您是根据什么隐秘意蕴来做出这一陈说的呢？或者，您做出这一陈说的隐秘意蕴究竟何在呢？遁伦指出："问意：世尊处处经说蕴、界、处等种种诸法，生、灭、染、净、知、断、证、修，后时复说一切诸法皆无自性、无生无灭、本来寂静、自性涅槃，前后二说岂不相违？"这是说，佛陀在《般

若》以前的教法中，分析宇宙世界、人生现象，总是成立一类一类的事物，说这些事物的自身特质，说它们有生灭流转，有染净转化等等，后来，佛陀在《般若》教法中则说一切存在现象都没有实体存在，这种"无实体性"的教法显然同以前"有特质性"的教法大不相同，二者之间显然存在着巨大的矛盾，佛陀自己是怎样解决这一矛盾的呢？换句话说，佛陀自己在提出"无实体性"的教法原理时，究竟依据着什么样的隐秘意蕴呢？前期教法与后期教法之间到底存在着何种联系？有没有贯穿一代时教的中心思想、中心线索呢？这些问题构成了《解深密经·无自性相品》的基本主题。

译文

当时一个名叫胜义生的大菩萨禀告佛陀说：世尊！我曾经独自在安静的地方修习，当时想到这样一个问题：世尊曾经以各种的方式讲说构成人生命的各种成分聚集体，这些聚集体复合而成的生命如何从无到有，又如何由有还无的情况，对生命聚集体中种种痛苦烦恼的永远舍弃，以及对种种生命成分及其痛苦烦恼的详细知识；如同构成人生命的成分聚集体那样，佛也曾对知识构造中的主客观因素、生命流转变化的具体展开过程以及生命的各种资生方式进行过广泛的分析；佛曾经以各种各样的方式对四种陈述宇宙生命真实情状的真理进行过广泛的讨论，如四种真理各自的界限内容、对宇宙生命痛苦情状的详细观察、对造成痛苦原因的永远舍弃、对消除一切痛苦烦恼后的安乐状态的切身透入、对为了进入这一状态而进行的漫长修学等，以上诸方面构成佛陀说的"四种真理"的理论骨架；世尊曾以各种的方式陈说种种生命形态的自身特征，为什么会有诸多生命形态，为什么诸多生命形态不能合而为一，对各种生命形态中痛苦烦恼的永远舍弃，以及关于各种生命形态及其痛苦烦恼的详细知识等；佛陀曾以各种的方式陈说培养注意力的四种基本方法，为什么要使用培养注意力的修行方法，各种方法何以能对治身心中的毛病，又能对治什么样的身心毛病，如何从精神不集中的日常状态过渡到精神集中的修行状态，当注意力的培养已经达到一定程度时，又如何巩固它、强化它、增长和扩大它的效果等等；如同对培养注意力的方法所进行的分析那样，佛陀也曾经对去恶行善的意志力之培养、善行和智慧的基本心理要素之培养、良善心理品性之发掘、良善心理品性之进一步深化以及智慧抉择能力的提高等种种修行方式做过同样细致的审察；佛陀曾经以各种方式阐说通向真理的八条生活道路，为什么要讲述八条正确的生活道路，八条生活道路为什么能消除痛苦烦恼以及消除何种痛苦烦恼，如何从头开始选择正确的道路去生活和修习，如何使正确的生活道路在生命向上进化的修行实践中稳定下来，以及如何使正确的生活道路能更深更广地通向真理，等等。

可是，在另外一些场合，您又着重宣讲这样一种教法：宇宙间一切存在现象自身都没有实体存在着，一切生命现象既没有产生也没有消亡，生命中本来就没有痛苦烦恼的扰动，一切生命就其自身即是圆满安乐的。不知道您究竟依据什么隐秘意蕴来如是陈述？我现在把这个问题提出来，衷心希望那与真理相应的觉者能同情未得正确知识的苦痛众生，能明白清晰地给众生解释为什么"一切存在现象都没有自身常住的实体性，一切生命现象既无产生也无消亡"，究竟为什么"生命中没有痛苦烦恼的扰动，一切生命就其自身即圆满安乐"呢。我们世俗的思考能力往往陷入矛盾之中而不可自拔，希望您能把真理带到光明之中，驱除我们内心中的黑暗和疑惑。

原典

尔时，世尊告胜义生菩萨曰：善哉善哉！胜义生！汝所寻思甚为如理。善哉善哉！善男子！汝今乃能请问如来如是深义。汝今为欲利益安乐无量众生，哀愍世间及诸天、人、阿素洛等，为令获得义利安乐，故发斯问。汝应谛听，吾当为汝解释所说一切诸法皆无自性、无生无灭、本来寂静、自性涅槃所有密意。

胜义生！当知，我依三种无自性性①密意，说言一切诸法皆无自性。所谓相无自性性②，生无自性性③，胜义无自性性④。

善男子！云何诸法相无自性性？谓诸法遍计所执相。何以故？此由假名安立为相，非由自相安立为相，是故说名相无自性性。

云何诸法生无自性性？谓诸法依他起相。何以故？此由依他缘力故有，非自然有，是故说名生无自性性。

云何诸法胜义无自性性？谓诸法由生无自性性故，说名无自性性，即缘生法，亦名胜义无自性性。何以故？于诸法中若是清净所缘⑤境界，我显示彼以为胜义无自性性，依他起相非是清净所缘境界，是故亦说名为胜义无自性性。

复有诸法圆成实相，亦名胜义无自性性。何以故？一切诸法法无我性名为胜义，亦得名为无自性性，是一切法胜义谛故，无自性性之所显故，由此因缘，名为胜义无自性性。

善男子！譬如空花，相无自性性当知亦尔。譬如幻像，生无自性性当知亦尔，一分胜义无自性性当知亦尔。譬如虚空惟是众色，无性所显遍一切处，一分胜义无自性性当知亦尔，法无我性之所显故，遍一切故。

善男子！我依如是三种无自性性密意，说言一切诸法皆无自性。

注释

①**三种无自性性**：三种实体不存在的存在本性。无自性，即实体不存在之义；性，指存在的真实本性。

②**相无自性性**：意识之外独立实体不存在的存在本性。相，指意识活动的对象。

③**生无自性性**：生命过程没有主宰实体的存在本性。

④**胜义无自性性**：从绝对的立场来说，一切实体不存在的存在本性，也可以译成"绝对的存在本性"或"超越的存在本性"。

⑤**清净所缘**：净化了的心识活动之对象。清净，指净化的心识结构；所缘，即"以之作为思维对象"之义。

译文

当时，佛陀告诉胜义生菩萨说：胜义生！你思索的问题非常有道理，你问题的核心是对我的多重教法究竟应该如何理解，跟从我的许多弟子们也和你有同样的疑虑，他们感觉到我前后两种教法之间似乎有矛盾，不知道该如何解决这个矛盾。我知道，你是为了利益安乐无量无数的众生生命，为着慈悲垂悯天、人、阿修罗等各类生命，为了清除他们修行道路上的一切障碍，你才提出这个问题。你应当一心谛听，我会把我前后两期教法中的隐秘意蕴明明白白地揭示出来。

善男子！你们应当理解，我所谓"一切存在现象都没有自身的实体性，一切生命现象既没有产生也没有消亡，生命中本来就没有痛苦烦恼的扰动，生命就其自身即圆满安乐"，这一教法背后是含有隐秘之意蕴的，这一隐秘意蕴究竟是什么呢？这就是指三种没有实体存在的存在本性之学理。胜义生！你应当知道，我所谓"一切存在现象都没有实体存在着"，我的这一教法应当放在三种实体不存在的存在本性这一背景和框架下来予以审视。我所谓三种没有实体存在的存在本性是：其一，意识之外独立实体不存在的存在本性；其二，生命流转过程中主宰实体不存在的存在本性；其三，从超越的立场来说一切实体不存在的绝对存在本性，它也可以被称作"绝对的存在本性"或者"超越的存在本性"。

善男子！什么叫作"意识之外独立实体不存在的存在本性"呢？这是说，通过运用意识功能对一切存在现象处处计较，处处虚构，这样造成的独立于意识之外的相状是不存在的。为什么呢？因为这些被看成是意识之外的独立相状是假借语言概念造成的，是假借意识的抽象思维造成的，而不是由事物自身的存在特质所支撑，所以说独立于意识之外的实体之不存在是一种真实的存在本性。

什么叫作"生命流转过程中主宰实体不存在的存在本性"呢？这谈的是因缘而起的一切生命现象的真实情状。为什么呢？因为一切依据因缘条件而发生作用的生命现象，其具体的生存活动需要诸多外部条件的牵引和参与，任何一个生命动作都不可能由生命内部完全自然而然地实现出来，所以说生命流转过程中主宰性实体的不存在也是一种真实的存在本性。

什么叫作"从超越的立场来说一切实体不存在的绝对存在本性"呢？这是说，一切生命现象由于处在变化流转之中，生命现象中的一切活动都不是自然而然的，生命现象由于外部的牵引力而发生作用，其一切存在状态因而只拥有相对的存在价值，从超越的立场来看，可以说，没有主宰实体的生命活动过程其实是不存在的。为什么这样说呢？如果存在现象中的某种状态是完美知识的认识对象，我们就把这一状态称为"从超越的立场来说一切实体不存在的绝对存在本性"，依据因缘条件而流转的生命现象不是完美知识的认识对象，从超越的立场来看，它还不具备真正的存在价值：一方面，因缘而起的生命现象同样作为存在的显现存在着，另一方面，在这一存在显现中又没有任何主宰性实体的存在，所以从超越的立场来看，可以说，因缘而起的生命现象反映了一切实体不存在的绝对存在本性。

再者，存在的真实圆满样态也可以叫作"绝对的存在本性"。为什么这样说呢？因为存在的真实圆满样态就是"事物本来的样子"，它排斥了对存在现象的任何实体执着，它是由修行人突破主观上的一切偏见执着之后显示出来的，所以，我们把圆满成就的存在样态叫作"从超越的立场来说一切实体不存在的绝对的存在本性"。

善男子！意识之外独立实体不存在的存在本性应当如何理解呢？这正如空中之花一般，空中之花纯粹是我们感觉知觉虚构的幻象，它本身是绝对不存在的。生命流转中没有主宰实体的存在本性应当如何理解呢？生命流转过程所表征的绝对存在本性应当如何理解呢？这正如镜中的图像一般，镜中的图像是在因缘条件作用下的产物，它不是自然而然地发生的，也不是由一定的实体激发出图像的功用，但图像仍然作为存在的显现存在着，它自身拥有相对的存在价值；对于圆满成就的存在样态所表征的绝对存在本性应当如何理解呢？这正如宇宙中的虚空一般，虚空遍布于一切物质事物中，它已与物质事物融合为一，你绝对不可能在物质事物之外去寻找出非物质的虚空；同样道理，超越的存在本性也遍在于一切存在现象之中，绝对没有离开存在现象的抽象的存在本性，存在本性与存在现象已经融合为一，其间不再有任何差别。

善男子！我就是根据以上三种没有实体存在的存在真实本性这一隐秘意蕴来陈说"一切存在现象没有实体存在"这一学说的。

原典

胜义生！当知，我依相无自性性密意说言一切诸法无生无灭、本来寂静、自性涅槃。何以故？若法自相都无所有，则无有生；若无有生，则无有灭；若无生无灭，则本来寂静；若本来寂静，则自性涅槃①，于中都无少分所有更可令其般涅槃②故。是故我依相无自性性密意，说言一切诸法无生无灭、本来寂静、自性涅槃。

善男子！我亦依法无我性所显胜义无自性性密意，说言一切诸法无生无灭、本来寂静、自性涅槃。何以故？法无我性所显胜义无自性性，于常常时、于恒恒时，诸法法性安住无为，一切杂染不相应故。于常常时、于恒恒时，诸法法性安住故无为，由无为故，无生无灭；一切杂染不相应故，本来寂静、自性涅槃。是故我依法无我性所显胜义无自性性密意，说言一切诸法无生无灭、本来寂静、自性涅槃。

复次，胜义生！非由有情界中诸有情类，别观遍计所执自性为自性故，亦非由彼别观依他起自性及圆成实自性为自性故，我立三种无自性性。然由有情于依他起自性及圆成实自性上，增益遍计所执自性故，我立三种无自性性。

由遍计所执自性相故，彼诸有情于依他起自性及圆成实自性中，随起言说如如随起言说如是如是③。由言说熏习心④故，由言说随觉⑤故，由言说随眠⑥故，于依他起自性及圆成实自性中，执着遍计所执自性相，如如执着如是如是，于依他起自性及圆成实自性上，执着遍计所执自性。由是因缘，生当来世依他起自性；由此因缘，或为烦恼杂染⑦所染，或为业杂染⑧所染，或为生杂染⑨所染。于生死中长时驰骋，长时流转，无有休息，或在那落迦⑩，或在傍生，或在饿鬼，或在天上，或在阿素洛，或在人中，受诸苦恼。

注释

①**则自性涅槃：**遁伦引慧景、神泰两家对这段话的

解释说："以其遍计都无有体，故无有生，若无生，即无灭，由无生灭即本来寂静，寂静之义即与涅槃相似，名为涅槃，非灭谛涅槃。"灭谛涅槃，即指亲身实现生命的圆满、安乐、自由境界，这是说，意识虚构的实体都是不存在的，如果生命活动中一切虚构被执着的实体都不存在，那么也就谈不上有生命现象的"产生"有生命现象的"消亡"了，生命中的一切活动都不是指有一个实体在发生作用，也不是指哪一个实体在遭受痛苦的扰动，这样，没有任何实体的生命自身就是安宁的，这个"安宁"的生命就和圆满净化了的生命有相似之处；但是它事实上还绝对不是圆满的净化生命，因为后者是在修行人突破实体执着的修行生活中亲身实现的，而前者则只是从道理上推测生命本来如何。遁伦、慧景、神泰在"相似涅槃"与"真实涅槃"之间所做的这一辨析对于理解这一段经及下一段经文极有参考价值。

②**般涅槃**：即实现涅槃，使圆满、安乐、自由的生命状态显现出来。

③**如如随起言说如是如是**：相应于意识虚构的相状，说它们是这样、它们是那样。

④**由言说熏习心**：这些语言表述会影响人的心识。熏习，即影响之义。

⑤**由言说随觉**：这些语言表述伴随着分别计较、多

番执着的意识活动。

⑥**由言说随眠：**这些语言表述会化为心理潜势力伴随着生命现象的每一动作、生命活动的每一时刻。随眠，即随逐身体而眠，指由分别执着的语言表述活动沉积下来的心理潜势力。

⑦**烦恼杂染：**烦恼，指各种邪恶的心理情绪；杂，混杂、掺杂；染，染污，指能染污生命真实本性的各种邪恶情绪。

⑧**业杂染：**业，指生命行为、身心一切活动；杂染，义同上。指能染污生命真实本性的生存活动。

⑨**生杂染：**生，指生存现实中的痛苦；杂染，义同上。指染污生命真实本性的生存苦痛。

⑩**那落迦：**即地狱，佛典中以之为最痛苦、最邪恶、最无进化希望的生存状态。

译文

胜义生！你应当知道，首先，我是根据意识之外虚构实体不存在的存在本性这一隐秘意蕴来陈说"一切生命现象没有产生也没有消亡，生命中本来没有痛苦烦恼的扰动，生命就其自身即是圆满安乐的"这一教法的。为什么这样说呢？假若日常意识所执着的一切现象的实体都不存在，假若宇宙世界里没有任何实体存在着，那么自然也就没有某种现象的产生了；没有了产生，自然也就没有消亡；假若一切生命现象没有产生也没有消亡，那就可以说生命现象中本来就没有痛苦烦恼的扰动；假若生命中本来就没有痛苦烦恼的扰动，那就可以说，生命自身是圆满安乐的，生命中实在没有哪一个成分更需要改造、进化以至于"圆满安乐"。因此我说，我是根据意识之外虚构实体不存在的存在本性这一隐秘意蕴来做上述陈说的。

善男子！你们应当知道，有些时候，我是根据一切存在透破实体执着后显现出来的没有任何实体存在的绝对存在本性这一隐秘意蕴来陈说"一切存在现象既没有产生也没有消亡，生命中本来没有痛苦烦恼的扰动，生命就其自身即是圆满安乐的"这一教法的。为什么这样说呢？因为那透过实体执着后呈现出来的绝对存在本性，在时间变化的每一刹那以及时间演历的永久过程中，都安住而无变化、恒静而无造作，因为它同一切染污生命真实本性的事物都没有任何联系了。正因为它安住而无变化，因此它静默而无造作；因为它静默无造作，所以一切存在现象没有产生也没有消亡；因为它同一切染污生命真实本性的事物没有任何联系，所以生命中本来没有痛苦烦恼的扰动，生命自身即是圆满的、安乐的。因此，在有些场合、有些地方，我是根据透过实体执着后呈现出来的绝对存在本性这一隐秘意蕴来做上述陈说的。

其次，胜义生！我不是根据生命世界中各种生命形态对三种存在样态的个别观察来建立没有实体存在的存在本性之理论的，不是因为这些生命单方面观察意识处处虚构的实体存在样态，也不是因为这些生命单方面观察依据因缘条件流转的生命样态，或者圆满成就的存在实态。我建立三种没有实体存在的存在本性之学理，其着眼点针对这样一个事实，即生命世界里的一切生命种类，不管他们在身体相貌以及精神结构上有着多少差别，他们陷入错误思维的方式都是一样的，他们都在依据因缘条件流转的生命样态以及圆满成就的存在实态上，主观地虚构、添加了意识处处计较、处处执着而造成的实体性。

由于这些被虚构的实体是呈现在主观意识之中的外在独立相状，那些有情众生就对依据因缘条件流转的生命样态和存在实态进行语言表述，相应于这些被虚构的相状，说它们是这样是那样。由于这些语言表述影响着心识，乃至伴随分别计较，更由于这些语言表述会在生命结构中积聚为能引发未来行为的心理潜势力，有情生命就在依据因缘条件流转的生命样态和存在的真实本性中，虚妄地执着有意识处处计较的实体相状，相应于这些被虚构、被执着的实体相状，有情生命就在两类存在样态之上添加了根本不具有存在品性的实体样态。由于这一根本的原因，生命在其现实的生存活动中就能引发未来的生命流转样态；也由于这一根本的原因，有情生命的真实本性就或者为贪欲、恨恶、愚昧、高傲、怀疑、偏见等种种邪恶的心理情绪所染污，或者为一切生存行为所染污，或者为生存中的痛苦现状所染污。这样一来，有情生命就会在生死无常的生命样态中驰骋、流转，没有片刻的安息，他们或在地狱、或在畜生、或在饿鬼、或在天上、或在阿修罗、或在人间等种种生存状况里经常受着苦痛和折磨。

原典

复次，胜义生！若诸有情从本已来未种善根，未清净障，未成熟相续①，未多修胜解，未能积集福德智慧二种资粮，我为彼故，依生无自性性宣说诸法，彼闻是已，能于一切缘生行中，随分解了无常、无恒、是不安隐、变坏法已，于一切行心②生怖畏，深起厌患。心生怖畏深厌患已，遮止诸恶，于诸恶法能不造作，于诸善法能勤修习。习善因故，未种善根能种善根，未清净障能令清净，未成熟相续能令成熟，由此因缘多修胜解，亦多积集福德智慧二种资粮。

彼虽如是种诸善根，乃至积集福德智慧二种资粮，然于生无自性性中，未能如实了知相无自性性及二种胜义无自性性，于一切行未能正厌，未正离欲，未正解脱，未遍解脱烦恼杂染，未遍解脱诸业杂染，未遍解脱诸生杂染。

如来为彼更说法要：谓相无自性性，及胜义无自性性。为欲令其于一切行能正厌故，正离欲故，正解脱故，超过一切烦恼杂染故，超过一切业杂染故，超过一切生杂染故。彼闻如是所说法已，于生无自性性中能正信解相无自性性及胜义无自性性，简择思维如实通达，于依他起自性中能不执着遍计所执自性相。由言说不熏习智故，由言说不随觉智故，由言说离随眠智故，能灭依他起相，于现法中智力所持，能永断灭当来世因。由此因缘，于一切行能正厌患，能正离欲，能正解脱，能遍解脱烦恼业生三种杂染。

注释

①**未成熟相续**：大意是，尚未能在生命的流转变异中把握到向上进化的生存方向。

②**一切行心**：一切有造作有生灭变化的心理情绪。

行，流转变动之义。

译文

再次，胜义生！如果有那样一类生命，从其生命史的遥远过去流转至今，未能培育出能引发未来一切良善行为的基本心理品性，未能消除和净化生命中的各种烦恼障碍和知识障碍，未能在生命流转中掌握住自己业力迁变的方向，未能经常思索一些真理性的观念从而引发正确的知识，未能积累起善行与智慧这两种生命进化的基础条件，我为这类众生的缘故，依据生命过程没有主宰实体的存在本性这一隐秘意蕴宣说各种教法，他们听到这些教法后，根据各人的理性能力，在因缘而起的生命流转现象中，理解到生命变动不居的实情，体会到生命现象是不安乐的，是有变化和消亡的，于是，他们对刹那变动中的心理情绪感觉到很恐惧，并进而对之深深厌恶。这一主观情绪上的剧烈变化就能阻止恶的行为，同时激发出良善的生命欲望，这就能把生命由盲动状态引导到修行生活中。在修行生活中处处以良善准则要求自己，久而久之，那未被培育的良善品性就能被培育出来，未消除和净化的烦恼障碍及知识障碍就能得到逐步的消除和净化，这样，生命就在缠绵不断的大化之流中把握到向上进化的基本方向，由于这些原因和条件，他们就能获得正确的知识和见解，就能够广泛而深刻地积累起美德和智慧这两种生命进化的基础。

他们虽然培育出了良善的心理品性，乃至于积累起善行和智慧的生命进化基础，然而，这些修行人在生命过程没有主宰实体的存在本性里未能如实认识到意识之外虚构实体不存在的存在本性以及一切实体不存在的超越存在本性，这样，对于流转变动中的生命过程和生命现象，他们就不能正确地评估其染污性、模糊性和堕落性，就不能在精神上深切地厌恶它们，就不能断然抛弃那企图再度堕入流转生命的心理欲念，在此情况下，修行人就无法把自己从邪恶的心理情绪中释放出来，也就无法消除染污生命本性的种种事物。

为了满足这类众生向上进化的进一步需要，与真理相应的觉者再度展示真理的要领，这就是意识之外独立实体不存在的存在本性以及透破一切实体执着后的绝对存在本性之学理。这是为了让修行人对于生命流转的一切过程一切现象能够正确地厌离，对于堕入流转生命的心理欲念能够正确地解除，对于各种邪恶情绪能够正确地予以净化，总而言之，我补充两种存在本性的学理，我的目的是要帮助那些修行人，使他们能够超越于邪恶情绪、生存行为以及生存苦痛这种种染污生命本性的事物。他们在听到我这些教法之后，在生命过程没有主宰实体的存在本性中，能信念并理解意识之外独立实体不存在的存在本性及透破一切实体执着后的绝对存在本性，他们在比较、研究、揣摩之后，如实体会到这一教法的真理性，最后，他们在因缘而起的生命样态中就能够不再执着意识所虚构的任何实体相状。

由于不再执着描述存在现象的语言概念，不再随这些语言概念而相应地在心识上进行分别比较，更由于彻底舍弃了一切语言概念积淀在深层心识中的对存在现象分别计较的潜在势力，这就能彻底摆脱一切世俗生命把依据因缘条件流转的生命现象给予实体化的错误思维倾向，在生命的此一周期、此一时空里，生命就会由智慧总摄着，由真理护持着，于是修行人就得以彻底消灭那引发未来流转的一切因缘条件。根据上述原因条件，修行人就能正确厌恶流转着的生命现象，能正确地舍弃再度堕入流转生命的心理欲念，能够正确地解除邪恶情绪、生存行为及生存苦痛对于生命本性的种种染污。

原典

复次，胜义生！诸声闻乘种性有情，亦由此道此行迹故，证得无上安隐涅槃；诸独觉乘种性有情、诸如来乘种性有情，亦由此道此行迹故，说得无上安隐涅槃。一切声闻、独觉、菩萨，皆共此一妙清净道①，皆同此一究竟清净，更无第二。我依此故，密意说言唯有一乘。非于一切有情界中，无有种种有情种性，或钝根性、或中根性、或利根性有情差别。

善男子！若一向趣寂声闻种性补特伽罗②，虽蒙诸佛施设种种勇猛加行③方便化导，终不能令当坐道场④，证得阿耨多罗三藐三菩提。何以故？由彼本来唯有下劣种性故，一向慈悲薄弱故，一向怖畏众苦故。由彼一向慈悲薄弱，是故一向弃背利益诸众生事；由彼一向怖畏众苦，是故一向弃背发起诸行所作。我终不说一向弃背利益众生事者，一向弃背发起诸行所作者，当坐道场能得阿耨多罗三藐三菩提，是故说彼名为一向趣寂声闻。

若回向菩提⑤声闻种性补特伽罗，我亦异门说为菩萨。何以故？彼既解脱烦恼障⑥已，若蒙诸佛等觉悟时，于所知障⑦其心亦可当得解脱⑧。由彼最初为自利益，修行加行脱烦恼障，是故如来施设彼为声闻种性。

注释

①诸声闻乘种性有情……皆共此一妙清净道：慧景、文备等解释这段话说："此明三乘人同依无性之道证

得涅槃。二乘之人悟于人执，遍计所执无性，知有为法从因缘起无自然生，生无性性，亦知依他无彼胜义自性性也。亦可二乘即由人空所显无二性门显，名达胜义无自性性。菩萨即由遣于二执，知相无性，乃至由二空所显真如，由无性门显胜义无自性性。故云一切声闻独觉菩萨皆共此一妙清净道无第二。"这是说，依据四种真理修行的人，观察流转生命过程的修行人，以及利群济生的菩萨们都根据"没有实体存在的存在本性"这一理论进行切实的生命修行工作，由于对"无实体性"教法在理解上有深浅层次的不同，他们修学的成果也就有了高低差别，修行生活的终极依据是一致的。

②**一向趣寂声闻种性补特伽罗**：自始至终趋向放弃一切生命活动的修行人。寂，安宁无扰动，即放弃一切生命活动之义；种姓，即种类之义；补特伽罗，即人之义。

③**加行**：加力而行，加功而行，它既可指那些能扫荡廓清痛苦烦恼的修行方法，也可指按照这些修行方法勉力用功的修行实践。

④**坐道场**：坐在真理的苑围里，坐在真理的家园里，指对真理产生了圆满的觉悟。道场，指举行法会、陈说佛法的地方。

⑤**回向菩提**：扭转自己以前的思维方向，把修行生

活的切实动机引导到实现圆满觉悟这一至高目标上来。

⑥**烦恼障**：烦恼，指贪欲、恨恶、愚昧、偏见等邪恶的心理情绪；障，障碍之义。烦恼障，意即邪恶的心理情绪能障碍生命向上的发达进化。烦恼障的核心是"人我执"，即在身心一切现象、一切活动中执着有主宰自我的存在。译为"心理障碍"。

⑦**所知障**：所知，被认知的对象，意即这种障碍能妨碍对知识对象的认识。所知障的核心是"法我执"，即在一切存在现象上执着有实体存在。译为"知识障碍"。

⑧**其心亦可当得解脱**：那些转到追求圆满觉悟道路上来的修行人，最终也可突破知识上的障碍，使心灵得到自由解脱。文备解释这句话时发挥说："古人文旨不许定性，吉藏师亦译此文，若声闻人将入无余时，蒙佛说法回向发大心，无有是处。故云终不能得，与今三藏所说不同。于此义中，由来多诤。"这是说，佛陀在《解深密》教法中，承认那些要求放弃生命活动的修行人也能获得最高觉悟，至少他们中的一部分人能够做到这样，这是玄奘自己独特的译法和讲法。古人——不知何指——和吉藏都不承认会发生这种情况，这个问题一直引起各种各样的争论，至今也没有得到妥善的解决。文备这些话说明"声闻人能否成佛"的问题无论是在玄奘之前还是在玄奘之后，都是一个有争议的唯识学问题。

译文

胜义生！我希望你弄懂这一点：那些借思索四种真理而对存在本性深有所悟的修行人归根结底也是依据我上述的教法或者这一教法的一些变形，来亲自体会那圆满、自由、安乐的生命境界；那些通过研究流转生命过程而深有所悟的修行人，还有那些成就最高觉悟的生命，他们也都依据我上述的教法或这一教法的一些变形来亲自体会那圆满、安乐、自由的生命境界。这三类追求真理的人们都同样依据那一条奇妙的净化道路，他们也都归宿于终极完美的存在真理！世界上只有一个真理，它存在于一切事物、一切现象、一切生命活动之中，除它之外，宇宙里再也没有其他的真理了。我就根据这个道理得出结论：在所有的佛教教法中其实只有一个教法，它就是关于真理的教法。胜义生！你要好好思考，这是一个极富蕴味的命题。

我这样说，并不意谓在一切可能的宇宙世界中没有种种生命类型的差别，也不是说在每一个生命类型中没有或愚昧或聪慧或既不愚昧又不聪慧等种种生命德性的差别。在现实世界里，人们不仅有凡圣智愚之别，而且也有爱好和趣味上的诸多不同。

善男子！像那些思考四种真理，自始至终要求完全放弃一切生命活动的修行人，即使有许许多多的觉者为他们安排种种方法，即使这些方法都能极有力地破斥染污生命本性的邪恶情绪，觉者们的这些方便教诲最终也不能使他们将来坐到真理的苑囿里，透彻体会那最高最圆满的觉悟。这究竟是什么缘故呢？道理很简单，因为这些修行人本来只具备低劣的生命德性，因为他们向来缺乏对其他生命的同情和救助，他们从来感受不到其他生命的生存苦痛，那种宇宙一体、众生一如的同情感在他们是连想也想不到的；因为他们向来恐惧于生命的痛苦和烦恼，所以他们在修行实践中从来都极力舍弃流转生命的一切活动。我说过，真理事实上只有一个，教法也只有一个，但我最终不承认那些向来鄙弃一切利群济生的救度事业、向来害怕生命现象中一切活动的修行人，将来会坐到真理的苑囿里，会获得最高最圆满的觉悟，所以我称他们是最终放弃一切生命活动的修行人。

　　如果他们中的一些人，后来有机会扭转自己的思维方向，向着真正的觉悟迈进，我也在另外一些场合说他们是菩萨。为什么这样说呢？他们既然已经净化了障碍生命自由的痛苦烦恼，如果有觉者能巧妙地开导他们，他们也可使心灵从知识上的障碍里摆脱出来。由于这些修行人最初只是为了自我利益的动机才接受佛法，他们极力消除痛苦烦恼，也都只是出于解脱自己的初衷，所以尽管他们后来在向上发达的道业中大大迈了一步，以致于将来会达到最高最圆满的觉悟，我还是把他们叫作要求放弃生命活动的修行人。

原典

复次，胜义生！如是于我善说善制法毗奈耶最极清净意乐所说善教法中，诸有情类意解种种差别可得。善男子！如来但依如是三种无自性性，由深密意，于所宣说不了义经^①，以隐密相说诸法要：谓一切法皆无自性、无生无灭、本来寂静、自性涅槃。

于是经中，若诸有情已种上品善根，已清净诸障，已成熟相续，已多修胜解，已能积集上品福德智慧资粮，彼若听闻如是法已，于我甚深密意言说如实解了，于如是法深生信解，于如是义以无倒慧如实通达；依此通达善修习故，速疾能证最极究竟，亦于我所深生净信，知是如来应正等觉，于一切法现正等觉。

若诸有情已种上品善根，已清净诸障，已成熟相续，已多修胜解，未能积集上品福德智慧资粮，其性质直，是质直类，虽无力能思择废立，而不安住自见取^②中。彼若听闻如是法已，于我甚深秘密言说，虽无力能如实解了，然于此法能生胜解，发清净信，信此经典是如来说，是其甚深显现，甚深空性相应；难见难悟，不可寻思；非诸寻思所行境界，微细详审聪明智者之所解了。

于此经典所说义中，自轻而住。作如是言：诸佛菩提为最甚深，诸法法性亦最甚深；唯佛如来能善了达，非是我等所能解了。诸佛如来为彼种种胜解有情转正法教，诸佛如来无边智见，我等智见犹如牛迹③。于此经典虽能恭敬为他宣说、书写、护持、披阅、流布、殷重供养、受诵温习，然犹未能以其修相发起加行，是故于我甚深密意所说言辞不能通达。

由此因缘，彼诸有情亦能增长福德智慧二种资粮，于彼相续未成熟者亦能成熟。

注释

①**不了义经**：未能圆满阐说真理的经典。

②**自见取**：执着于自己的偏见，认为只有自己的观念是正确的，他人的观念则完全错误。

③**牛迹**：是佛典中所记的一个比丘，性极愚钝，因其多世投生于牛类中，故以牛名。又译为牛司、牛主、牛王、牛呵、牛相等。文中以牛迹的智慧与如大海水的佛智相比，如从直译，则显平实。今不取牛迹之本义，

特以"牛蹄印中的一点水"转换之，既似有据，又与大海水仍相比照，颇能传达经文之本意。

译文

　　胜义生！我希望你能弄懂的另外一个极为重要的问题就是，不同德性、不同品性的众生，对于我陈述真理的全部教法，会产生不同的理解。善男子！你们必须了解这一点：虽然我的全部教法都依据上述三种没有实体存在的存在本性，虽然我的全部教法都与那存在之真理相契合，但是，在一些阐述真理的经典中，我只是以一种隐秘的方式、间接的方式暗示了真理的要领。这就是有关"一切存在现象都没有实体存在、生命活动没有产生也没有消亡、生命中本来没有痛苦烦恼的扰动以及生命就其自身即圆满而安乐"这一教法的真正意蕴所在。

　　对于我陈说"无实体性"的那类经典，如果有一些众生已经培育了引发未来一切善行的珍贵心理品性，已经消除了染污生命本性的各种障碍，已经可以在流转生命中把握到向上进化的方向，已经确立起与真理相契合的正确观念和正确知识，已经积累了美德与智慧的资粮，他们在听到"一切存在现象都没有实体存在"的教法后，对于我隐伏着深广意蕴的真理言说方式就会心领

神会，他们会对之产生信念和觉知，他们能用智慧去如
实体会和掌握这一教法中包含的道理；此后，这类生命
能用"无实体性"的教法道理来勤勉不懈地修正自己的
生活，他们将很快地亲自体会那最后的真理，同时他们
也会对陈说这一真理的觉者产生出深切的信心，知道他
是真理的显现，知道自己的新生命乃追随觉者而来。简
略一句话，这类修行人已经能不分别、不执着一切的存
在，他们已对存在产生出平等的觉悟。

　　另外一些有情众生也已培育出引发未来一切善行
的良善心理品性，已经消除和净化了染污生命本性的痛
苦烦恼，已经在流转的生命进程中把握到向上进化的方
向，已经对真理形成确定性的知识和见解，但是，这些
人还没具有积累起修行生活的美德与智慧的资粮，他们
心性平和，朴质坦荡，从不矫饰，他们虽然在知识和智
慧上有着不同的欠缺，没有那种高度的理性能力来对我
的教法做各方面的细致研究，但是，弥足珍贵的是，他
们并不隐瞒自己的欠缺，从不自以为是，从不执着于自
己的偏见。在听到"一切存在现象都没有实体存在"这
一高深的极具蕴味的理念后，虽然他们没办法运用自己
的理性能力对之进行观念上的把握，但是他们在精神中
印可这一真理性的理念，并由此在内心里激发出了纯洁
的信念，相信阐述"无实体性"的这类经典是与真理相

应的觉者陈说的，是真理的显现，是与"空"的特性相契符的；这一真理，或者说这一"空"的深刻性格是难以见到、难以领会的，它绝不是我们凡俗的肉眼能够看得出来的，我们鄙陋的理性能力也绝难望其项背；"无实体性"的教法真理绝非以概念分析为能事的知性思维的认识对象，只有那些具有极高智慧的人才能透彻地体会它。

于是，这类谦虚的修行人就对上述经典陈说的真理以及它的陈说方式采取了这样一个态度：他们打消了自己知识上的傲气，承认自己的浅薄和凡俗，他们在真理的苑囿里安住着，觉得佛陈说的教法理所当然的就是自己的家园。他们说：佛的觉悟是世间深刻无比的东西，一切存在现象的真实本性也是深刻无比的东西，这两样事物只有作为真理化身的佛才能如实地通达，只有佛才能亲身使得它们在自己的生命、生活里圆满地实现出来；这两样东西绝不是我们这些德性浅薄的众生可以妄加议论的，我们深信我们最终也将获得，但我们与真理还相隔得太遥远。

诸佛为那些追求真理、追求解脱、追求智慧的有情众生陈说正确无妄的教法，佛的知识和智慧像大海那样深广无边，我们的知识和智慧就像牛蹄印中的一点积水。这类修行人虽然也能恭恭敬敬地向他人转述"无实体性"的教法，能书写经典，保护经典，阅读经典，传播经典，能情真意切地供养经典，乃至于能几十年如一日地温习诵读经典，然而他们仍然不能去实践，不能按照"无实体性"的教法指导如实的实践，不能按照这一教法理念所提示的修行方法去展开切实的修学，所以，他们对我那极富蕴味的真理言说就始终做不到心领神会。

由于上述的原因、条件，这类修行人也能够增长其善行和智慧的二种资粮，他们生命的流转状态将渐渐地自行得到调御，此后，他们的生命活动将走到净化的道路上来。

原典

若诸有情广说，乃至未能积集上品福德智慧资粮，性非质直，非质直类，虽有力能思择废立，而复安住自见取中。彼若听闻如是法已，于我甚深密意言说不能如实解了，于如是法虽生信解，然于其义随言执着。谓一切法决定皆无自性、决定不生不灭、决定本来寂静、决定自性涅槃。

由此因缘于一切法，获得无见①及无相见②。由得无见、无相见故，拨一切相皆是无相。诽拨诸法遍计所执相、依他起相、圆成实相。何以故？由有依他起相及圆成实相故，遍计所执相方可施设，若于依他起相及圆成实相见为无相，彼亦诽拨遍计所执相，是故说彼诽拨三相。虽于我法起于法想，而非义中起于义想；由于我法起法想故，及非义中起义想故，于是法中持为是法，于非义中持为是义。彼虽于法起信解故，福德增长；然于非义起执着故，退失智慧；智慧退故，退失广大无量善法。

复有有情从他听闻，谓法为法、非义为义，若随其见，彼即于法起于法想，于非义中起于义想，执法为法，非义为义，由此因缘当知同彼退失善法。

若有有情不随其见，从彼欻闻一切诸法皆无自性、无生无灭、本来寂静、自性涅槃，便生恐怖，生恐怖已，作如是言：此非佛语，是魔所说。作此解已，于是经典诽谤毁骂，由此因缘获大衰损，触大业障。

由是缘故，我说若有于一切相起无相见，于非义中宣说为义，是起广大业障方便。由彼陷坠无量众生，令其获得大业障故。

注释

①**无见**：认为一切存在现象都不存在。

②**无相见**：认为存在的一切显像都不存在。

译文

　　第三类修行人没有培育引发未来一切善行的良善心理品性，乃至于不具有修行生活的美德智慧的资粮，他们禀性不质朴也不坦诚，他们在思想、行为上喜欢矫饰，更多的则是虚伪；这些人往往有极其高明的思维能力，他们能对我的教法进行抽象的分析、比较和综合性研究，然而他们又很自以为是，故步自封，总是把生命的灵性束缚在自我偏见的重重牢笼里。在听到我"一切存在现象都没有实体存在"的教法后，对于那极富蕴味的真理陈说方式，他们就无法如实地进行理解和把握，他们虽然也能对"无实体性"的理念产生信心，认为它是觉者的言辞，然而对于教法陈说的深刻道理，他们却又只根据表面的言辞而执着着。他们说：一切存在现象都绝对没有任何实体，生命现象无所谓产生也无所谓消亡，一切生命本来就绝对没有任何痛苦烦恼的扰动，生命自身早已是完美安乐的了；以上这些话是觉者所说，以上这些道理是觉者的教诲。

　　由于这样理解有关"无实体性"的教法，对于存在的认识，他们就获得下面这两个极端错误的见解：其一，一切存在现象都是"无"，一切存在现象都绝对不存在；其二，存在的任何表象也都是"无"，存在没有任何相状存在着。由于把一切现象都看成是"无"，把存在的任何相状、任何表现、任何显像都看成绝无存在，他们就认为意识处处计较所执着的实体样态、流转生命样态以及存在的真实本性都是绝对不存在的。这类修行人既然说一切的存在现象都绝无存在，那么他们事实上就完全破坏乃至完全抛弃了关于三种存在样态的学理。为什么这样说呢？因为我们只有在承认依据因缘条件流转的生命样态和圆满成就的存在实态之后，才能依据这两种存在样态假说意识虚构的实体样态，现在，假若把流转的生命现象和存在的真实本性都看成是绝对不存在的，那么自然也就不可能承认有意识虚构的实体样态这么一回事了。所以，我说这类修行人事实上完全破坏乃至于完全抛弃了有关三种存在样态的学理，他们事实上将存在的三种样态一概予以排斥了。他们"消灭"了存在，在自己的错误观念里他们完完全全地彻底地取消了一切存在的任何存在性。

他们虽然承认我所说的真理教法，但他们却把自己的错误观念看成为对教法的真理性诠释，由于承认觉者所说一切教法的真理性并同时把自己的错误见解等同为这一真理，于是他们就把"无实体性"的教法执持着，这就同时把自己关于"无实体性"的错误见解执持着，视之为珍藏。由于这类修行人对佛的教法有着信心，对佛的德性有着信心，所以他们的善行将会增长；由于他们将自己的错误认识看成是佛启示的真理，因而把自己编织在错误的网罗里无法破网罗而出，所以他们的智慧则将日益减退；由于智慧日减，他们也就不可能从事更多、更广大的善行了，这对于生命的进化无疑是无计的损失。

此外，我们还需要观察由这些错误导致的其他严重后果。我们可以看到，有些学生跟从这些错误的老师们学习佛教教法，在听到他们分析什么是佛的教法以及什么是佛陀教法的真谛后，一部分学生赞同老师的见解，他们也就承认我的"无实体性"教法，并且同时也就把老师的错误见解看成是对"无实体性"的正确阐释了，由于这个原因，这些学生也就像他们错误的老师那样在从事善行、净化生命的道路上裹足不前了。

另外一部分学生不赞同老师的见解，从老师那儿一听到"一切存在现象都绝对没有任何实体存在，一切生命现象无所谓产生也无所谓消亡，生命中本来不存在任何痛苦烦恼的扰动，生命自身早已是圆满、自由、安乐的"这一教法诠释后，他们以为老师们的发挥是从"无实体性"的教法中引申出来的，他们心里就产生出极大的恐怖，他们说：这绝不是佛讲的话，这是诱引众生堕落的邪恶力量假借佛名的可怕教法！这岂不是要叫人抛弃一切善行、一切美德、一切道德、一切因果吗？总而言之，这种教法既然主张一切都不存在，那岂不是根本就不需要修行这种事了吗？有了这样的理解后，这些犯了错误的学生们就诽谤、攻击、侮辱阐述"无实体性"的教法经典，不承认它们是佛所说。

我们看到，由于错误的老师而引导出错误的学生来，由于上述错误的观念和可怕的行为，修行人就给自己带来巨大的损失，这种损失对于修行人进化生命来说更是不可估量的。我曾经在别的地方说过，如果谁拒绝承认一切存在现象，把错误的观念强加在真理之上，那也就等于给未来生命周期中无穷无尽的痛苦和折磨大开了方便之门。因为，正是以上错误思想像陷阱一样使无数生命堕落其中：如认为，既然一切都不存在，那就可以为所欲为；或者认为，"无实体性"的教法根本非佛所说，应该对斯人斯典鸣鼓而攻之。以上反应无疑使生命生生世世自绝于真理之门户，其情形良足深叹！

原典

善男子！若诸有情未种善根，未清净障，未熟相续，无多胜解，未集福德智慧资粮，性非质直，非质直类，虽有力能思择废立，而常安住自见取中。

彼若听闻如是法已，不能如实解我甚深密意言说，亦于此法不生信解，于是法中起非法想，于是义中起非义想，于是法中执为非法，于是义中执为非义。唱如是言：此非佛语，是魔所说。作此解已，于是经典诽谤毁骂，拨为虚伪，以无量门毁灭摧伏如是经典，于诸信解此经典者起怨家想。彼先为诸业障所障，由此因缘，复为如是业障所障，如是业障初易施设，乃至齐于百千俱胝那庾多劫无有出期①。

善男子！如是于我善说善制法毗奈耶最极清净意乐所说善教法中，有如是等诸有情类意解种种差别可得。

尔时，世尊欲重宣此义，而说颂曰：

> 一切诸法皆无性，无生无灭本来寂，
> 诸法自性恒涅槃，谁有智言无密意？
> 相生胜义无自性，如是我皆已显示，
> 若不知佛此密意，失坏正道不能往。
> 依诸净道清净者，惟依此一无第二，
> 故于其中立一乘，非有情性无差别。
> 众生界中无量生，惟度一身趣寂灭，
> 大悲勇猛证涅槃，不舍众生甚难得。
> 微妙难思无漏界②，于中解脱等无差，
> 一切义成离惑苦，二种异说谓常乐。

注释

①**无有出期**：慧景认为这一段经文辨别了四种人对佛陀"无实体性"教法的态度，其说较善，今录之如下："前二不迷。第一人者，谓诸有情已种上品善根，闻如是法如实解了，乃至现等正觉。第二人者，诸有情已种上品善根，乃至未能积集上品资粮，其性质直，虽无力思择而不安自见取中，乃至唯是微细详审明智所知，我何能解，自轻而住。第三人者，谓诸有情乃至未能积集上品资粮，非质直性，虽有力能思择废立，而住自取中，彼若听闻如是法已，于我甚深密意言说无力解了，虽生信解，随言执着，谓一切法决定无性不生不灭，由此获得无见无相见，拨一切相是无相，拨遍计所执依他圆成实相，依彼二性施设遍计所执，既拨无二性故，亦拨无遍计所执等者，此如三论学者，着于空见，名恶取空，虽于我法起于法想者，亦信无性之教法也，而非义中起于义想者，俱遣遍计所执不空余之二性，而于余之二性不空义中起于空想；乃至虽于教法生信故，福德增长，然于非义起执着故，退失智慧；次明其人有二弟子，初其一同师见，第二弟子过其师见，于其教法亦拨不信，谓闻诸法皆无自性、无生无灭等便生恐惧，言非佛语，是魔所说。作此解已，于诸圣典诽谤毁骂等。第

四人，若谓众生未种善根乃至性非质直，住自见取，彼闻是法不生信解，起非法想，起非义想，乃至拨为虚伪。"

总起来说，第一种人不仅信仰佛陀"无实体性"的教法，而且运用理性如实通达了这一教法；第二种人信仰"无实体性"的教法，同时承认自己理性能力的浅薄，不足于评判这一深奥教法；第三种人错误地运用了自己的理性能力，导致对"无实体性"教法的重大误解；第四种人是自我偏见极其强烈的人，他们根本不相信这一教法是佛所说，事实上他们也不可能信仰佛陀的任何其他教法。

②**无漏界**：完全解除了痛苦烦恼、绝无错失缺陷的最高生命境界。漏，漏失之义，即指由于生命行为上的错误，导致生命漏失到痛苦烦恼的世俗状态；无漏，则指彻底消除了生存行为上的错误，生命再不致于漏失而流转。

译文

善男子！你们都知道，在这个世界上，乃至于在无穷无尽的生命世界里，还有一类有情生命，他们未能培育引发未来善行的良善心理品性，未能消除和净化染污生命本性的邪恶情绪，未能控制自己的生命流转方向，没有对存在真理的正确认知，也没有积累美德和智慧这两种资粮，他们禀性既不质朴又不坦诚，他们虽然也拥有思维能力，能对存在各个方面进行观察、分析和研究，但他们一向自以为是，他们的思想从未能从世俗世界中稍稍超出，任何要求改变我们世俗生命形式的学说都会引起他们的讪笑和攻击；这些人牢牢地束缚在个人的、时代的、文化的、社会的种种偏见交织而成的网络中，令人惊奇的是，这类生命从来没有想到应该走出这一网络。

在听到"一切存在现象都没有实体存在"的教法后，他们既不能如实理解我这一真理言说中的深广意蕴，也根本不相信它是我的教法，他们把真正的"佛说"看成非佛所说，把存在的超越真理看成是"非真理"。于是他们执着自己的错误观点，到处宣传说："无实体性"的教法绝非佛陀所说，它是邪恶力量玩弄的花样。他们诽谤、攻击、侮辱这类陈说"无实体性"的教法经典，说它们在理论上是完全错误的，是不值一提的；他们不仅以种种可怕的方式攻击佛的经典，企图将佛的言说从世界上彻底消灭掉，他们还把信奉、研究"无实体性"教法经典的人看成是怨家对头，必欲除之而后快。

这些生命本来就被种种邪恶思想和邪恶行为障碍

着，无法窥见真理的真实面目，现在他们更是错上加错，自己把自己投进错误的深渊之中。在那吞没一切的黑暗深渊里，这类狂妄无知的生命自己牵着自己的鼻子摔过来、跌过去，他们将永远失去向上进化的希望！

善男子！对于我与真理相应的圆满教法，一切生命可能会产生的反应和看法就有以上种种差别。

当时佛陀想把以上教法的要点着重提摄出来，以便一般人记忆和掌握，就说了下面这些偈颂。他说：

一切存在现象都没有实体存在，它们没有产生，也没有消亡，没有痛苦烦恼的扰动，存在自身即圆满安乐。我过去陈说的这个教法，哪个智慧人会说其中没有隐秘意蕴呢？三种没有实体存在的存在本性，我都已明白地给你们揭示出来了，如果不懂得佛陀一切教法之中隐含有深刻的意蕴，如果不懂得透过教法语言迫近那深刻意蕴，那就背离了正确的道路，永远不能通向真理了。依据佛的教法净化生命，实际上就是依据三种存在本性改变自己的思想和行为，所以我们说一切种类的教法其实都只是同一个教法，这意味着：千差万别的经典事实上都在陈述同一个意蕴、同一个真理。存在的本性是遍在一切存在现象之中而平等无差别的，可是具体生命的德性、品性则纷繁复杂，有人只考虑自己的福祉，要求完全摆脱一切生命活动；也有人帮助其他生命，他们能把生命提升到最高最圆满的觉悟，他们誓不舍弃其他生命的态度尤其感人至深。圆满的生命状态实在太奇妙、太幽深了，你无法凭知性去推测或想象它的情状，然而"净化"就意味着摆脱生死流转，把生命从生死流转之中提升出来，这一点应该看成一切净化生命的共性。如果你能亲身去体会、实践以上教法，那你就一定能摆脱烦恼和苦痛；由于消除了邪恶情绪，生命就不再向前呼啸盲动；由于摒弃了身心逼迫，生命就能常处安乐之中。

原典

尔时，胜义生菩萨复白佛言：世尊！诸佛如来密意语言甚奇希有，乃至微妙最微妙、甚深最甚深、难通达最难通达。

如是我今领解世尊所说义者，若于分别所行遍计所执相所依行相①中，假名安立以为色蕴，或自性相，或差别相，假名安立为色蕴生、为色蕴灭、及为色蕴永断、遍知，或自性相，或差别相，是名遍计所执相，世尊依此施设诸法相无自性性。若即分别所行遍计所执相所依行相，是名依他起相，世尊依此施设诸法生无自性性，及一分胜义无自性性。如是我今领解世尊所说义者，若即于此分别所行遍计所执相所依行相中，由遍计所执相不成实故，即此自性无自性性、法无我真如清净所缘，是名圆成实相，世尊依此施设一分胜义无自性性。

如于色蕴，如是于余蕴皆应广说；如于诸蕴，如是于十二处，一一处中皆应广说；于十二有支，一一支中皆应广说；于四种食，一一食中皆应广说；于六界、十八界，一一界中皆应广说。

如是我今领解世尊所说义者，若于分别所行遍计所执相所依行相中，假名安立以为苦谛，苦谛遍知，或自性相，或差别相，是名遍计所执相，世尊依此施设诸法相无自性性。若即分别所行遍计所执相所依行相，是名依他起相，世尊衣②此施设诸法生无自性性，及一分胜义无自性性。如是我今领解世尊所说义者，若即于此分别所行遍计所执相所依行相中，由遍计所执相不成实故，即此自性无自性性、法无我真如清净所缘，是名圆成实相，世尊依此施设一分胜义无自性性。

如于苦谛，如是于余谛皆应广说，如于圣谛，如是于诸念住、正断、神足、根、力、觉支、道支中，一一皆应广说。

如是我今领解世尊所说义者，若于分别所行遍计所执相所依行相中，假名安立以为正定，及为正定能治、所治，若正修未生令生、生已坚住不忘倍修增长广大，或自性相，或差别相，是名遍计所执相，世尊依此施设诸法相无自性性。若即分别所行遍计所执相所依行相，是名依他起相，世尊依此施设诸法生无自性性，及一分胜义无自性性。如是我今领解世尊所说义者，若即于此分别所行遍计所执相所依行相中，由遍计所执相不成实故，即此自性无自性性、法无我真如清净所缘，是名圆成实相，世尊依此施设诸法一分胜义无自性性。

注释

① **行相**：生命活动现象。

② "衣"，他本作"依"。

译文

当时，胜义生菩萨又禀告佛陀说：世尊！诸佛富于意蕴的教法语言的确奇特、少见，它是微妙的，它是一切言说中最微妙的；它是深刻的，它是一切言说中至为深刻的；它是难凭知性去透彻理解的，在人类的一切语言系统中，佛的语言是最难用知性来理解的。

世尊！根据我的体会，您这些说法的真正意思是这样的：如果在意识处处计较所执着的实体以之为依据的生命活动现象中，假借语言概念成立"物质聚集体"

这样一类事物，包括"物质聚集体"的自身特性以及它与其他事物相互区别的特性，在此基础上，可以进一步假借语言概念成立"物质聚集体"的产生、消亡，以及"物质聚集体"所引起的痛苦烦恼之解除与详细知识等等，包括这些事物的自身特性以及其他事物相互区别的特性，那么，这些以语言概念来描述的事物特性，一旦被意识执着为是独立存在的实体后，就被称为"意识之外独立实体的存在样态"，您就是针对存在的这一样态来成立"意识之外独立实体不存在的存在本性"之学理的。那意识处处计较所执着的实体以之为依据的生命活动本身，就叫作"依据因缘条件流转的生命样态"，您就是根据存在的这一样态来成立"生命过程没有主宰实体的存在本性"以及"超越的存在本性"方面之学理。根据我现在理解到的佛陀教法之真实意蕴，我敢说，如果在意识处处计较处处执着的实体以之为依据的存在之一切活动中都彻底排除了"实体"的任何存在性，这个绝对没有任何实体的存在状态，而在一切生命活动中突破实体执着后显示出来的存在本性，作为净化后的精神结构之认识对象，就是圆满成就的"存在实态"，您就是根据存在的这一样态成立"超越的存在本性"的另一方面的学理。

对于"物质聚集体"的理解是这样，对于构造有情生命的其他几个成分聚集体也应这样理解；对于构造身心的各类成分的理解是这样，对于构造认识活动的十二个因素及其他方面也应这样理解；同样道理，对于生命流转过程的十二个环节及其各方面也可做类似的观察；对于四种资生方式以及每一种资生方式中的各方面也可做类似的观察；对于构造有情身体的坚硬物质元素、流动物质元素、湿润物质元素、燥热物质元素以及空间框架、心识活动等六项事物以及每一样事物的各方面也都可以做类似的观察，广而言之，对于构造宇宙万象的十八种事物以及每一种事物各方面也都可以据此类推。

根据我现在对佛陀教法真实意义的领会，那么，如果在意识处处计较所执着的实体以之为依据的生命活动现象中，假借语言概念成立"第一条真理，生命是痛苦的"以及关于生命痛苦现象的"详细知识"等等事物，或者指谓其各自的特性，或者指谓其与其他事物相互区别的特性，这样假借语言概念所成立的事物，一旦被意识当作认知对象予以实体化之后，就叫作"意识处处计较所虚构的实体存在样态"，您就是根据存在的这一样态成立"意识之外独立实体不存在的存在本性"之学理的。那被意识处处计较所执着的实体以之为依据的生命活动现象本身就叫作"依据因缘条件流转的生命样态"，您就是根据存在的这一样态成立"生命过程没有主宰实体的存在本性"以及"超越的存在本性"之一个方面的。根据我现在对于佛陀教法真实意义的体会，我敢说，在意识执着的独立实体以之为依据的生命活动现象中，如果能彻底消除虚构实体的存在性，这个一切实体不存在的存在样态，这个在一切生命现象中彻底突破主宰性实体观念后显示出来的存在本性，作为净化后的精神结构之认识对象，它就叫作"圆满成就的存在实态"，您就是根据存在的这一样态成立"超越的存在本性"的另一个方面的。

像对"生命是痛苦的"这一真理所做的理解那样，对于其他三条真理也可类似理解，像对佛陀教法中"四条真理"所做的理解那样，对于"培养注意力的方法""培养意志力的方法""引发未来一切善行和智慧的心理品性之涵育""五种良善心理品性的发掘""良善心理品性的深化和提高""智慧抉择能力的开发""通向真理的八条正确生活道路"等，对于上述种种修行观念，也应在三种存在本性的学理框架下得到领会。

根据我现在对佛陀一切教法的理解，那么，如果在意识处处计较所执着的实体以之为依据的生命活动现象中，假借语言概念成立"使意识集中的方法""使意识集中的方法之功能""使意识集中的方法所消除的身心毛病""如何从精神分散状态过渡到精神集中状态""如何使精神集中的修行状态得以稳定"等这一类事物，包括它们各自的特性以及它们区别于其他事物的特性，这样成立的事物特性一旦在意识中被实体化后，就叫作"意识处处计较所执着的实体存在样态"，佛陀就是根据这一样态成立"意识之外独立实体不存在的存在本性"之学理的。意识虚构执着的独立实体以之为依据的生命活动现象本身就叫作"依据因缘条件流转的生命样态"，佛陀就是根据这一样态成立"生命过程没有主宰实体的存在本性"以及"超越的存在本性"这一方面的学理。根据我现在对佛陀教法的理解，那么我敢说，假若在意识处处计较处处执着的实体以之为依据的生命活动现象中，彻底排除了独立实体的存在性，这个一切实体不存在的存在样态，及在一切生命现象中突破实体执着后显示出来的存在本性，作为净化了的精神结构之认识对象，就叫作"圆满成就的存在实态"，佛陀就是根据这一存在样态成立那"超越的存在本性"的另一个方面的。

原典

世尊！譬如毗湿缚药①，一切散药仙药方中皆应安处。如是，世尊！依此诸法皆无自性、无生无灭、本来寂静、自性涅槃、无自性性了义言教，遍于一切不了义经皆应安处。

世尊！如彩画地，遍于一切彩画事业皆同一味；或青或黄或赤或白，复能显发彩画事业。如是，世尊！依此诸法皆无自性广说，乃至自性涅槃、无自性性了义言教，遍于一切不了义经皆同一味，复能显发彼诸经中所不了义。

世尊！譬如一切成熟珍羞诸饼果内，投之熟酥，更生胜味。如是，世尊！依此诸法皆无自性广说，乃至自性涅槃、无自性性了义言教，置于一切不了义经，生胜欢喜。

世尊！譬如虚空遍一切处皆同一味，不障一切所作事业。如是，世尊！依此诸法皆无自性广说，乃至自性涅槃、无自性性了义言教，遍于一切不了义经皆同一味，不障一切声闻、独觉及诸大众所修事业。

说是语已，尔时世尊叹胜义生菩萨曰：善哉！善哉！善男子！汝今乃能善解如来所说甚深密意言义，复于此义善作譬喻。所谓世间毗湿缚药、杂彩画地、熟酥、虚空。胜义生！如是如是，更无有异，如是如是，汝应受持。

注释

①**毗湿缚药**：药物名，其性平稳调和。

译文

世尊！我想用几个比方把您以上教法的真实意蕴更加形象地表现出来。比方说"毗湿缚"这种药物吧，它可以配在一切普通的药方和珍贵的药方中，它的性能中性平和，能调节其他各种药物的药性，使它们能很好地合作，对病人产生理想的医疗效果。佛陀关于"一切存在现象都没有实体存在，生命活动没有产生也没有消亡，生命中本来没有痛苦烦恼的扰动，存在就其自身即圆满安乐"以及"没有存在实体的存在本性"等阐释真理最圆满的教法可以放在其他任何说理不圆满的教法经典中，它们不仅不会和后者相悖反，而且可以调和后者的教理性格，使之更能与真理相契合。

世尊！再拿画彩画来说，人们要在地上画彩画时，先要用粉彩粉刷地面，这一粉彩的底色调将会充满在一切被画成的事物中，调和它们，使各种用笔各种图像拥有某种共同的意蕴；同时，人们对青色、黄色、红色、白色等诸种底色也要根据具体需要进行精心选择，这是因为，具体底色的选择作为整个画面的衬托，将使彩画成的事物在性格上表现出差异性。世尊！您那"一切存在现象都没有实体存在"，乃至于"存在就其自身即圆满安乐""没有任何实体存在的存在本性"等这些说理圆满的教法，就像是作画时的底色调，把它们放在其他一切说理不圆满的教法经典中，能调和后者，使之更能与真理相应；同时，参照圆满的教理陈说，我们对那些说理不圆满的教法就能获得更好的理解，因而更能把握住这些教法的特殊性格，包括它们的优点和缺陷。

世尊！我想再打个比方。人们都熟知这样一个事实：当我们在一切菜肴中添加一点熟酥之后，那将使菜肴更加味美可口。同样道理，佛陀把"一切存在现象都没有实体存在"，乃至于"一切存在就其自身即圆满安乐"以及"没有任何实体存在的存在本性"等这些说理圆满的教法放在其他一切说理不圆满的经典中，那么那些说理不圆满的经典就会与真理更加契合，修行人从中也就能获得更大的喜悦和享受。

世尊！最后我想提出虚空这个例子来，我们知道，虚空存在于一切地点、一切事物之中，一切地点、一切事物之中都运转着同一个虚空，同时，虚空又不妨碍在它范围之内的存在的一切发挥、活动和作用。同样道理，您关于"一切存在现象都没有实体存在"，乃至于"存在就其自身即圆满安乐""没有任何实体存在的存在本性"等圆满教法，它们所揭示的隐秘意蕴事实上就包含在一切说理不圆满的教法经典之中，它们能调和这些说理不圆满的教法经典，使之更具佛教理念的共通性、普遍性，同时，这又不妨碍人们或者通过修学四种真理摆脱生命活动，或者通过沉思流转生命过程而解脱生命，或者在济生利众的无尽实践中达到最高度的生命自由等这些具体修行生活的独特性。

当时佛陀赞叹胜义生菩萨说：好啊，太好了！胜义生！你现在的确已经很好地把握了一切真理教法的深刻蕴味，更难得的是，你还巧妙地借助现实生活中人人习见的平常事例把抽象的教法道理形象化、平实化了。你所举"毗湿缚药""杂彩画地""熟酥调味""虚空覆物"这四个例子都极精彩地道出了圆满教法与非圆满教法二者之间的真实关系。你的理解完全正确，你就应该这样来接受三种实体不存在的存在本性之学说。

原典

尔时，胜义生菩萨复白佛言：世尊！初于一时①在婆罗疦斯仙人堕处施鹿林②中，惟为发趣声闻乘者，以四谛相转正法轮③。虽是甚奇甚为希有，一切世间诸天人等先无有能如法转者，而于彼时所转法轮，有上有容，是未了义，是诸诤论安足处所。

世尊！在昔第二时中④，惟为发趣修大乘者，依一切法皆无自性、无生无灭、本来寂静、自性涅槃，以隐密相转正法轮，虽更甚奇，甚为希有，而于彼时所转法轮，亦是有上有所容受，犹未了义，是诸诤论安足处所。

世尊！于今第三时中⑤，普为发趣一切乘者，依一切法皆无自性、无生无灭、本来寂静、自性涅槃、无自性性，以显了相转正法轮，第一甚奇，最为希有，于今世尊所转法轮，无上无容，是真了义，非诸诤论安足处所。

世尊！若善男子或善女人，于此如来依一切法皆无自性、无生无灭、本来寂静、自性涅槃所说甚深了义言教，闻已信解、书写、护持、供养、流布、受诵、修习、如理思维，以其修相发起加行，生几所福？

说是语已，尔时世尊告胜义生菩萨曰：胜义生！是善男子或善女人，其所生福无量无数，难可喻知，吾今为汝略说少分，如爪上土比大地土，百分不及一，千分不及一，百千分不及一，数算计喻邬波尼杀昙⑥分亦不及一；或如牛迹中水比四大海水，百分不及一，广说乃至邬波尼杀昙分亦不及一。如是于诸不了义经，闻已信解、广说乃至以其修相发起加行所获功德，比此所说了义经教，闻已信解所集功德，广说乃至以其修相发起加行所集功德，百分不及一，广说乃至邬波尼杀昙分亦不及一。

说是语已，尔时胜义生菩萨复白佛言：世尊！于是解深密法门中，当何名此教？我当云何奉持？

佛告胜义生菩萨曰：善男子！此名胜义了义之教。

于此胜义了义之教，汝当奉持。

说此胜义了义教时，于大会中，有六百千众生发阿耨多罗三藐三菩提心；三百千声闻远尘离垢，于诸法中得法眼净；一百五十千声闻永尽诸漏，心得解脱；七十五千菩萨得无生法忍。

注释

①**初于一时**：指第一期教法。慧景曾这样概括第一期教法的特点："此即隐密为说依他圆成二性是有，恐增空见，而不为说遍计所执性空，名不了义。"即是说，在初期教法中，佛陀的本意是要阐述因缘而起的生命现象以及存在的真实本性具有存在性。同时，他为了防止一般人陷入否定一切的错误观念中，没有直接标明意识处处计较而虚构的实体存在样态。这一期教法是不完善的。

②**婆罗疿斯仙人堕处施鹿林**：婆罗疿斯国又名伽翅国、迦赦国等，佛陀在世时印度十六王国之一，因其都城在婆罗疿斯，故称婆罗疿斯国。婆罗疿斯，即今印度之瓦拉纳西市，为佛教和婆罗门教的重要圣地；仙人堕处，即指仙人曾堕落此地；施鹿林，即著名的"鹿野苑"，传说佛陀最初为五比丘阐说四种真理之教法即在此地。

③**转正法轮**：陈说与真理相应的教法。

④**第二时中**：指第二期教法。慧景曾这样概括第二期教法的特点："为初发趣大乘诸菩萨众破其有执，说大般若诸法空，即是隐密为说遍计所执自性本无，恐增有见，未为说依他圆成二性是有，名未了义。"这是说，在第二期教法中，佛陀的目的是为了破斥菩萨对存在的实体执着，所以他着力阐述了"一切存在现象都没有实体存在"这一教法，这就意味着意识之外的独立实体其实是不存在的，然而，他未能明确地阐述生命现象及存在本性的存在性。这一期教法也是不完善的。

⑤**第三时中**：指第三期教法。慧景概括这一期教法的特点说："以普明了说三性三无性，转正法轮，更无有上。"即是说，第三期教法直接阐明了三种存在样态的理论：三种没有实体存在的存在本性理论，这一期教法是把存在的不存在性与存在性放在一个圆满的框架里予以陈说的，所以说是最圆满阐述真理的教法。

⑥**邬波尼杀昙**：数量单位，意为"无穷大"。

译文

胜义生菩萨继续阐说他对佛陀教法真实意蕴的理解，他禀告佛陀说：世尊！您最初在婆罗疶斯国的鹿野苑中只为那些要求放弃一切生命活动的修行人，以"四种真理"为中心来陈说存在的真实本性。您这一教法虽然珍贵难得，我们现存的生命世界中尚无一人能像您这样讲述关于存在的真理，可是您当时陈说的教法在价值上不是最高的，在内容上不是最包含的，在说理上也不是最圆满的，是容易引起矛盾、混乱和争论的。

世尊！您在第二阶段的教化生活中，只为那些以同情济助众生、希望进化成佛的修行人，根据"一切存在现象都没有实体存在，生命活动没有产生也没有消亡，生命中本来没有痛苦烦恼的扰动，存在就其自身即圆满安乐"这一教法要领，以暗含蕴味的方式来陈说真理，虽然您这一期教法更加珍贵、更加难得，但是它仍然不是价值最高、内容最包含、说理最圆满的，也容易引起矛盾、混乱和争论。

世尊！您现在在第三阶段的教化生活中，同时为各种修行倾向的众生，根据"一切存在现象都没有实体存在，生命活动中没有产生也没有消亡，生命中本来没有痛苦烦恼的扰动，存在就其自身即圆满安乐"以及"没有实体存在的存在本性"这些教法要领，以完全点明、完全揭破的方式来陈说真理，您这期教法才是最珍贵、最难得的，您今日对存在本性的学理陈说在价值上最高、在内容上最包含、在陈说的方式上也最圆满，它不会再引起矛盾、混乱和争论，从无穷无尽的过去直到无边无际的未来，世间还从未有人把真理解说得如此圆满。

世尊！如果修学佛法的善男女们对于您依据"一切存在现象都没有实体存在，生命活动中没有产生也没有消亡，生命中本来没有痛苦烦恼的扰动，存在就其自身即圆满安乐"以及"没有实体存在的存在本性"这些教法纲领陈说的圆满教法经典，听闻之后能产生信念、书写经典、保护经典、供养经典、流通经典，能够读诵其语言、思考其义理，并按照圆满教法所提示的修行方法切切实实地展开自己的修行之路，这将在修行人的现实生命和未来生命中引发出多少善行呢？

当时佛陀回答胜义生菩萨说：胜义生！此人由之引发的良善行为真是无法用数字计算、无法打比方说明，就好比拿手指上的土跟大地上的土相比，前者还不到后者的百分之一、千分之一、十万分之一，乃至无穷大分之一；或者，这就好比牛蹄印中的水跟东、西、南、北四大海洋中的水相比，前者还不及后者的百分之一、千分之一、十万分之一，乃至无穷大分之一。胜义生！我们可以这样说，那些在听闻不圆满教法之后，能够对其教法产生信念乃至于能依其方法展开切实修行，这些人所获得的福果就已经不可思议了，可是它与听闻圆满教法并按照圆满教法所揭示的方法展开切实修行所获得的佛果相比，还不及它的百分之一、千分之一、十万分之一，乃至无穷大分之一！

佛说完这些话后，当时胜义生菩萨再度禀告佛陀说：世尊！在研究深刻意蕴的佛教教法中，您以上教诲应当称作什么名字呢？我们应该怎样来奉行这一教法？

佛陀对胜义生菩萨说：胜义生！这叫作"阐说真理最圆满的佛陀教法"。你们应当悉心体会为什么它是所有佛说方式中最为圆满的，并且对于此教法真切地领会奉行。

在佛陀陈说这个最高最圆满的教法时，与会大众中，有六十万众生激发起最高最圆满的觉悟之心；有三十万生命能远离舍弃一切外在对象对心灵的染污，获得如实认识存在本性的正确思维能力；有十五万众生永远摆脱了邪恶情绪、生存行为、生存苦痛等种种染污生命活动的现实作用以及它们积聚在精神结构中的心理潜势力，其心灵得到自由解脱；有七万五千个大修行人对一切存在现象中没有产生也没有消亡的存在实态获得确定无疑的理解。

6　与真理相应的净化道路

原典

分别瑜伽^①品第六

　　尔时，慈氏菩萨^②摩诃萨白佛言：世尊！菩萨何依、何住？于大乘中修奢摩他^③、毗钵舍那^④？

　　佛告慈氏菩萨曰：善男子！当知菩萨法假安立，及不舍阿耨多罗三藐三菩提愿，为依、为住。于大乘中修奢摩他、毗钵舍那。

　　慈氏菩萨复白佛言：如世尊说四种所缘境事^⑤：一者有分别影像所缘境事^⑥；二者无分别影像所缘境事^⑦；三者事边际所缘境事^⑧；四者所作成办所缘境事^⑨。于此四中，几是奢摩他所缘境事？几是毗钵舍那所缘境事？几是俱所缘境事？

佛告慈氏菩萨曰：善男子！一是奢摩他所缘境事，谓无分别影像；一是毗钵舍那所缘境事，谓有分别影像；二是俱所缘境事，谓事边际所作成办。

慈氏菩萨复白佛说：世尊！云何菩萨依是四种奢摩他、毗钵舍那所缘境事，能求奢摩他、能善毗钵舍那？

佛告慈氏菩萨曰：善男子！如我为诸菩萨所说法假安立，所谓契经、应诵、记别、讽诵、自说、因缘、譬喻、本事、本生、方广、希法、论议。菩萨于此善听善受，言善通利，意善寻思，见善通达，即于如所善思维法，独处空闲作意思维。复即于此能思维心，内心相续作意思维。如是正行多安住故，起身轻安及心轻安⑩，是名奢摩他，如是菩萨能求奢摩他。

彼由获得身心轻安为所依故，即于如所善思维法内三摩地⑪所行影像，观察胜解。舍离心相⑫，即于如是三摩地影像所知义中，能正思择最极思择，周遍寻思，周遍伺察；若忍、若乐、若慧、若见、若观，是名毗钵舍那，如是菩萨能善毗钵舍那。

注释

①**瑜伽**：相应、契合之义。这个词在佛教典籍里既

指认识与真理的同一，也指修行生活中特殊的思维方法或修行精神结构。真理与认识的同一，即智慧融入存在的真实本性，这是修行精神结构不断发展不断完善的必然结果，是最高程度的"瑜伽"。本节中的"瑜伽"则指修行过程中的"瑜伽"，我们将它译为"修行精神结构"。

②慈氏菩萨：即弥勒菩萨。

③奢摩他：一般译为"止"，修行精神结构中的一个方面，可译为"心念相续的思维"。

④毗钵舍那：一般译为"观"，修行精神结构的一个方面，可译为"观照思维"。

⑤境事：境界、对象、事物之义。

⑥有分别影像所缘境事：被思维推求分析的认知对象，这一对象是认知心识变现的产物，所以称为"影像"。

⑦无分别影像所缘境事：没有分析判断的思维活动之对象，这一对象也是认知心识变现的产物，所以称为"影像"。

⑧事边际所缘境事：慧景解释说："事边际所缘境事者，即是十地中止观所缘真如，真如遍满一切事法，故名事边际境，亦可法、物、事、有诸法，通名真如体，遍名事边际。"这是说在菩萨修行地位上，其精神活动把遍布于一切存在现象中的存在本性作为自己的认识对象，这个遍布于一切存在现象中的存在本性就叫作"事

边际所缘境事"。

⑨**所作成办所缘境事**：慧景解释说："谓在佛地，佛地所作一切成办，是故佛地上观所缘名成办境。"这是说，"所作成办所缘境事"既不是一般人的认识对象，又不是修行圣人的认识对象，它是觉者的特殊认识对象。然"所作一切成办"实即指修行人的精神结构正能完全契合于真理，换句话说，通过修行人精神结构的改变，已使存在的本性在现象中完全表现出来、实现出来，或在认识中完全澄明出来，因此它事实上就是指"一切事物圆满实现其本性的状态"，也就是指圆满成就的存在实态。

⑩**轻安**：安宁、安乐的身心状态，没有昏沉和散乱的感觉。

⑪**三摩地**：又译为"等持""正心行处"等，指精神安住一境而不动摇。今取其大意，译为"静中思维"。

⑫**舍离心相**：心相，指日常认识活动状态，日常认识活动的基本特征是，当认识发生时，有认知对象与认知活动间的对立，日常认识活动状态因此可被称为"主客对立的思维模式"；大乘止观修行就是要着力改变这一思维模式，突破主客对立，把精神从二元对峙状态解放出来。据此，我们可将"舍离心相"译成"舍弃了主客对立的思维模式"。

译文

当时，弥勒大菩萨禀告佛陀说：世尊！菩萨在成佛教法中着力改变日常思维结构，培养"心念相续的思维方法"和"观照思维方法"，他究竟应依据什么教理呢？他的修行生活归宿于何处？

佛陀告诉弥勒菩萨说：善男子！菩萨应当把"一切存在现象都是假借语言概念成立的，其自身并无实体性"这一教理作为理论依据，把成就最高最圆满觉悟的誓愿作为修行生活的归宿所在。菩萨立志成佛，决心把自己和其他生命都引导到自由安乐的圆满境界里来，为了实现这一宏伟目标，他必须根据成佛教法的要求，努力培养"心念相续的思维方法"和"观照思维方法"，以期改变日常之精神结构，使精神活动更能与真理相契合。

弥勒菩萨又禀告佛陀说：世尊！您曾说过四种认识境界：一是用思维比较、推度的认识境界，这一认识境界是心识变现的认识对象；二是消除比较、推度后精神活动之认识境界，这一认识境界也是精神变现的产物；三是以遍在于一切现象中的存在本性作为认识对象；四是以一切事物圆满实现其本性的真实存在状态作为认识的对象。现在，我想知道，在上述四种认识对象、认识境界中，哪些是心念相续的思维活动之认识对象？哪些是观照思维的精神活动之认识对象？哪些是观照思维和心念相续的思维这双重精神活动的认识对象呢？

佛陀告诉弥勒菩萨说：善男子！消除比较、推度后的认识对象是心念相续的精神活动之境界，分析、推求的认识境界是观照思维的活动对象，遍在于一切现象中的存在本性和一切事物圆满实现其本性的存在实态是修行精神双重活动的认识对象。

弥勒菩萨又请问佛陀说：世尊！那么菩萨究竟怎样依据上述四种精神活动的认识对象来改变自己的精神结构，以求得心念相续和观照的思维能力呢？

佛陀告诉弥勒菩萨说：我想举个例子回答你的问题。我为菩萨们陈说的一切教法都应该看成是假借语言概念成立的，我的教法典籍共分十二个类别，这就是契经、应颂、记别、讽诵、自说、因缘、譬喻、本事、本生、方广、希法以及论议，这十二种体裁类型也都是假借语言概念成立的，不能把这些假借语言概念成立的教法类别当作一个一个实体去虚妄地加以执着。菩萨们对于如此成立的教法能够认真听讲、虚心接受，能通晓其语言，能运用理性能力思考其中的道理，能领会和把握其中隐含的意蕴。在此之后，菩萨独自找一个幽静的地方，把先前接受并研究过的教法拿出来，下决心要把它们领会透彻。

在这种诚心诚意的思考活动中，菩萨开始有意识地把注意力集中到精神活动自身的功能状态之上，渐渐地使能思维的精神活动联系成一片，其间不再有片刻的停顿和中断。我们知道，一般人日常的思维状况是这样的，他们或者老是觉得精神疲倦困顿，无法再认真研究认识对象，或者总有其他的事情吸引了精神，使其不能专注于认识对象，前一种情况叫"昏沉"，后一种情况叫"散乱"。通过有意地改变思维结构，在修行人的身心上就会产生出一种感觉，身心轻快、安宁，远离了"昏沉"和"散乱"的世俗精神状态，这种身心轻快、安宁、精神专注于认识对象的生命活动状态就叫作"心念相续的思维"，菩萨就这样通过持久践修来求得心念相续的思维能力。

　　在达到心念相续的思维状态后，修行人又把思维的对象提出来，进行更深刻、更细致的观察和思索，以便引发与真理相契合的确定性见解。此时修行人已经初步突破了能思维的心识与所思维的对象之间的对立、对峙关系，这就能对心念相续的思维活动之对象予以进一步的认识，能正确地思择、观察、分析至最精细的地步，也能把对象综合在愈来愈广大的思维范畴中；修行人能运用新的思维能力认识存在现象的各方面，也能突破现象本质；他能在安乐愉悦的精神状态里进行思考；能对存在的真实本性获得确凿的见地；能引生对善和恶两种生命现象做瞬间抉择的智慧；能对四种真理获得亲切明晰的体会；这就叫作"观照思维"，菩萨就这样通过持久践修来培养自己的观照思维能力。简略一句话，修行人通过改变日常的、世俗的思维结构，就能开发出与真理相契合的超越的精神功能。

原典

　　慈氏菩萨复白佛言：世尊！若诸菩萨缘心为境，内思维心，乃至未得身心轻安，所有作意当名何等？

　　佛告慈氏菩萨曰：善男子！非奢摩他作意，是随顺奢摩他胜解相应作意。

　　世尊！若诸菩萨乃至未得身心轻安，于如所思所有诸法内三摩地所缘影像作意思维，如是作意当名何等？

　　善男子！非毗钵舍那作意，是随顺毗钵舍那胜解相应作意。

　　慈氏菩萨复白佛言：世尊！奢摩他道与毗钵舍那道，当言有异，当言无异？

　　佛告慈氏菩萨曰：善男子！当言非有异非无异。何故非有异？以毗钵舍那所缘境，心为所缘故。何故非无异？有分别影像非所缘故①。

　　慈氏菩萨复白佛言：世尊！诸毗钵舍那三摩地所行

影像，彼与此心，当言有异，当言无异？

佛告慈氏菩萨曰：善男子！当言无异。何以故？由彼影像唯是识故。善男子！我说识所缘，唯识所现②故。

世尊！若彼所行影像即与此心无有异者，云何此心还见此心？

善男子！此中无有少法能见少法，然即此心如是生时，即有如是影像显现。善男子！如依善莹清净镜面，以质为缘还见本质。而谓我今见于影像，及谓离质别有所行影像显现。如是此心生时相似有异三摩地所行影像显现。

世尊！若诸有情自性而住③，缘色等心所行影像，彼与此心亦无异耶？

善男子！亦无有异，而诸愚夫由颠倒觉，于诸影像不能如实知唯是识，作颠倒解。

注释

①**有分别影像非所缘故**：这一段讨论止观一异，神泰解释说："以观即为止所缘故，约彼缘心同，故非有异；观分别影像相分境，而非止境，境既不同，故非无异。"这意思是说，对于心念相续的思维与观照思维是同是异这个问题可从两个方面给予回答：首先，心念相

续的思维以之作为认识对象的东西就是观照思维的心识活动，观照思维和心念相续的思维都同样以心识活动作为认识对象，所以它们是相同的；其次，心念相续的思维对思维对象不做分析判断，而观照思维则要对对象做观察、分析和判断，它们在具体认知的方式上是有差别的，从这个角度看，两种思维之间又存在着不同。

②识所缘，唯识所现：意识活动的一切认知对象都是意识活动自身变现的产物。唯，不离之义；现，显现之义。

③**自性而住**：指在日常思维状态里进行认知活动的生命。

译文

弥勒菩萨又禀告佛陀说：世尊！假如一个修行人有意识地把自己的认识活动作为自己精神关注的重心，有意识地使自己的精神活动连成一片，可是他还没有达到身心轻快安宁的状态，他仍然有困顿疲倦的感觉，也仍然有分散注意力的事情发生，那么，修行人有意识地自我调控的这一修行阶段应当叫作什么名字呢？

佛陀回答弥勒菩萨说：善男子！菩萨有意进行的这一自我调控还没有与心念相续的思维状态完全契合，它是在正确修行观念引导下进行的精神训练，通过这一精神训练就能逐渐引发出心念相续的思维功能来，所以我说，它是为心念相续的思维结构之开发做准备的自我调控阶段。

弥勒菩萨又问：世尊！如果一个修行人还没有达到身心轻快安宁的状态，他把所学的教法当作心念相续的思维活动之对象，对之进行有意识的观察和研究，菩萨有意识地进行着的这种观察和研究又应当叫作什么名字呢？

佛陀回答说：善男子！菩萨这种观察和研究还没有与观照思维状态完全相契合，它同样是修行人在正确修行观念引导下所进行的精神训练，通过这种精神训练，就能逐渐引发出观照思维的功能状态，所以我说，修行人有意进行的这一精神训练是为观照思维的精神结构之开发做准备的自我调控阶段。

弥勒菩萨又请问佛陀说：世尊！我现在想了解这样一个问题，那"心念相续的思维"和"观照思维"这两种精神结构之间究竟有差别还是没有差别？如果说它们之间没有差别，那么它们为什么没有差别呢？如果说它们之间有差别，那么差别又在何处呢？

佛陀告诉弥勒菩萨说：善男子！我们可以这样看待二者之间的关系！它们既没有差别，又并非没有差别。

为什么说两种思维活动间没有差别呢？这是因为，"观照思维"的精神活动所认识的对象实际上是精神活动自身，而"心念相续的思维"也正是把精神活动自身作为所关注的对象，两种思维的认识对象事实上完全一致，所以说它们之间没有差别。那么，为什么又说两种思维活动之间又并非没有差别呢？这是因为，两种思维的具体认识方式又是不同的：在"心念相续的思维"结构中，精神活动对对象持宁静的静观态度，不对对象进行分析或综合；而在"观照思维"结构中，精神活动则对对象有分析、有比较、有综合。

弥勒菩萨又禀告佛陀说：世尊！"观照思维"指修行中的思维状态，在此种思维状态中思维活动所认识的对象，它与能认识的思维之间应当说有差别还是没有差别呢？

佛陀告诉弥勒菩萨说：善男子！应当说这二者之间没有差别。为什么这么说呢？因为观照思维的认识对象事实上就是能认识的思维本身。善男子！我说思维活动的认知对象，正是思维活动自身的显现和结果。

弥勒又问：世尊！假若说思维活动所认识的对象与思维活动自身没有差别，那么，这岂不是说思维能认识思维吗？您的意图是要修行人通过改变日常意识结构来激发起新的思维方法。可是，在观照思维里，既然我们用能认知的思维去认识所认知的思维，那岂不是在认识活动里仍然保留了二元对立的思维模式吗？

佛陀说：善男子！问题的关键是在此种思维状态，不是说有能思维的主体面对被思维的客体，而是说，当思维活动产生时，思维活动自身所变现的东西就作为"对象"呈现出来。让我们举个生活中的事例使这个意思明晰起来：比方说，有一块摩擦得很干净的镜子，以人的脸作为外部条件，人能看见镜子里的脸相，这个脸相就是他的面相。显然，一个人映在镜子里的脸相和他的肉体面相间有着不可分割的紧密关系，他有什么样的面相，镜子里就相应显示出什么样的脸相，脸相根本不可能独立于面相而存在。可是，当一个人照镜子的时候，他却往往不能这样看问题，他把镜子里的脸相看成肉体面相的影子，但他却把这个"影子"当成了某种外在的独立的东西。思维活动发生的时候，情况也正如此：观照思维的对象是观照思维活动本身的显现，所以对象与思维是在一个整体中的内在的统一；另一方面，思维对象毕竟又作为"对象"存在着，因此它与能认知的主观活动好像又有一些差别。

弥勒菩萨又问：世尊！您刚才所举照镜子这个例子，把观照思维中思维活动和其对象之间那种不二而二、二而不二的亲密关系巧妙地显示出来了。可是，如果这里谈的不是修行人特殊的思维结构，而是一般生命的日常认识活动，那么，当一般人在日常生活中认识物质事物或者其他事物时，那被认识的对象也与主观的心识没有差别吗？

佛陀回答说：善男子！这个结论是普遍成立的，一般人的认识和认识的对象之间也没有差别，其认识对象同样是认识活动之显现和结果，可是一般人正因为无法看清认识活动的实际情况，他们不能如实理解自己认知结构中的这种微妙关系，因而错误地把认识对象与认知活动割裂开来，把前者从认识活动的统一整体中分离出去，而看成是不依赖人的意识活动而独立存在的东西。弥勒菩萨！你应该弄清楚这一点，这就是日常思维中普遍发生的错觉，因为这一根本的错觉，人们无论在认识中还是生活中就会颠倒行事，对我所讲的道理，他们也用日常思维结构去作颠倒的理解。

原典

慈氏菩萨复白佛言：世尊！齐何当言菩萨一向修毗钵舍那？

佛告慈氏菩萨曰：善男子！若相续作意唯思维心相。

世尊！齐何当言菩萨一向修奢摩他？

善男子！若相续作意唯思维无间心。

世尊！齐何当言菩萨奢摩他、毗钵舍那和合俱转^①？

善男子！若正思维，心一境性^②。

世尊！云何心相？

善男子！谓三摩地所行有分别影像，毗钵舍那所缘。

世尊！云何无间心？

善男子！谓缘彼影像心，奢摩他所缘。

世尊！云何心一境性？

善男子！谓通达三摩地所云影像唯是其识，或通达此已，复思维如性^③。

慈氏菩萨复白佛言：世尊！毗钵舍那凡有几种？

佛告慈氏菩萨曰：善男子！略有三种：一者有相毗钵舍那，二者寻求毗钵舍那，三者伺察毗钵舍那。

云何有相毗钵舍那？

谓纯思维三摩地所行，有分别影像毗钵舍那。

云何寻求毗钵舍那？

谓由慧故，遍于彼彼未善解了一切法中，为善了故，作意思维毗钵舍那。

云何伺察毗钵舍那？

谓由慧故，遍于彼彼已善解了一切法中，为善证得极解脱故，作意思维毗钵舍那。

慈氏菩萨复白佛言：世尊！是奢摩他凡有几种？

佛告慈氏菩萨曰：善男子！即由随彼无间心故，当知此中亦有三种，复有八种④。谓初静虑乃至非想非非想处，各有一种奢摩他故。复有四种，谓慈、悲、喜、舍四无量⑤中，各有一种奢摩他故。

注释

①**和合俱转**：即指两种思维方式融合在一起。转，产生之义。

②**心一境性**：心，指能认知的主观精神活动；境，指被认知的境界、对象。心一境性，即突破主客对立的思维模式，思维对象与思维活动已融合一致。

③**如性**：本来的样子、本质的特性，也就是指"存在的真实本性"。

④**八种**：指心念相续的思维在修行培养上经历的八个阶段。这八个阶段是：（一）有思维活动、有喜乐感受的第一阶段；（二）没有思维活动、有喜乐感受的第二阶段；（三）舍掉欢喜感受，只剩下愉悦感受的第三阶段；（四）舍掉愉悦感受、平等中容的第四阶段；（五）舍掉物质存在的种种质碍，精神与虚空契合的第五阶段；（六）舍掉虚空相状，体会心识普覆一切的第六阶段；（七）既不以虚空为对象也不以心识为对象，精神活动

没有任何确定所指的第七阶段；（八）既没有思想活动，又并非没有思想活动的第八阶段。

⑤**四无量**：无量，即无边无际、无尽无数之义，指四种广大高达的精神境界。这四种精神境界是：第一，慈无量心，慈是爱念之义，即予乐之心，这是说菩萨爱念一切众生，常做各种乐事满足众生的心理要求；第二，悲无量心，悲，愍伤之义，即拔苦之心，这是说菩萨愍念一切众生，知道他们遭受着各种身心苦痛，常以怜悯情怀，以各种方法救济他们，把他们从苦海中引渡出来；第三，喜无量心，这是说，菩萨看到众生离苦得乐，其心悦豫，欣庆无量；第四，舍无量心，指菩萨面对一切众生，既不怀恨恶之情，也不生贪欲之念，无爱无憎，平等中容，舍弃一切分别和偏执。

译文

弥勒菩萨又禀告佛陀说：世尊！根据什么标准说菩萨一直修行观照思维呢？

佛陀告诉弥勒菩萨说：善男子！那些修行人如果能从不间断地、有意识地去思维心识所变现的对象，那么，这就可以说菩萨一直在修行观照思维了。

弥勒又问：世尊！根据什么标准说菩萨一直在修行

心念相续的思维呢？

佛陀回答说：善男子！那些修行人如果能从不间断地、有意识地使思维活动持续着，那么，这就可以说菩萨一直在修行心念相续的思维了。

弥勒菩萨又请问佛陀说：世尊！您说在改变精神结构的工作进行到一定程度时，就能使心念相续的思维和观照思维这两种精神结构融合起来，我现在想知道，究竟根据什么标准，我们可以说两种思维结构已经融合了呢？

佛陀回答说：善男子！如果修行人在进行观照思维时，他思维的对象已经与他的思维活动达成完全一致，那么，我们就可以说，两种思维结构已经圆满地融合起来了。

弥勒接着问：世尊！什么叫作修行精神活动的对象？

佛陀回答说：善男子！在修行状态中，作为修行人观照思维之对象的，就是修行精神活动的对象。

弥勒接着问：世尊！什么叫作不间断的思维活动呢？

佛陀回答说：善男子！当心识在思维修行精神活动变现的对象，而这一心识自身又成为心念相续的思维活动之对象时，这个心识就成为一个连续的活动过程，其间没有中断和停顿。

弥勒又问：世尊！什么叫作思维活动与思维对象的同一呢？

佛陀告诉弥勒菩萨说：善男子！如果修行人把"精神活动之境界完全是其主观心识的显现"这一道理透彻地体会了，通过长期持续的修行生活，他就能摆脱认识过程中的任何二元对立，他就能做到认识活动与对象的完全同一，这就叫作思维活动与思维对象的同一；或者，在把握对象与思维活动的同一后，进一步体会对象的真实本性，使精神活动能与存在的真实本性相契合，与真理相契合，这也叫作思维活动与思维对象的同一。

弥勒菩萨又禀告佛陀说：世尊！从修行层次上看，观照思维又有哪些形态上的差别呢？

佛陀告诉弥勒菩萨说：善男子！从修行层次上看，观照思维大致可以分成三个类型：其一是"一般的观照思维"，其二是"企图把所有问题都弄清楚的观照思维"，其三是"最深层次的观照思维"。

弥勒接着问：什么叫作"一般的观照思维"呢？

佛陀回答说：这就是说，当此种观照思维进行认识时，它的观察和分析都是比较表面化和一般化的，它停留在事物的表面，它是一个人在改变自己精神结构的初期所拥有的思维状态。

弥勒接着问：什么叫作"企图把所有问题都弄清楚的观照思维"呢？

佛陀回答说：修行人在分析、研究精神活动境界时，由这样一个想法引导着，即：要把一切未能很好理解的东西理解透彻了。这个想法于是引导修行人透过事物的表层，深入对象的内部，运用智慧对存在的各方面做细致深入的观察和分析，这就叫作"企图把一切问题都弄清楚的观照思维"。

弥勒又问：什么叫作"最深层次的观照思维"呢？

佛陀回答说：当修行人对存在的各方面做过深入细致的分析、观察之后，他就会产生这样一个观念，即：我要亲身实现那终极的生命自由，我要让存在的真实本性明明白白地向我敞开。在此观念引导下，修行人就运用智慧对先前透彻领会过的一切进行最深层次的把握，以便使精神结构完全透入存在的底蕴，与存在的真实本性相契合，这就叫作"最深层次的观照思维"。

弥勒菩萨又请问佛陀说：世尊！从修行层次上来说，心念相续的思维又有哪些类型上的差别呢？

佛陀告诉弥勒菩萨说：善男子！根据修行精神活动"不间断状态"的功能持续程度，可以把这种思维分成三种，也可以分成八种。所谓三种，这是与上面所说观照思维的修行层次相适应的，即是说，心念相续的思维在层次上有一般的、比较深入的以及最深层次的这三个类别；至于分成八种，那是特别考虑了具体修行生活中的程序性，这就是说，从最初有分析思维有喜悦感受的修行阶段到最后既没有思想活动又并非没有思想活动的阶段，每一步修行程序上都有一种心念相续的思维状态与之相适应。此外，我们还可以把这种思维方法分成四个形态，即在菩萨予众生乐、拔众生苦、庆其得救、无爱无憎这四种广大深厚的情怀里，各自都有心念相续的思维功能存在着，这最后一个分类，是特别着眼菩萨利济一切生命的独特修行生活而划分的。

原典

　　慈氏菩萨复白佛言：世尊！如说依法奢摩他毗钵舍那，复说不依法奢摩他毗钵舍那。云何名依法奢摩他毗钵舍那？云何复名不依法奢摩他毗钵舍那？

　　佛告慈氏菩萨曰：善男子！若诸菩萨随先所受所思法相，而于其义得奢摩他毗钵舍那，名依法奢摩他毗钵舍那。若诸菩萨不待所受所思法相，但依于他教诫教授，而于其义得奢摩他毗钵舍那。谓观青瘀及脓烂等，或一切行皆是无常，或诸行苦，或一切法皆无有我，或复涅槃毕竟寂静，如是等类奢摩他毗钵舍那，名不依法奢摩他毗钵舍那。由依止法得奢摩他毗钵舍那故，我施设随法行菩萨，是利根性；由不依法得奢摩他毗钵舍那故，我施设随信行菩萨，是钝根性。

慈氏菩萨复白佛言：世尊！如说缘别法奢摩他毗钵舍那，复说缘总法奢摩他毗钵舍那。云何名为缘别法奢摩他毗钵舍那？云何复名缘总法奢摩他毗钵舍那？

佛告慈氏菩萨曰：善男子！若诸菩萨缘于各别契经等法，于如所受所思维法，修奢摩他毗钵舍那，是名缘别法奢摩他毗钵舍那；若诸菩萨即缘一切契经等法，集为一团一积一分一聚作意思维，此一切法随顺真如、趣向真如、临入真如、随顺菩提、随顺涅槃、随顺转依，及趣向彼、若临入彼，此一切法宣说无量无数善法，如是思维修奢摩他毗钵舍那，是名缘总法奢摩他毗钵舍那。

译文

弥勒菩萨又禀告佛陀说：世尊！您曾经说过，有些心念相续的思维能力和观照思维能力是根据教法而来的，有些则不根据教法而来，这两者之间是有差别的。现在，我想知道，什么叫作"依据教法而来的心念相续思维和观照思维"？什么叫作"不依教法而来的心念相续思维和观照思维"呢？

佛陀告诉弥勒菩萨说：善男子！这一分类的原因是这样的：不同的人，他们接受佛教教法的情况是不一样的，人们接受教法后，开始修行的情况就更不相同。如果修行人根据自己先前所接受所研究的教法，推究其意义，这样反复思索之后，即能获得心念相续的思维和观照思维这两种精神功能，这就叫作"依据教法而来的心念相续和观照思维"。另外一些修行人不是通过运用自己的理性能力研究教法，而是通过师父的传授，从师父所传授的一些观念、一些方法中引发出心念相续的思维和观照思维这两种修行精神功能。举例说来，有些修行人在其老师的指导下，持久地观察肿胀糜烂的尸体，或者观察存在现象变动不居的特性，或者观察生命活动遭受邪恶情绪之逼迫，身心俱不自由的状况，或者观察一切存在现象里都没有主宰实体"自我"的存在，或者观察没有扰乱没有变动的安宁安乐境界等等，诸如此类。这样，在精神活动持久地努力和关注之后，也会开发出两种修行精神结构来，通过这种方式产生的功能结构就叫作"不依教法而来的心念相续思维和观照思维"。我们还可以这样来概括获得修行精神结构的两种途径间的差别：那些依靠自己研究教法从而获得修行精神结构的修行人，他们事实上依靠自己的理性，我认为这类修行人理性极发达，智慧极高明；那些通过耳提面命、师弟相承从而获得修行精神结构的修行人，他们事实上依靠自己的信仰、信念，他们虽然也借信念而学有所得，但他们的智慧和德性都比较一般。

弥勒菩萨又禀告佛陀说：世尊！您曾经说过，有以个别教法作为研究对象的心念相续思维和观照思维，有以众多教法的集合体作为研究对象的心念相续思维和观照思维。那么，什么叫作"研究个别教法的心念相续思维和观照思维"呢？什么叫作"研究集合教法的心念相续思维和观照思维"呢？

佛陀告诉弥勒菩萨说：善男子！这一分类的依据是这样的：虽然很多修行人都通过自己对教法的勤勉研究而学有所得，可是有些人好"精"，有些人好"博"，这样在引发修行精神结构的方式上也就有所不同。如果一个人拿一部经典中"契经"部分的某一教法，或者其他部分中的某一个教法，作为研究对象，依据之而改造自己的思维结构，这就叫作"研究个别教法的心念相续思维和观照思维"；如果一个人拿一部经典中"契经"部分的教法乃至整个一部经典中的教法作为研究对象，对之进行种种分类研究，思索它们哪些是叙述修行生活的准备过程的，哪些是渐趋事物本性过程的，哪些是进入真理前一刹那的，哪些是叙述觉悟的准备过程的，哪些是叙述圆满自由状态的准备过程的，哪些是同由凡俗的流转的生命向净化的、自由的生命进行转变的修行过程不相违背的，哪些是趋向觉悟趋向完满自由的，哪些是进入最高觉悟及圆满自由的前一刹那的，等等，认为所思考的教法集合体是对无穷无尽的良善法则之表现，这就叫作"研究集合教法的心念相续思维和观照思维"。

原典

慈氏菩萨复白佛说：世尊！如说缘小总法奢摩他毗钵舍那，复说缘大总法奢摩他毗钵舍那，又说缘无量总法奢摩他毗钵舍那。云何名缘小总法奢摩他毗钵舍那？云何名缘大总法奢摩他毗钵舍那？云何复名缘无量总法奢摩他毗钵舍那？

佛告慈氏菩萨曰：善男子！若缘各别契经乃至各别论义，为一团等作意思维，当知是名缘小总法奢摩他毗钵舍那；若缘乃至所受所思契经等法，为一团等作意思维，非缘各别，当知是名缘大总法奢摩他毗钵舍那；若缘无量如来法教、无量法句文字、无量后后慧①所照了，为一团等作意思维，非缘乃至所受所思，当知是名缘无量总法奢摩他毗钵舍那。

慈氏菩萨复白佛言：世尊！菩萨齐何名得缘总法奢

摩他毗钵舍那？

佛告慈氏菩萨曰：善男子！由五缘故，当知名得。一者于思维时刹那刹那，融销一切粗重所依[2]；二者离种种想，得乐法乐；三者解了十方无差别相无量法光；四者所作成满相应净分[3]无分别相，恒现在前；五者为令法身[4]得成满故，摄受后后转胜妙因。

慈氏菩萨复白佛言：世尊！此缘总法奢摩他毗钵舍那，当知从何名为通达？从何名得？

佛告慈氏菩萨曰：善男子！从初极喜地[5]名为通达，从第三发光地[6]乃名为得。善男子！初业菩萨亦于是中随学作意，虽未可叹，不应懈废。

①**无量后后慧**：又名"后得智"，指菩萨与真理契合而又以救度众生为着眼点的一切胜妙智慧，菩萨根据这些智慧，就能对一切存在现象的各方面获得透彻的认识，就能充分体认一切众生的心性要求，就能因地制宜、善巧方便地陈说教法。今取其大意，译为"认识事物特殊性的智慧"。

②**粗重所依**：据遁伦记，此处即指阿赖耶识、深层心识，由于深层心识贮藏生命活动的一切潜势力，所以它是现实生命活动的基础和依据。粗重，即指现实生

命活动，由于流转变异的现实生命活动充满着痛苦和烦恼，具有不轻灵、不调顺的特质，自由进化的生命本性被沉重地系缚住了，所以流转变异的现实生命被形象化地称作"粗重"。

③**所作成满相应净分**：大意是，为成就最高功德所做的一切事业。

④**法身**：真正的生命。

⑤**极喜地**：菩萨修行阶位的第一层次，在此阶位，经过前期漫长而艰难的修学实践，终于突破主客对立的日常思维结构，第一次直接地认识到真理，所以内心中欢喜无限，故称"极喜地"。

⑥**发光地**：菩萨修行阶位的第三层次，在此阶位，菩萨开发出了认识事物特殊性的智慧，故称"发光地"。

译文

弥勒菩萨又禀告佛陀说：世尊！您曾经说过，有以较少量的总体教法作为研究对象的修行精神活动，有以较大量的总体教法作为研究对象的修行精神活动，您还说过有以无穷无尽的总体教法作为研究对象的修行精神活动。世尊！现在我想知道，什么叫作"少量总体教法的修行精神活动"，什么叫作"大量总体教法的修行精神活动"，什么叫作"无穷无尽的总体教法的修行精神活动"呢。

佛陀告诉弥勒菩萨说：善男子！如果一个修行人把一部经典中的"契经"部分或者其他部分单独提出来作为一个教法总体，来有意识地思考这个总体，从而引发出修行精神结构来，这就叫作"少量总体教法的修行精神活动"；如果修行人把所接受所研究的一部经典中所有各个部分的教法聚为一个整体，对之进行思考、研究，而不是仅仅研究其中的一个部分，这样来引发修行精神结构，这就叫作"大量总体教法的修行精神活动"；如果修行人能把佛陀那无穷无尽的教法、无穷无尽的教法语言以及包含在这些教法语言中关于存在各方面的知识和道理，作为一个综合而成的整体，来有意识地研究这个整体，以便引发出修行精神结构来，这就叫作"无穷无尽的总体教法的修行精神活动"。

当时弥勒菩萨又禀告佛陀说：菩萨在改变自己精神结构的修行过程中，究竟到了什么程度，我们才可说菩萨以总体教法作为对象的心念相续思维和观照思维是成功了呢？

佛陀告诉弥勒菩萨说：善男子！如果具备了五个条件，那么，我们就可以说，菩萨改变日常思维、培养修行精神结构的努力成功了。第一个条件是，菩萨在修行精神活动的每一刹那，都能把深层心识中染污性的心理潜势力消除掉或者予以净化；第二个条件是，菩萨不再有各种虚妄错误的心理欲念，他的一切观念里都不再有实体执着；第三个条件是，由于把握了事物的本性，菩萨就在生命中开发出认识一切事物的智慧；第四个条件是，对于为成就最高觉悟及为济度众生而做的一切事业，都没有了分别、计较和执着；第五个条件是，为了成就与真理相应的真正生命，菩萨已能把促成生命转化、净化的一切良善和智慧的心理潜能积累起来不致失落。如果上述五个条件都能满足，那么，就可以说，菩萨培养修行精神结构的努力成功了。

弥勒菩萨又禀告佛陀说：这个以总体教法作为研究对象的心念相续思维和观照思维，到底到了什么样的修行阶位，才可以说菩萨真正把握了它们？到底到了什么样的修行阶位，才可以说菩萨圆满实现了它们呢？

佛陀告诉弥勒菩萨说：菩萨从漫长而艰难的准备性修行阶段跃入菩萨修行的第一阶位，在此阶位，菩萨把握到存在本性，内心中生起欢庆无限的喜悦感，他第一次毫无隔碍地亲身体会到真理，所以我说，在这菩萨修行的第一阶位，菩萨才真正把握了修行精神结构；从菩萨修行的第三阶位开始，由于涌现出体认存在各方面属性的真实智慧，更由于这些智慧完全通过改变精神结构，从生命中直接开发出来，所以我说，从菩萨修行的第三阶位开始，菩萨即已圆满地实现了日常精神结构的转化，圆满地开拓出了生命中相应于真理的崭新的思维功能。善男子！那些刚刚迈入修行历程的菩萨，也应有意地去这样做，他的成就虽然还不值得称叹，但也不应懈怠废弃。

原典

慈氏菩萨复白佛言：世尊！是奢摩他毗钵舍那，云何名有寻有伺三摩地？云何名无寻唯伺三摩地？云何名无寻无伺三摩地？

佛告慈氏菩萨曰：善男子！于如所取寻伺①法相，若有粗显领受观察诸奢摩他毗钵舍那，是名有寻有伺三摩地；若于彼相虽无粗显领受观察，而有微细彼光明念领受观察诸奢摩他毗钵舍那，是名无寻唯伺三摩地；若即于彼一切法相都无作意领受观察诸奢摩他毗钵舍那，是名无寻无伺三摩地。

复次，善男子！若有寻求奢摩他毗钵舍那，是名有寻有伺三摩地；若有伺察奢摩他毗钵舍那，是名无寻唯伺三摩地；若缘总法奢摩他毗钵舍那，是名无寻无伺三摩地。

慈氏菩萨复白佛言：世尊！云何止相？云何举相？云何舍相？

佛告慈氏菩萨曰：善男子！若心掉举②，或恐掉举时，诸可厌法作意，及彼无间心作意，是名止相；若心沉没，或恐沉没时，诸可欣法作意，及彼心相作意，是名举相；若于一向止道，或于一向观道，或于双运转道，二随烦恼所染污时，诸无功用③作意，及心任运转④中所有作意，是名舍相。

注释

①寻伺：粗浅思维叫作"寻"，细致思维叫作"伺"；"寻"停留于现象的表层，"伺"则深入对象的底蕴。

②掉举：精神活动游离于思维对象之外，不能专注于对象，译为"心思高扬，始终无法专注于思维对象"。

③无功用：即超越功利、实用之上。

④心任运转：任运，即自然而然之义；转，产生、显现之义。指精神活动自然地随着环境的变化而做出反应，不掺杂任何主观意志的控制或暗示。

译文

弥勒菩萨又禀告佛陀说：以心念相续的思维和观

照思维作为表现形式的修行精神活动，在什么状态下既有粗浅思维，又有细致思维？在什么状态下没有粗浅思维，只有细致思维？在什么状态下既无粗浅思维，又无细致思维？

佛陀告诉弥勒菩萨说：善男子！在修行精神活动状态下，如果以教法作为研究对象，在观察它们时伴随着明显的心理感受，这种状态下的修行精神活动就叫作"既有粗浅思维又有细致思维的修行精神活动"；如果对于研究对象虽然没有明显的心理感受，但却有一种极为细微的、与智慧相融合的感受，这种修行精神活动就叫作"没有粗浅思维但有细致思维的修行精神活动"；另一方面，如果以教法作为研究对象，而在进行思考时，不再杂有任何与主观意志相伴随的心理感受，这种修行精神活动就叫作"既无粗浅思维又无细致思维的修行精神活动"。

再者，善男子！你要知道，修行精神的活动状态，除了从有无感受活动去判别其层次高低外，还可以从思维的粗细程度去判别之，这就是说，如果在修行精神活动中，有粗浅的推理活动，这就叫作"既有粗浅思维又有细致思维的修行精神活动"；如果只有细致的推理活动存在着，这就叫作"没有粗浅思维只有细致思维的修行精神活动"；如果把存在的真实本性如实地作为研究对象，因而突破了一切推理活动，这就叫作"既无粗浅思维又无细致思维的修行精神活动"。

弥勒菩萨又禀告佛陀说：什么叫作"心念停顿"？什么叫作"心念跃起"？什么叫作"心念中容平等"呢？

佛陀告诉弥勒菩萨说：善男子！这三种情况的确是修行生活中容易出现的。在我们努力培养心念相续思维和观照思维时，如果心思高扬，始终无法专注于思维对象，或者修行人担心会发生"心思高扬，无法专注于思维对象"的情况，这时，将精神活动有意地集中到那些令人厌恶的事物之上，并且使这一心理趋向保持稳定、连续，这就叫作"心念停顿"；如果精神产生疲倦感，无力沉浸于思维对象，或者修行人担心会发生这种情况时，将精神活动有意地集中到那些令人喜爱的事物之上，并且使这一心理趋向保持稳定连续，这就叫作"心念跃起"；如果修行人的修行精神活动被各种邪恶的心理情绪干扰着，这时修行人就应把精神趋向有意地超越到具体功用之上，使心理活动有意地随环境变迁而变化，而不去强行地控制情绪，这就叫作"心念中容平等"。

原典

慈氏菩萨复白佛言：世尊！修奢摩他毗钵舍那诸菩萨众，知法知义。云何知法？云何知义？

佛告慈氏菩萨曰：善男子！彼诸菩萨，由五种相了知于法：一者知名，二者知句，三者知文，四者知别，五者知总。云何为名？谓于一切染净法中所立自性，想假施设。云何为句？谓即于彼名聚集中，能随宣说，诸染净义依持建立。云何为文？谓即彼二所依止字。云何于彼各别了知？谓由各别所缘作意。云何于彼总合了知？谓由总合所缘作意。如是一切总略为一，名为知法，如是名为菩萨知法。

善男子！彼诸菩萨由十种相，了知于义。一者知尽所有性[①]，二者知如所有性[②]，三者知能取[③]义，四者知所取[④]义，五者知建立义，六者知受用义，七者知颠倒义，八者知无倒义，九者知杂染义，十者知清净义。

注释

①**尽所有性**：下文释为"诸杂染清净法中所有一切品别边际"，即指把生命现象或生命活动进行详细的分类，分类可以从不同的角度着眼，其目的在于把事物各方面的特性暴露出来。

②**如所有性**：如同事物本来所具有的特性，也就是指"存在的本性"，下文从七个方面来显示存在的本性。

③**能取**：感觉、知觉、认识等认知活动中的主观方面，在感知认识及日常生活中，生命现象中的感觉、知觉、认识功能能把对象、环境、境界等理解为工具、手

段，取之为己所用，因此生命现象中的主观方面被称为"能取"。

④**所取**：感觉、知觉及意识活动之对象，它们被生命现象中的主观方面所统摄，为之所用，因此被称作"所取"。

译文

弥勒菩萨又禀告佛陀说：那些努力培养修行精神结构的菩萨们能认识存在的现象，也能认识存在的本质。那么，修行人究竟怎样才能认识存在之现象？怎样才能认识存在之本质呢？

佛陀告诉弥勒菩萨说：善男子！修行人是从五个方面来认识存在的现象的：一、他们认识现象的名称；二、他们认识陈述现象的命题；三、他们认识名称和命题以之为基础的语言文字；四、他们认识事物的特殊性；五、他们认识事物的共性。什么叫作名称？这就是在或染污或净化的一切存在现象里，通过感觉知觉赋予事物一定的形状和特质，然后假借语言称谓这个形状、特质。什么叫作命题？就是把各种名称按照一定的逻辑结构聚拢到一起，造成一个句子，因而有所判断有所陈述，染污、净化等各种意义即通过命题而发生。什么叫作语言文字？它指的是名称和判断依据的语言符号。什么叫作对特殊性的认识？这是指以名称、概念作为研究对象，从而对名称概念所陈述的事物特质有所认识。什么叫作对事物共性的认识？这是指以一个命题、判断作为研究对象，从而认识一事物与他事物共有的特性与共性。以上五个方面合在一起，就构成关于存在现象的知识。

善男子！修行人是通过对事物十个方面的研究，来体认存在的本质或本性的。第一个方面，是把生命现象进行详细的分类，分类的目的是要把生命现象各方面的特性呈现出来；第二个方面，是如实理解事物的本性，这是指完全按照事物本来所是的样子去认识事物；第三个方面是指对感觉、知觉及认识活动主观方面进行研究；第四个方面是指对感觉、知觉及认识活动中的对象方面进行研究；第五个方面是指对自然界的研究；第六个方面是指对各种资生方式的研究；第七个方面是指对各种错误认识的研究，这里所谓的错误认识，不仅指那些系统化理论化了的认识，而且指各种与生俱来的先天心理倾向；第八个方面是指对正确思维方法的研究，正确的思维方法就是与真理相应的思维方法；第九个方面是指对染污生命的研究；第十个方面是指对净化生命的研究。

原典

善男子！尽所有性者，谓诸杂染清净法中所有一切品别边际，是名此中尽所有性，如五数蕴、六数内处、六数外处，如是一切。

如所有性者，谓即一切染净法中所有真如，是名此中如所有性。此复七种：一者流转真如，谓一切行无先后性；二者相真如，谓一切法补特伽罗无我性，及法无我性；三者了别真如，谓一切行唯是识性；四者安立真如，谓我所说诸苦圣谛；五者邪行真如，谓我所说诸集圣谛；六者清净真如，谓我所说诸灭圣谛；七者正行真如，谓我所说诸道圣谛。

当知此中由流转真如、安立真如、邪行真如故，一切有情平等平等；由相真如、了别真如故，一切诸法平等平等；由清净真如故，一切声闻菩提、独觉菩提、阿耨多罗三藐三菩提平等平等；由正行真如故，听闻正法，缘总境界胜奢摩他毗钵舍那，所摄受慧平等平等。

能取义者，谓内五色处、若心意识及诸心法。

所取义者，谓外六处，又能取义亦所取义。

建立义者，谓器世界于中可得建立一切诸有情界；谓一村田、若百村田、若千村田、若百千村田，或一大地至海边际；此百、此千，若此百千，或一赡部洲；此百、此千，若此百千，或一四大洲；此百、此千，若此百千，或一小千世界；此百、此千，若此百千，或一中千世界；此百、此千，若此百千，或一三千大千世界；此百、此千，若此百千，或此拘胝[1]；此百拘胝、此千拘胝、此百千拘胝，或此无数；此百无数、此千无数、此百千无数，或三千大千世界无数百千微尘量等，于十方面无量无数诸器世界。

受用义者，谓我所说诸有情类，为受用故，摄受资具。

颠倒义者，谓即于彼能取等义，无常计常，想倒、心倒、见倒，苦计为乐、不净计净、无我计我，想倒、心倒、见倒。

无倒义者，与上相违，能对治彼，应知其相。

杂染义者，谓三界中三种杂染：一者烦恼杂染，二者业杂染，三者生杂染。

清净义者，谓即如是三种杂染，所有离系菩提分法。

善男子！如是十种，当知普摄一切诸义。

注释

①拘胝：数量单位，指极大量之义。

译文

善男子！现在我们要对以上十个方面做一个更详细的讨论。什么叫作通过分类显示事物各方面的特性呢？例如，构成有情生命的五种成分聚集体、六种引发感知觉的物质载体及精神载体，以及六种感知活动和认识活动的对象等等，都属于这里所谓的"分类"。

什么叫作"事物本来所是的本性"呢？它就是指"事物本来的样子"，指或染污或净化的一切存在现象的本质，这个"本质"是事物本来具有的，人的认识活动既没有在它上面增加什么，也没有在它上面减少什么，所以称它为"事物本来所是的样子"。关于存在的真实本性，我们又可以做出下面七种说明，换句话说，我们可以陈说存在的七种本性。第一，流转变动中的真实本性，这是说，所有物质的、生理的和心理的事物，其变化发展都既可以上推至无穷的过去，下推至无尽的未来，运动、变化和发展等既无开端又无终结；第二，感知对象及意识对象的真实本性，这是说在感觉、知觉及认识中被构造或被当作为"对象"的东西没有实体存在，生命现象中的主体主宰及存在现象中的客体实体都只是意识的虚构；第三，认知活动本身的真实本性，这是说所有认知活动中的认知对象都是主观认识功能的变现、显现，认知活动本身是能知与所知、主观与客观方面之统一；第四，关于生命现象日常状态的真实本性，这就是我所说的"苦"这一真理，苦，有逼迫、痛苦义，它是对流转生命身心拘束不得自由的真实情状之描述；第五，邪恶行为的真实本性，这就是我所说的"集"这一真理，集即招集、招致之义，它说明由于心理上的各种邪恶情绪及身心错误行为，从而导致生命痛苦的现实状态，它是对"苦"的原因之探究；第六，净化状态的真实本性，这就是我所说的"灭"这一真理，灭即寂灭之义，它表示痛苦烦恼悉已消除，生命达到自由安乐的境界；第七，由染污而净化的修行过程的真实本性，这就是我所说的"道"这一真理，道是道路、方法之义，它指通向真理的道路，也指认识真理的方法。

你们应当知道，根据流转变动的真实本性、生命日常状态的真实本性以及邪恶行为的真实本性，一切生命是完全平等的，这就是说，宇宙世界中的所有世俗生命普遍处于无始无终的流转变动、烦恼痛苦中，而导致这两者的根本原因又同样由于生命自身的邪恶行为。根据认知对象的真实本性以及认知活动过程的真实本性，一切存在现象是完全平等的，这就是说，它们都是没有主宰实体的存在，都是认知活动构造的结果。根据净化状态的真实本性，一切要求解除生命活动的修行人、参悟生命流转过程的修行人以及追求最高觉悟的修行人，他们的最终觉悟都是平等的。根据由染污而净化的修行过程的真实本性，修行人通过改变自己的世俗思维结构，通过培养心念相续的思维方式和观照思维方式，由此引发的智慧是完全平等的，它们无一例外地包含了三个方面，即听闻所得的智慧、研究所得的智慧、修行所得的智慧。

什么叫作感觉、知觉以及认识活动中的主观方面呢？它包括三个方面，即五种细微物质构成的感觉器官、引发意识功能的深层心识以及心理上的情绪活动等。

什么叫作感觉、知觉以及认识中的客观方面呢？它是指感觉、知觉以及意识活动的对象，此外，当感觉、知觉以及认识活动中的主观方面被思考和认识时，它们也就成了认知活动的对象。

什么叫作自然界呢？自然界就是指可以容纳生命的地方，这就是说，生命现象均以之为生存和活动的家园；此外，这个被人们称作自然界的东西，其范围是极其广大的：比方说一个村落，成百个、成千个乃至于十万个这样的村落，就构成四面环海的一片大陆；成百、成千个乃至于十万个这样的大陆就叫作一个赡部洲；成百、成千个乃至于十万个这样的赡部洲就组成一个四大洲；成百、成千个乃至于十万个这样的四大洲就叫作一个"小千世界"；成百、成千个乃至于十万个这样的小千世界就叫作一个"中千世界"；成百、成千个乃至于十万个中千世界就叫作一个"三千大千世界"；成百成千乃至于十万个三千大千世界就叫作"拘胝"；成百成千乃至于十万个拘胝就叫作"无数"；成百个、成千个、十万个无数，乃至于三千大千世界个无数的尘埃之数目或可与十方上下能容纳生命的无穷无尽的自然界之数目相当，你们据此或可了解那宇宙的浩瀚无边、那生命的浩瀚无边！

什么叫作有关资生方式的研究呢？这是说，生命为了存在和发展，就摄取自然、改变自然、取自然为己之用，于是自然界中的一些事物以及依据自然界为基础改变而成的一些事物就成了有情生命的资生工具，同时，在生命和自然之间，以食物为纽带，就形成一个临界点、一片中间地带。

什么叫作错误认识呢？这就是指以实体执着为根本原因从而引发的对存在的一切错误的心理倾向、观念、见解、知识和学说等。

什么叫作正确的认识呢？正确认识即真理性的认识，它是指透破一切实体执着后的存在之认知。

什么叫作染污生命呢？这是指染污生命真实本性的三种事物，包括邪恶情绪、生命行为及生存苦痛等。

什么叫作净化生命呢？这是指所有那些能净化精神结构、帮助生命从染污性的困境里摆脱出来的方法。

善男子！你应当明白，以上所说对事物十个方面的认识已经把存在的一切本性呈现出来了。

原典

复次，善男子！彼诸菩萨由能了知五种义故，名为知义。何等五义？一者遍知事，二者遍知义，三者遍知因，四者得遍知果，五者于此觉了。

善男子！此中遍知事者，当知即是一切所知，谓或诸蕴，或诸内处，或诸外处，如是一切。

遍知义者，乃至所有品类差别所应知境，谓世俗故，或胜义故，或功德故，或过失故，缘故，世故，或生、或住、或坏相①故，或如病等故，或苦集等故，或真如实际法界等故；或广略故，或一向记故，或分别记故，或反问记故，或置记故，或隐密故，或显了故。如是等类，当知一切名遍知义。

言遍知因者，当知即是能取前二菩提分法，所谓念住或正断等。

得遍知果者，谓贪恚痴永断毗奈耶，及贪恚痴一切永断诸沙门果，及我所说声闻如来若共不共世出世间所有功德，于彼作证。

于此觉了者，谓即于此作证法中，诸解脱智，广为他说宣扬开示。善男子！如是五义，当知普摄一切诸义。

复次，善男子！彼诸菩萨由能了知四种义故，名为知义。何等四义？一者心执受义，二者领纳义，三者了别义，四者杂染清净义。善男子！如是四义，当知普摄一切诸义。

复次，善男子！彼诸菩萨由能了知三种义故，名为知义。何等三义？一者文义，二者义义，三者界义。

善男子！言文义者，谓名身等。义义当知复有十种：一者真实相，二者遍知相，三者永断相，四者作证相，五者修习相，六者即彼真实相等品差别相，七者所依能依相属相②，八者即遍知等障碍法相，九者即彼随顺法相，十者不遍知等及遍知等过患功德相。

言界义者，谓五种界：一者器世界，二者有情界，三者法界，四者所调伏界③，五者调伏方便界④。善男子！如是五义，当知普摄一切诸义。

注释

①或生、或住、或坏相：有为法存在的三个阶段。生，指产生；住，指保持；坏，指消亡。

②**所依能依相属相**：所依是"义"，能依是"名"，即指语言与存在的相互关系。

③**调伏界**：即灭谛涅槃，指圆满、安乐、自由的生命状态。

④**调伏方便界**：即道谛，指通向真理的方法与道路。

译文

佛陀又说：善男子！那些菩萨因为对存在的五个方面情况有着透彻的把握，我就说他们全面领会了真理教法中的道理。这是指存在哪五个方面的情况呢？

其一是他能全面把握存在现象的质体，这就是说，对于生命构造中的五类成分聚集体，认知活动中的主观方面及客观方面等等，菩萨对这一切认识对象的自身特质都已获得全面的详尽的知识。

其二是他能全面把握存在现象的各种属性，我们知道，每一个认识对象有着各种属性的差别，例如：事物促成流转变动的属性，事物与真理相应的属性，有助于生命进化的属性，有害于生命进化的属性，事物由诸种条件推动的属性，过去、现在和未来这三际时间间隔的属性，每一事物产生、持续及变化的阶段性，生命病变的永远可能性，逼迫苦恼的世俗生命品性，生命堕落的自身必然性，存在的本性，存在本性的终极性，一切现象与存在本性的不离性等等，以上是有关存在现象和生命活动的；至于我的真理性教法，在具体施设及安排上也有各种特性的不同，例如：广说与略说的差别，任何时间任何地点普遍适用的教法，只对某些时间地点适用、另外一些时间地点则不适用的教法，只提出问题而不正面回答问题的教法，一概置而不答的教法，真实意蕴深藏不露的教法，一切意蕴显露无遗的教法等等。以上关于事物各个方面属性、特性的认识，也就是关于差别性的认识，它们能使有关质体的知识，进一步准确、丰富和深化起来。

其三是他能全面把握认识质体和属性的认识方法，这实际上指的是旨在改变精神结构的各种修行方法，包括培养注意力的方法、培养去恶行善的意志力的方法等等。由于这些修行方法是生命转化、进化的基本原因，所以，我们说菩萨把握了认识质体及其属性的认识方法，也就等于说菩萨把握了生命净化的原因和条件。

其四是菩萨全面把握了生命净化的表现和结果，菩萨从以下诸方面观察生命净化的结果：舍弃掉了邪恶情绪的现实活动或把这些邪恶情绪置于有效的精神控制之下，完全控制邪恶情绪一切现实活动后的身心安宁状态，要求放弃生命活动的修行人与佛陀共具的美德、智慧和力量，佛陀独具而其他修行圣人不具备的美德、智慧和力量等。菩萨对上述修行活动的诸种表现和结果已经获得全面而详尽的知识。

其五是菩萨把握了教化其他生命的智慧和方法，这是说，菩萨不仅能通过切实修行使净化生命的理想在自身中实现出来，而且能把自己体会的真理以适当的方式向其他生命阐述出来，以便于他人的进行。善男子！以上五义，普摄一切诸义。

其次，善男子！那些菩萨由于能透彻把握存在四个方面的意义，我就说他们对于佛教教法中的道理已经完全理解了。这里说的是存在哪四个方面的意义呢？第一，他把握了"执受"的意义，所谓执受，这是指深层心识把感觉器官、身体以及外界事物领会为是属于自己的，是自己所有的；第二，他把握了"领纳"的意义，所谓领纳，是指当外界事物刺激身心时，会在心理上产生三种感受功能，包括痛苦之感受、快乐之感受、既不痛苦又不快乐之感受；第三，他把握了"了别"的意义，所谓了别，就是分析、区别的意思，指意识对于认识对象的认知功能，意识在对象身上做出一定的判断，区分它们"是此"或"是彼"等，这就是意识的"了别"功能；第四，他把握了"染污"和"净化"的意义，所谓染污，这是指心识被潜能、欲念等各种生命活动中的邪恶成分所玷污，由于这些邪恶成分的存在，生命的真实本性就被障蔽、束缚、染污了，所谓净化，则指通过改变精神结构突破染污成分而使生命向上发达向上净化。善男子！以上四义，普摄一切诸义。

再次，善男子！那些菩萨由于能把握存在三个方面的意义，我就说他们对于佛陀教法中包含的道理已经完全理解了。这是指存在哪三个方面的意义呢？其一是语言文字的自身意义，其二是事物本性方面的道理，其三是有关存在类别的知识。

善男子！所谓语言文字的意义，这可包括名称、命题及单词等三个方面。关于事物本性方面的道理，可以从十个方面来概括：一是存在的真实本性；二是生命痛苦烦恼的日常状态；三是需要彻底予以清除的、造成生命痛苦烦恼的基本原因；四是亲身实现的圆满生命状态；五是通向这一状态的道路、方法；六是对以上诸方面进行更细密的分类，力图揭示出存在各方面的本质属性；七是研究语言与存在相互联系的亲密关系；八是研究痛苦烦恼及其造成的原因等这类事物，它们障碍着真理的揭示、生命自由的实现；九是研究对于真理的实现有着有益影响的事物；十是研究各种修行行为的过失和功德。

关于存在类别的知识总地看来，应该是这样的，我们把存在分成五个类型：其一是纯粹的自然界，在所有存在现象中，自然界自成一类；其二是生命现象，在所有存在现象中，生命以其独有的德性品性而自成一类；其三是指与真理相应的各种教法，教法作为真理的诠释形式，具有独特的品性和功能，因而应当自成一类；其四是指生命圆满实现自由的最高安乐状态，这一状态代表生命重重进化、重重净化后的真实形式，因而自成一类；最后是通向生命自由的方法与道路，这些方法和道路对于修行生活有特别重要的意义，因而在研究上也可自成一类。善男子！以上五义，普摄一切诸义。

原典

慈氏菩萨复白佛言：世尊！若闻所成慧①了知其义，若思所成慧②了知其义，若奢摩他毗钵舍那修所成慧③了知其义。此何差别？

佛告慈氏菩萨曰：善男子！闻所成慧依止于文，但如其说未善意趣，未现在前，随顺解脱，未能领受成解脱义；思所成慧亦依于文，不唯如说能善意趣，未现在前，转顺解脱，未能领受成解脱义；若诸菩萨修所成慧，亦依于文亦不依文，亦如其说亦不如说，能善意趣，所知事同分三摩地所行影像现前，极顺解脱，已能领受成解脱义。善男子！是名三种知义差别。

　　慈氏菩萨复白佛言：世尊！修奢摩他毗钵舍那诸菩萨众，知法知义，云何为智？云何为见？

　　佛告慈氏菩萨曰：善男子！我无量门宣说智见二种差别，今当为汝略说其相。若缘总法修奢摩他毗钵舍那，所有妙慧是名为智；若缘别法修奢摩他毗钵舍那，所有妙慧是名为见。

注释

　　①**闻所成慧**：指听闻、接受佛法所得的智慧。经文以下对"闻所成慧"特征之分析，慧景做了非常贴切的解释。他说："闻所成慧，依文比度，但如其说，未善文下意趣，未现证知，即非现量，但比量，但远随顺涅槃解脱，未现领受解脱义利。"译文参考了慧景的这一解说。

　　②**思所成慧**：指思考教法所得的智慧。慧景分析"思所成慧"的特征说："思所成慧，亦依于文，不唯如说，亦善意趣，未现证知，胜前闻慧，名为转顺，虽胜闻慧，亦未现受解脱义利。"译文参考了慧景的这一疏释。

　　③**修所成慧**：通过修学心念相续的思维和观照思维所获得的智慧。慧景解释说："修所成慧，亦依于文，亦不依文，亦如其说，亦不如说。据有漏修慧及后得智，

缘理及事，影像相起现前，故云能善意趣，所知事同分三摩地所行影像，三慧中胜，名极顺解脱，又能领受解脱义利，不同毗昙。"译文也参考了慧景的这一疏释。

译文

弥勒菩萨再度禀告佛陀说：世尊！修行人运用听闻佛法所得的智慧能对教法中的道理有所认识；运用思考教法所得的智慧能对教法中的道理有所认识；如果修行人一心培养心念相续的思维能力和观照思维能力，运用修行所得的智慧也能认识教法中的道理。现在，我想知道，以上三种认识之间究竟有什么区别呢？

佛陀告诉弥勒菩萨说：善男子！听闻所得的智慧是根据教法语言而来的，它只是把教法语言所表达的理念加以比较、猜测、推理和引申，却没有对语言背后的蕴味给予深切的体会；它不是自己亲身体会得明明白白、清清楚楚的知识；它有助于生命从痛苦烦恼的束缚中解脱出来，但它还没有让修行人现实地体会到生命解脱的真实效果。运用思考所得的智慧也是根据教法语言而来的，但它不仅仅把教法语言所表达的理念加以比较、推理和引申，并且能对语言背后的意蕴加以深切的领会；它也还不是修行人亲身体会得明明白白、清清楚楚的知识，它对生命的解脱有着更大的促进作用，但它也还没有让修行人现实地体会到生命解脱的真实效果。至于说菩萨通过改变日常思维结构，通过培养心念相续的思维和观照思维所开发的智慧，它既根据语言文字而来，又不仅仅依据语言文字，既可根据语言文字的理念比较、推理而出，又不仅仅局限于比较、推理的理性认识之范围；它能对语言背后的意蕴加以透彻的体会，已能把一切的认识对象都正确地领会为是修行精神活动之产物，从而得以彻底消除外在实体的错误观念；它能对生命自由的实现起着最大的促进作用，它已能让修行人亲身体会到生命自由的真实效果。善男子！以上即解析三种认识间的主要区别。

弥勒菩萨又禀告佛陀说：世尊！着力培养心念相续思维能力和观照思维能力的那些菩萨们能认识存在的现象和本质，那么什么叫作智慧呢？什么叫作见地呢？

佛陀告诉弥勒菩萨说：善男子！我曾经在很多场合谈及智慧与见地这二者之间的差别，现在，我把它们之间的主要差别简略提示出来。如果修行人把总体教法作为思考对象，通过研究总体教法来培养两种修行精神结构，这样开发出来的奇妙认识能力就叫作"智慧"；如果修行人不是把教法总体作为思考对象，而是把某一个教法作为思考对象，据此研究来培养修行精神结构，这样开发出来的奇妙认识能力，就叫作"见地"。

原典

慈氏菩萨复白佛言：世尊！修奢摩他毗钵舍那诸菩萨众，由何作意何等？云何除遣诸相？

佛告慈氏菩萨曰：善男子！由真如作意，除遣法相及与义相。若于其名及名自性无所得时，亦不观彼所依之相①，如是除遣。如于其名于句于文，于一切义，当知亦尔。乃至于界及界自性无所得时，亦不观彼所依之相，如是除遣。

世尊！诸所了知真如义相，此真如相亦可遣不？

善男子！于所了知真如义中，都无有相，亦无所得，当何所遣？善男子！我说了知真如义时，能伏一切法义之相，非此了达余所能伏。

世尊！如世尊说浊水器喻、不净镜喻、挠泉池喻，不任观察自面影相，若堪任者，与上相违。如是若有不善修心，则不堪任如实观察所有真如；若善修心，堪任观察。此说何等能观察心？依何真如而作是说？

善男子！此说三种能观察心，谓闻所成能观察心，若思所成能观察心，若修所成能观察心。依了别真如作如是说②。

世尊！如是了知法义菩萨，为遣诸相勤修加行，有几种相难可除遣？谁能除遣？

善男子！有十种相，空能除遣。何等为十？一者了知法义故，有种种文字相，此由一切法空能正除遣；二者了知安立真如义故，有生灭住异性相续随转相，此由相空及无先后空能正除遣；三者了知能取义故，有顾恋身相及我慢相，此由内空及无所得空能正除遣；四者了知所取义故，有顾恋财相，此由外空能正除遣；五者了知受用义，男女承事资具相应故，有内安乐相，外净妙相，此由内外空及本性空能正除遣；六者了知建立义故，有无量相，此由大空能正除遣；七者了知无色故，有内寂静解脱相，此由有为空能正除遣；八者了知相真如义故，有补特伽罗无我相、法无我相，若唯识相及胜义相，此由毕竟空、无性空、无性自性空及胜义空能正除遣；九者由了知清净真如义故，有无为相无变异相，此由无为空、无变异空能正除遣；十者即于彼相对治空性作意思维故，有空性相，此由空空能正除遣。

注释

①**彼所依之相**：遁伦解释说："唯识门中，名依于识，识是所依。"这是说，事物的名称、概念以及名称、

概念所诠表的对象本身都以"识"作为依据，换句话说，即事物的名称概念、名称概念所诠表的对象都是心识活动的产物。但是，心识活动也是依据因缘条件而起的，它自身也没有绝对的存在性，如果执着于心识活动的存在，那就仍然属于执着实体的认识方式，因此说，不仅对于"名""名自性"，而且对于二者所依据的心识活动都要除遣其实体执着。

②依了别真如作如是说：遁伦解释这一段话说："喻中既任清水、净镜、不挠泉池堪观面像，时知合中，若善修心堪观真如者，知是唯识了别真如。以唯识门，一切境界皆是心影，初观境唯识，后观识如，名了别如，故云依了别真如作如是说。"遁伦的解释说明，对于"一切法唯识所现"的学理应从两个方面来理解：首先，一切存在现象都是心识活动的产物；其次，存在的真实样子、存在的真实本性也是净化了的心识活动之显现。这样，所谓大乘止观，所谓心念相续和观照思维，事实上都是把唯识学理提出来作为修行的方法和归宿。

译文

弥勒菩萨再次禀告佛陀说：世尊！那些致力于改变精神结构的菩萨们究竟根据什么来决定其思考方向？他

们希望有什么样的思考方向？他们怎样避免把认知对象看成外在的独立实体？

佛陀告诉弥勒菩萨说：善男子！我们此前一切讨论的前提是，所谓真理，就是存在本性与精神结构的同一，所以修行人是根据存在的本性来决定其思考方向的，他们希望在精神锻炼过程中避免把认知对象及教法理念当成外在化的实体概念。如果不执着于对象的名称概念，不执着于名称概念所诠表的事物自身，也不执着于认知对象只是认识活动之产物这样一个事实，不因此又反转身来执着于精神活动的存在，这就能够把一切实体概念彻底地从认知活动中驱逐出去。对于名称概念是这样，对于命题、语词、一切关于存在的道理，也应该这样避免实体化的错误。广而言之，乃至于对各种存在类别的分析，也都应当在上述意义下予以理解，不能执着于存在种类的概念，不能执着于概念所诠表的存在种类自身，也不执着于存在种类只是认知活动之显现这样一个事实，不因此又执着于认知活动的存在，这样也就能把实体化的存在种类之概念彻底地消除掉了。

弥勒菩萨又禀告佛陀说：世尊！人们谈到对存在本性的认识，那么，这个被称作"存在本性"的事物也需要通过修行精神活动予以进一步的排除吗？

佛陀回答说：你这个问题从根本上就是错误的，因为照你的问法，就好像那被认识的"存在本性"真的是某种事物、某件东西似的，好像它显现在修行人的精神结构前面，就像一般事物呈现在世俗认识面前那样。你们要知道，那被认识的存在本性根本就不是一件东西、一个事物，修行人也绝没有涌生这样一个念头，说：我得到对存在本性的认识了。这样一来，究竟还留下什么需要排除呢？我每当谈到对存在本性的认识时，我指的就是这样一种认识，它足以驱除有关一切存在之现象及存在之本质的任何实体化观念，而绝对不是说，这对事物本性的认识活动又需要更高的认识阶段来修正它的错误。

弥勒菩萨又问：世尊！您在其他经典中曾提到几个譬喻，像混浊的盛水器、不洁净的镜子、被扰动的泉水池等等，您说这几样东西都不能用作观察面相的工具，能够用来观察面相的应当是清澈的盛水器、洁净的镜子和平静的水池。同样道理，如果一个人没有正确地改变自己的精神结构，他的心识就不足以成为认识事物本性的工具；如果他能正确地改变其精神结构，净化其精神活动，那么，他的心识就可以用作认识事物本性的工具了。世尊！您这里所说的能认知事物本性的心识究竟是指什么样的能认知之心识呢？您是根据存在本性中的哪个方面这样说呢？

当时佛陀回答弥勒菩萨说：善男子！我这里说的是三种能认知之心识，即根据听闻教法而来的能认知之心识，根据思考教法而来的能认知之心识，以及根据修行所激发的能认知之心识。我是根据认识活动过程的真实本性做出这一陈说的。

弥勒菩萨又问：世尊！那些研究存在现象和存在本性的菩萨，为驱除实体执着而辛勤、刻苦地修行，那么，究竟有哪些种类的实体观念最难消除呢？如何才能够消除它们呢？

佛陀回答说：善男子！有十个种类的实体观念最为执着、顽固，通过体会"一切存在现象都没有实体存在"这一道理就能够消除它们。这十种实体观念及相应的克制方法如下：第一，对于语言文字的执着，通过体会"一切现象都没有实体存在"这一道理就可消除此种执着；第二，对产生、保持、变化、消亡这生命活动四阶段相续转变的实体执着，通过体会"任何认知对象都没有实体存在""运动、变化的过程无穷无尽、无终无始"等道理就可以消除此种执着；第三，由于对生命中主观方面的研究，就产生对身体的执着以及自我观念的骄矜，通过体会"身体现象中没有实体存在""生命内部没有主宰自我的存在"等道理就可以消除此种执着；第四，由于对认识活动中客观方面的研究，就有对财产的执着，通过体会"一切外界现象均无实体存在"的道理就可以消除此种执着；第五，由于生命向外界环境的摄取，这就有了种种资生工具，从物质的供给一直到男侍女婢的奉承都在"资生工具"之列，于是引起对财产、家资、家庭地位的执着，由于世俗生活的成功，还更可引发内心中的自得、自足感，通过体会"身内身外一切事物都没有绝对的存在价值""世俗生命从根本上来说是没有存在价值"等道理就可以消除此种执着；第六，对无穷大的宇宙之执着，通过体会"空间没有实体存在"这一道理就可以消除此种执着；第七，对修行生活中安宁安乐的精神境界之执着，通过体会"精神活动有生有灭、变动不居"这一道理就可以消除此种执着；第八，对种种教法中包含的理念、道理进行执着，通过体会"一切存在归根结底没有实体""一无所有的非存在自身也不存在""没有实体的生命现象之一切活动终归没有实体存在"以及"圆满安乐的生命实态排斥任何世俗存在性"等道理就可以消除这些执着；第九，由于对净化了的生命自由状态之认识，就产生对没有造作没有生灭变动的自由生命境界之执着，通过体会"没有造作没有生灭变动的自由生命境界本质上排斥任何世俗存在性"就可以消除此种执着；第十，为了消除各种错误的实体观念，在运思时就把注意力集中到能消除各种错误观念的"实体不存在"这一教法道理之上，于是又引起对"实体不存在"这一教法道理的执着，通过体会"实体不存在的这一观念也不存在"就可消除此种执着。

原典

世尊！除遣如是十种相时，除遣何等？从何等相而得解脱？

善男子！除遣三摩地所行影像相。从杂染缚相而得解脱，彼亦除遣。

善男子！当知就胜说如是空治如是相，非不一一治一切相。譬如无明非不能生乃至老死诸杂染法，就胜但说能生于行，由是诸行亲近缘故。此中道理当知亦尔。

尔时，慈氏菩萨复白佛说：世尊！此中何等空是总空性相①？若诸菩萨了知是已，无有失坏于空性相，离增上慢。

尔时，世尊叹慈氏菩萨曰：善哉！善哉！善男子！汝今乃能请问如来如是深义，令诸菩萨于空性相无有失坏。何以故？善男子！若诸菩萨于空性相有失坏者，便为失坏一切大乘。是故汝应谛听谛听，当为汝说总空性相。

善男子！若于依他起相及圆成实相中，一切品类杂

染清净遍计所执相毕竟远离性，及于此中都无所得，如
是名为于大乘中总空相性。

注释

①**总空性相**：从总体上来说，实体不存在这一学理
具有什么特征。

译文

弥勒菩萨又问：世尊！当修行人在努力消除以上所
列十种实体观念时，他究竟是在消除什么呢？他究竟从
什么样的实体观念中解脱出来而实现生命自由？

佛陀回答说：消除以上所列十种实体观念时，事实
上是在消除修行精神活动所变现的产物。修行人从束缚
生命、染污生命本性的实体观念中解脱出来，举凡能染
污生命、束缚生命的事物都在修行精神所清除之列。

善男子！有一个问题需要在此提醒，我说通过体会
某种"实体不存在"的道理来消除某种实体执着，这并
非是说对某种"实体不存在"的道理之领会不能同时消
除其他各种实体执着，只是说，体会一种"不存在"的
道理对于消除某一实体观念显得格外有力量而已。这正
好比我们在有关流转生命过程的学理中所碰到的情形一

样，举例说来，"对真理的愚昧无知"这一现象并非不能引发出"生命产生"乃至于"生命衰老死亡"等诸多流转环节，但是，"对真理的愚昧无知"对于引发出"各种生存行为"这一环节特别有力量，它是后者最接近的条件，所以我说由"对真理的愚昧无知"就引发出"各种生存行为"来。上述道理正与此类似。

当时弥勒菩萨又禀告佛陀说：世尊！您曾经在"般若"中阐述过各种各样的"实体不存在"的道理，那么，对于"实体不存在"这一道理，总体上说应说怎样把握呢？我觉得，如果修行人能透视"实体不存在"的深奥道理，那么他就绝不至于因此犯错误，不会因为他对这一道理的特别研究而在心理上滋生可怕的骄气，我看到许多研究"般若"教法的人最后都可悲地陷入此种境地。

当时佛陀赞叹弥勒菩萨说：好呀，这个问题提得太切中时弊了。善男子！你现在能向佛请教这样深奥的问题，你事实上已经完全领会了"无实体存在"的教法真谛，你的提问旨在帮助现在和未来的一切修行人，让他们不至因对"无实体存在"这一教法的误解而陷入更大的痛苦烦恼中。为什么这样说呢？善男子！我坦诚地告诉你们：如果菩萨对于"无实体存在"在学理上有错误，那也就把整个的成佛教法都给败坏了，因此你要一心静听，我现在就对以前的"般若"教法做一个总结，换句话说，我现在就将对各种"实体不存在"的道理之总体做一个概述。

善男子！如果在依据因缘条件流转的生命样态和圆满成就的存在实态这两类存在样态中，或者在这两类样态的诸多变形、诸多表现形式中，能够完全不执着意识处处计较处处虚构的实体观念，并且在不执着实体观念的同时，也根本不发生不执着实体的想法，这就是成佛教法对"实体不存在"的理念之根本理解。

原典

慈氏菩萨复白佛言：世尊！此奢摩他毗钵舍那能摄几种胜三摩地？

佛告慈氏菩萨曰：善男子！如我所说无量声闻、菩萨、如来，有无量种胜三摩地，当知一切皆此所摄。

世尊！此奢摩他毗钵舍那以何为因？

善男子！清净尸罗清净闻思所成正见，以为其因。

世尊！此奢摩他毗钵舍那以何为果？

善男子！善清净戒、清净心、善清净慧，以为其果。复次，善男子！一切声闻及如来等所有世间及出世间一切善法，当知皆是此奢摩他毗钵舍那所得之果。

世尊！此奢摩他毗钵舍那能作何业？

善男子！此能解脱二缚①为业，所谓相缚及粗重缚。

世尊！如佛所说五种系中，几是奢摩他障？几是毗钵舍那障？几是俱障？

善男子！顾恋身财是奢摩他障；于诸圣教不得随欲②是毗钵舍那障；乐相杂住，于少喜足，当知俱障。由第一故不能造修，由第二故所修加行不到究竟。

世尊！于五盖③中几是奢摩他障？几是毗钵舍那障？几是俱障？

善男子！掉举恶作是奢摩他障；惛沉、睡眠、疑是毗钵舍那障；贪欲、嗔恚，当知俱障。

世尊！齐何名得奢摩他道圆满清净？

善男子！乃至所有惛沉睡眠正善除遣，齐是名得奢摩他道圆满清净。

世尊！齐何名得毗钵舍那道圆满清净？

善男子！乃至所有掉举恶作正善除遣，齐是名得毗钵舍那道圆满清净。

注释

①二缚：两种系缚，即指下文的"相缚"和"粗重缚"，前者指认知活动中的实体观念，后者指实体观念的心理潜势力。二者都能束缚生命自由进化的本性，所以

被称作"缚"。

②**于诸圣教不得随欲**：奘译此句较难解，菩提流支的译文是"圣人所说一切善法得闻不喜"，意甚明朗。

③**五盖**：盖，覆护、障蔽之义，指五种障蔽心识的心理状态。这五盖是：（一）贪欲盖，指贪恋贪着于世俗享受；（二）嗔恚盖，指对不利于己不合于己的对象环境产生恨恶怨愤的情绪；（三）睡眠盖，指无知无觉，失去思维功能；（四）掉举恶作盖，指精神不能专注于对象及由之引起的后悔情绪；（五）疑盖，指没有决断抉择的能力，心灵常处于怀疑状态。

译文

弥勒菩萨又禀告佛陀说：世尊！您这里所说的两种修行精神之思维方法，包括心念相续的思维和观照思维，它们究竟能包容、涵盖哪些种类奇妙的精神锻炼活动呢？

佛陀告诉弥勒菩萨说：善男子！我曾经说过，无穷无尽的修行人，就有无穷无尽的精神锻炼方法，你应当懂得，我这里所谈的心念相续思维和观照思维，是揭示修行精神的基本思维结构，因此，它们能包容、涵盖、统摄其他任何精神锻炼方法，那无穷无尽、千奇百怪的修行方法无非修行精神基本结构的变形和表现形式。

弥勒又禀告佛陀说：世尊！您这里所说以心念相续思维和观照思维作为其表征的修行精神结构，究竟以什么作为产生它的条件呢？

佛陀说：善男子！如果一个人能够严格地遵守正确的生活方式，他在接受佛教教法之后又能勤勉不懈地进行研究和思考，这样引发出来的正确见识就是引发修行精神结构的重要条件。

弥勒菩萨又问：世尊！培养心念相续的思维方法和观照思维方法到底会产生什么样的结果呢？

佛陀说：善男子！消除了邪恶情绪的净化心识以及与真理相契合的智慧就是两种修行思维直接引发的结果。其次，一切修行人，包括要求放弃生命活动的修行人，以同情利济其他生命的修行人，追求最高觉悟的修行人，他们所获得的生命状态的美德和善行，诸如人格上的提高、人生事业的发达等等，这些也都是修行精神活动的产物。

弥勒菩萨又问：世尊！培养两种思维能力的修行方法，在其现实活动里究竟有什么功效呢？

佛陀说：善男子！我们可以这样说，具体的践修能把生命从两种沉重的束缚中解脱出来的活动，就是修行生活的功效。哪两种事物能束缚生命的自由进化能力呢？

其一是认知活动中的实体观念，其二是沉积在深层生命结构中的心理潜势力。

弥勒菩萨又禀告佛陀：世尊！您曾经说过，有五样事情能够拖累生命，使其不能自由从事于向上的发达和进化。您说的这五样事情，哪些能阻碍心念相续思维方法的培养？哪些能阻碍观照思维方法的培养？哪些能同时阻碍两种思维方法的培养呢？

佛陀回答说：善男子！顾恋身家性命、顾恋经济财产，这两样事对培养心念相续的思维极有妨害；在听到真理教法之后不能从心理上真诚地激发出欢喜愉悦的感受，这种情况对培养观照思维极有妨害；喜欢住在热闹的地方，或者是听到一点教法之后就心满意足了，这两种情况能同时妨碍践修两种思维方法。为什么呢？由于他喜欢人烟稠密、喧喧嚷嚷的闹市，他根本就不可能痛下决心要去改变自己的精神活动；由于他浅尝辄止，稍有所得，即很自足，他就不可能沿着净化生命的正确道路彻底地走下去。

弥勒菩萨又问：世尊！您曾经说过，有五种心理状态对修行人认识能力的开发极有妨害，它们把生命活动的心识本性给障蔽了。现在，我想知道，这五种心理状态，哪些能妨害践修心念相续的思维？哪些能妨害践修观照思维？哪些既能妨害践修前者，又能妨害践修后者呢?

　　佛陀回答说:善男子!精神在各种认识对象上晃来荡去,事后又对先前的作为不断地感到后悔,这种心理状态对于修行心念相续的思维很不利;精神处在昏昏沉沉的状态,或者干脆陷入无知无觉的睡眠之中,对一切道理抱着怀疑态度,从不肯承认有任何确定性的真理,这三种心理状态对修行观照思维很不利;对身家性命、财产、名誉等世俗事物的贪欲执着,对一切不利于己的事物抱着敌忾之心,这两种心理状态对修行两种思维均极不利。

　　弥勒菩萨又问:世尊!究竟到了什么程度,我们方可判断说修行人心念相续的思维能力已经极为完善了?

　　佛陀回答说:善男子!如果一个修行人能把昏沉睡眠的精神状态从他的日常生活中彻底地排除掉,这就说明他心念相续的思维能力已经极为完善了!

　　弥勒又问:那么,究竟到了什么程度,我们方可判断说修行人的观照思维能力已经非常完善了?

　　佛陀回答说:善男子!如果一个修行人能把精神游离于认识对象及事后后悔的心理状态从他的日常生活中排除掉,那就说明他观照思维的能力已经非常完善了。

原典

世尊！若诸菩萨于奢摩他毗钵舍那现在前时，应知几种心散动法？

善男子！应知五种：一者作意散动，二者外心散动，三者内心散动，四者相散动，五者粗重散动。

善男子！若诸菩萨舍于大乘相应作意，堕在声闻独觉相应诸作意中，当知是名作意散动；若于其外五种妙欲诸杂乱相，所有寻思随烦恼中，及于其外所缘境中，纵心流散，当知是名外心散动；若由惛沉及以睡眠，或由沉没或由爱味三摩钵底，或由随一三摩钵底诸随烦恼之所染污，当知是名内心散动；若依外相，于内等持所行诸相，作意思维名相散动；若内作意为缘，生起所有诸受，由粗重身计我起慢，当知是名粗重散动。

世尊！此奢摩他毗钵舍那从初菩萨地乃至如来地，能对治何障？

善男子！此奢摩他毗钵舍那，于初地中对治恶趣烦恼业生杂染障；第二地中对治微细误犯现行障；第三地中对治欲贪障；第四地中对治定爱^①及法爱^②障；第五地中对治生死涅槃一向背趣障；第六地中对治相多现行障；第七地中对治细相现行障；第八地中对治于无相作功用，及于有相不得自在障；第九地中对治于一切种善巧言辞不得自在障；第十地中对治不得圆满法身证得障。

善男子！此奢摩他毗钵舍那，于如来地对治极微细、最极微细烦恼障及所知障，由能永害如是障故，究竟证得无着无碍一切智见，依于所作成满所缘，建立最极清净法身。

注释

①**定爱**：对于安宁安乐的精神感受之执着和偏爱。
②**法爱**：对教法的执着和贪恋。

译文

弥勒菩萨又问：世尊！如果一个菩萨致力于培养修行精神结构，已经能现实地控制自己的修行状态，这时他要特别提防哪几种错误的运思方式？

佛陀回答说：此时修行人要特别注意五种错误的运思，它们都能诱导心识，破坏刚刚创获的修行精神结构。第一种叫作错误的意念走向，第二种叫作错误的外境追逐，第三种叫作错误的内心贪恋，第四种叫作错误的客体观念之执着，第五种叫作错误的主体观念之执着。

善男子！如果一个修行人在精神改变即将成功之际，突然放弃了先前誓愿成佛的广大志向，用"放弃生命活动"的要求代替了"追求圆满觉悟"的初衷，这就叫作错误的意念走向；如果一个修行人突然对美色、柔音、异香、奇味、妙触这五类极富诱惑力的外界事物产生浓烈兴趣，由自己的生存欲望为主干，携带种种伴随着的心理情绪，肆无忌惮地向外境扑去，这就叫作错误的外境追逐；如果一个修行人一心一意地投入到那种一切思维活动不再发生的精神感受里，牢牢守着这一似睡非睡的境界，或者他的精神更被此一状态中的邪恶情绪所染污了，以上这种运思就叫作错误的内心贪恋；如果修行人在培植新思维即将成功之际，却把修行精神所变现的认识对象当作外部实体来思考，这就是错误的客体观念之执着；如果修行人把自己的运思方向指向身体内部，他会对自己修行状态下的身体产生出极为真切的感受，根据内在的真切感受，他就在身体内部追求主宰性的自我，并由此激发骄慢之气，这就是错误的主体观念之执着。

弥勒菩萨又禀告佛陀说：世尊！根据我的理解，培育心念相续的思维和观照思维，这项工作是贯穿在修行人的整个修行活动过程中的。那么从菩萨初次迈入菩萨修行阶位一直到成就最高觉悟为止，在修行生活的每一级别、每一阶位上，精神改变活动特别着眼于消除何种身心障碍呢？

佛陀回答说：善男子！精神改变活动在菩萨修行的初地，主要对治邪恶情绪、生命行为、生存活动等染污生命本性的事物的现实作用，诸种染污生命本性的事物之现实作用能将生命引导到更痛苦、更无希望的生存状态；在菩萨修行的二地，精神改变活动主要对治邪恶情绪极其细微的失控状态，邪恶情绪失控后的任何细微作用都将对生命的净化带来不利的影响；在菩萨修行的三地，精神改变活动主要着力消除对教法的贪着心情，这种贪着情绪会妨害修行人对教法真谛的理解；在菩萨修行的四地，精神改变活动主要着力消除对修行境界的贪恋，修行人往往走不出内在感受的玄妙迷障；在菩萨修行的五地，精神改变活动致力于消除那种一向害怕生死流转，一向欣羡圆满安宁的心理，修行人的这种心理将引发错误的运思方式；在菩萨修行的六地，精神改变活动着力改变主观意向的心理提示作用，在修行人的持续努力中，此种主观意向的提示作用十分重要，但"提示"不断外化为心理上的现实活动，自然就成了认识上的障碍；在菩萨修行的七地，精神改变活动主要着眼于消除主观意向极为隐蔽的"提示"作用，只有当一切提示作用不再存在时，修行人的生命活动方与真理融成一片；在菩萨修行的八地，精神改变活动全力以赴地致力于开发生命中的巨大能量；在菩萨修行的九地，精神改变活动致力于消除语言障碍，开发出与真理相应的语言功能；在菩萨修行的第十地，精神改变活动致力于扩大生命的深度和广度，使自由和真理能在生命中完完全全地实现出来。

善男子！精神改变活动在成佛的阶位上，主要致力于消除那些最细微的心理障碍和知识障碍，由于彻底消除了以自我主体的实体化执着为中心的心理障碍，生命就达到自由、安乐，由于彻底消除了以对对象客体的实体化执着为中心的知识障碍，真理就能在一切存在上圆满地获得昭示，依据最圆满的智慧与充分实现的真理，这就把存在的本性及生命的本性真实地开展出来了。

原典

慈氏菩萨复白佛言：世尊！云何菩萨依奢摩他毗钵舍那勤修行故，证得阿耨多罗三藐三菩提？

佛告慈氏菩萨曰：善男子！若诸菩萨已得奢摩他毗钵舍那，依七真如，于如所闻所思法中，由胜定心，于善审定，于善思量，于善安立，真如性中内正思维；彼于真如正思维故，心于一切细相现行尚能弃舍，何况粗相？

善男子！言细相者，谓心所执受相，或领纳相，或了别相，或杂染清净相；或内相，或外相，或内外相，或谓我当修行一切利有情相，或正智相，或真如相，或苦集灭道相，或有为相，或无为相，或有常相，或无常相，或苦有变异性相，或苦无变异性相，或有为异相相，或有为同相相，或知一切是一切已有一切相，或补特伽罗无我相，或法无我相。于彼现行心能弃舍，彼既多住如是行故，于时时间从其一切系盖散动善修治心。从是已后，于七真如有七各别自内所证通达智生，名为见道。由得此故，名入菩萨正性离生，生如来家，证得初地，又能受用此地胜德。彼于先时由得奢摩他毗钵舍那故，已得二种所缘，谓有分别影像所缘及无分别影像所缘。彼于今时得见道故，更证得事边际所缘。复于后后一切地中，进修修道，即于如是三种所缘作意思维。

譬如有人以其细楔出于粗楔，如是菩萨依此以楔出楔方便遣内相故，一切随顺杂染分相皆悉除遣，相除遣故，粗重亦遣。永害一切相粗重故，渐次于彼后后地中，如炼金法陶炼其心，乃至证得阿耨多罗三藐三菩提，又得所作成满所缘。善男子！如是，菩萨于内止观正修行故，证得阿耨多罗三藐三菩提。

译文

弥勒菩萨又禀告佛陀说：世尊！菩萨是怎样通过培

养修行精神结构，勤勉地改变着自己的精神活动，以致最后亲身实现了最高最圆满的觉悟？

佛陀告诉弥勒菩萨说：善男子！现实修行生活的具体展开过程是这样的：当菩萨们已经对修行精神结构的要领有所体会后，他就运用奇妙的认识方式对自己所接受所思考的有关存在真实本性的七种道理，进行反复观察、反复研究，在与真理相应的思维方式里深入思考着存在的真实本性；由于他们对对象的认识是根据存在之本性而来，所以在他们的认知活动里能舍弃微细实体观念的任何现实作用，连微细的实体观念都舍弃掉了，更何况那些粗显的实体执着呢？

善男子！让我们在此稍稍仔细地讨论一下。那所谓的"微细实体观念"是多种多样的，修行人愈是深切地改变着自己的思维结构，也就愈能逼真地体会到它们的纠缠。举例说来，有心识对对象的执取、对对象的感受、对对象的分析判断，心识或染污或净化的活动等，每一种精神活动每一种生命动作里都有实体观念掺杂于其间；有关于内部主体的观念，有关于外部客体的观念，有时候这两种观念又混杂在一起发挥作用，有执着于利济其他生命的观念，有执着于正确知识的观念，有执着于存在本性的观念，有执着于四种真理的观念，有执着于生命现象生灭造作、变动不居的观念，有执着于生命现象无生灭无造作的观念，有执着于事物常住不动的观念，有执着于事物刹那变迁的观念，有执着于生命现象痛苦烦恼的观念，有执着于一切烦恼痛苦均不存在的观念，有执着于生命形态种类差别的观念，有执着于贯穿种类差别的共性之观念，有执着于语言称谓背后实体存在的观念，有执着于生命活动主宰实体不存在的观念，有执着一切存在现象中主宰实体不存在的观念等，针对教法道理的每一理解里，也都有实体观念介入于其间。

以上诸种细密繁杂的实体执着之现实活动均能被修行中的心识活动所摒弃，心识既然恒常地处在此一自我改变的修行过程中，在修行活动的每时每刻，修行人就能针对着束缚生命自由的事物、覆盖生命本性的事物以及引诱精神错误运思的事物，有目的地、有意识地强化着克服这些邪恶事物的方法。

在此之后，修行人对有关七种存在本性的道理，就分别产生出亲切体认它们的奇妙智慧，到此地步，就可以说，修行人已经"看见"存在的真实本性了。他此时不必再运用知性、理性去推测存在本性是什么，他直接地现实地认识到了存在之本性。由于创获亲切体认存在本性的奇妙智慧，就可以说修行人已经步入舍弃世俗生命形式的正确道路，已经进入真理的家园，这就为修行人赢得菩萨修行中的第一地。再者，修行人在"看见"

存在本性以前，已经可以对两种思维对象进行认知，即有分析判断地作为认知精神活动之产物的思维对象和无分析判断地作为认知精神活动之产物的思维对象。现在，修行人既已能现实地"看见"真理，他在认知功能上自然会发生巨大的飞跃，现在，作为修行人思维对象的东西，就在前两样事物上添加上存在各方面的属性和特性。此后，修行人在逐级升高的修行阶位上更加勤奋地修学实践，他把自己精神功能的方向集中到前面述及的三种对象上，愈来愈真切地迫近对象。

这种情形就好比铆工在日常生活中所体会的，铆工为了把粗钉子从物体中敲打出来，往往要巧妙地利用细钉子，菩萨们为了驱逐实体观念的种种执着，就把所有认知对象都体会是精神活动之产物，这样一来，对精神生活、精神生命构成严重染污的实体观念就被完全排除掉了，由于排除了实体观念的现实作用，染污生命本性的心理潜势力也最终得以放弃。

菩萨在修行阶位上一步比一步加功用力，这情形就跟淘金一样，淘金者要不断淘炼金块，排除其杂质，方能得到纯金，菩萨由于对实体观念及实体观念的心理潜势力进行反复破斥、反复排除，他最后就能净化心识，获得全面净化了的精神结构。与此同时，修行人就能把圆满显现的存在实态作为自己的认识对象。就这样，菩萨在把一切事物收归心识活动的精神修行过程中，亲身开发出最高最圆满的觉悟之心。

原典

慈氏菩萨复白佛言：世尊！云何修行引发菩萨广大威德？

善男子！若诸菩萨善知六处，便能引发菩萨所有广大威德。一者善知心生，二者善知心住①，三者善知心出，四者善知心增，五者善知心减，六者善知方便。

云何善知心生？谓如实知十六行心生起差别，是名善知心生。十六行心生起差别者：

一者不可觉知坚住器识②生，谓阿陀那识；二者种种行相所缘识③生，谓顿取一切色等境界分别意识，及顿取内外境界觉受，或顿于一念瞬息须臾现入多定、见多佛土、见多如来分别意识；三者小相所缘识生，谓欲界系识；四者大相所缘识生，谓色界系识；五者无量相所缘识生，谓空识无边处系识；六者微细相所缘识生，谓无所有处系识；七者边际相所缘识生，谓非想非非想处系识；八者无相识生，谓出世识及缘灭识；九者苦俱行识生，谓地狱识；十者杂受俱行识生，谓欲行识；十一喜俱行识生，谓初二静虑识；十二乐俱行识生，谓第三静虑识；十三不苦不乐俱行识生，谓从第四静虑乃至非想非非想处识；十四染污俱行识生，谓诸烦恼及随烦恼相应识；十五善俱行识生，谓信等相应识；十六无记俱行识生，谓彼俱不相应识。

云何善知心住？谓如实知了别真如。

云何善知心出？谓如实知出二种缚，所谓相缚及粗重缚，此能善知，应令其心从如是出。

云何善知心增？谓如实知能治相缚粗重缚心，彼增长时彼积集时，亦得增长亦得积集，名善知增。

云何善知心减？谓如实知彼所对治相，及粗重所杂染心，彼衰退时彼损减时，此亦衰退此亦损减，名善知减。

云何善知方便？谓如实知解脱、胜处，及与遍处，或修或遣。善男子！如是菩萨于诸菩萨广大威德，或已引发，或当引发，或现引发。

注释

①心住：认识与对象间的关系。

②不可觉知坚住器识：遁伦释为："不可觉知者，赖耶行相难知，坚住相续名坚住；器识生者，能变能缘外器世界。"这是从三个方面来质定深层心识的特征：其

一，深层心识的作用方式，尤其是它感知外境的方式，极其微细深密，因此人们在日常生活中很难觉察到它的存在；其二，深层心识的感知活动虽然具有心识活动刹那流变的共性，但它在流变之中又保持自身的相续和绵延，它是自身同一的心识，看上去好像是常住不变动似的；第三，深层心识的活动内容是"缘外器世界"，它把整个山河大地变现出来作为知觉对象，以便前六识在其基础上进一步构造出一个一个的可感事物来。

③种种行相所缘识：犹言"种种行相、种种所缘识"。种种行相，指其认识方式多种多样；种种所缘，指其了别的对象多种多样。这里指第六意识。

译文

弥勒菩萨又禀告佛陀说：世尊！修行人应当怎样引发出菩萨利济群生的巨大威德呢？

佛陀回答说：善男子！如果修行人善于观察精神活动六个方面的表现，他就一定能够引发出利济群生的巨大威德来。第一，他要如实观察各种各样的心识是怎样产生的；第二，他要如实观察心识与对象间的关系；第三，他要如实观察心识是怎样从束缚和染污中解脱出来的；第四，他要如实观察心识功能强化的情况；第五，他要如实观察心识功能弱化的情况；第六，他要如实观察心识作用厌弃流转、欣羡真理的自由品性。

所谓要如实观察心识作用产生时的情况，即要求修行人透彻了解十六种流转变动的心识作用在生起时的差别状况。

具体说来，第一个是被称作"阿陀那"的深层心识，它的感知功能极其细微、不易了解，它的内容时时刻刻都在变迁着，但在流转生灭中心识作用又维持着生命活动的自身同一性；此外，总地来说，深层心识把作为生命依据的自然界当作自己的感受对象。第二个是以种种事物作为对象的第六意识，它既可指能把物质、精神各个方面事物作为自己认识对象的有分析判断的第六意识；又可指能够伴随一切感觉活动，能够感受身心内外刺激的第六意识；还可以指在修行过程中获得了提高的第六意识，这个意识能够在极短时间内把无穷无尽的内容放进自己的认知框架中，例如，它可以在一刹那间进入好几种静中思维状态，也可以同时看见许多佛国世界，还可以同时看见在那些佛国世界中许多大修行正在不同地点所从事的利群济生的庄严事业，等等。第三个是指只能以少量事物少量内容作为自己认知对象的心识，这指的是系缚于欲念生命生存状况中的心识。第四个是能以大量事物大量内容作为自己认知对象的心识，这指的是没有欲念而有身体的那一生命状态中的心识。第五个是以无穷无尽的事物或内容作为认知对象的心识，这是在"无边的虚空""无边的思维"这两种生存状况中的心识。第六个是以极为微细的观念作为自己认知对象的心识，这指的是在"物质和思维似乎都不存在了"这一生存状况中的心识。第七个是住在三重世俗世界最边际的那一类生命的心识，即指处在"既没有思想活动，又并非没有思想活动"这一生存状况中的心识。第八个是没有实体观念的心识，这既指超越于流转生命之上的真正生命之心识，也指把认知对象融合到精神活动中来的心识状况。第九个是与痛苦烦恼相伴而生的心识，这是指处在"地狱"这一生存状况中的生命之心识。第十个是指可伴有各种感受活动的心识，这指的是欲念生命的心识状况。第十一个是指伴随着喜悦感受的心识，这是指在心念相续的修行状况中处于第一、第二个层次上的心识状况。第十二个是指伴随着快乐感受的心识，这是指在心念相续的思维状况中处于第三层次上的心识状况。第十三个是伴随着不苦不乐感受活动的心识，这是指在心念相续的思维状况中处于第四至第八五个修行层次上的心识状况。第十四个是与染污相伴而生的心识，这是指处在生灭流转、痛苦烦恼这一世俗生命状况中的心识。第十五个是与良善心理情绪相伴而生的心识，这里所谓的良善情绪，指无贪欲、无恨恶、无愚昧、信念佛法等，这是指正处在修行生活中的心识状况。第十六个是既不与良善情绪相伴，又不与邪恶情绪相伴的心识，人们在世俗生活中常常能经验到那种"非善非恶"的心识状况。

所谓善于观察认识活动与对象之间的关系，就是说要善于理解认识活动过程的真实本性，也就是要把一切现象领会为是精神活动的产物。

所谓善于观察心识从束缚中摆脱出来的情况，也即指正确地了解什么是束缚生命自由本性的事物，如果了解了实体观念及其心理潜势力的存在，那么就必然能通过修行活动把生命从这两重系缚中解放出来。

所谓善于观察心识作用功能强化的情况，就是说能如实了解那些能对治两重系缚力量的精神结构，当实体执着及其潜势力的影响增强时，精神结构功能也会相应地得到强化。

所谓善于观察心识功能弱化的情况，就是能如实了解在什么样的情况下精神结构的功能会弱化，修行人在践修过程中经常体会到，一旦实体执着及其潜势力的影响减弱时，修行精神功能的对治作用也会相应地弱化下来。

所谓观察心识作用的自由品性，也即是了解什么是精神期求摆脱的，什么是精神希望达成的，修行人在其精神生活中无不深深体会到：精神生命深切厌恶于痛苦烦恼，深切欣慕着自由安乐。这就是心识本质上的自由品性，我们几乎可以说，此种心识自由品性才是生命转化、进化和净化的真正基础。

原典

慈氏菩萨复白佛言：世尊！如世尊说，于无余依涅槃界中，一切诸受无余永灭。何等诸受于此永灭？

善男子！以要言之，有二种受无余永灭。何等为二？一者所依粗重受[①]，二者彼果境界受[②]。

所依粗重受当知有四种：一者有色所依受，二者无色所依受，三者果已成满粗重受，四者果未成满粗重受。果已成满受者，谓现在受；果未成满受者，谓未来因受。

彼果境界受，亦有四种：一者依持受，二者资具受，三者受用受，四者顾恋受。

于有余依涅槃界中，果未成满受一切已灭；领彼对治，明触生受[③]，领受共有[④]，或复彼果已成满受。又二种受一切已灭，唯现领受明触生受，于无余依涅槃界中，般涅槃时此亦永灭。是故说言，于无余依涅槃界中，一切诸受无余永灭。

尔时，世尊说是语已，复告慈氏菩萨曰：善哉善哉！善男子！汝今善能依止圆满最极清净妙瑜伽道，请问如来。汝于瑜伽已得决定最极善巧，吾已为汝宣说圆满最极清净妙瑜伽道。所有一切过去未来正等觉者，已说当说皆亦如是。诸善男子若善女人！皆应依此勇猛精进，当正修学。

尔时，世尊欲重宣此义，而说颂曰：

> 于法假立瑜伽中，若行放逸失大义，
> 依止此法及瑜伽，若正修行得大觉。
> 见有所得求免离，若谓此见为得法，
> 慈氏彼去瑜伽远，譬如大地与虚空。
> 利生坚固而不作，悟已勤修利有情，
> 智者作此穷劫量，便得最上离染喜。
> 若人为欲而说法，彼名舍欲还取欲，
> 愚痴得法无价宝，反更游行而乞丐。
> 于诤喧杂戏论着，应舍发起上精进，
> 为度诸天及世间，于此瑜伽汝当学。

尔时，慈氏菩萨复白佛言：世尊！于是解深密法门中，当何名此教？我当云何奉持？

佛告慈氏菩萨曰：善男子！此名瑜伽了义之教，于此瑜伽了义之教汝当奉持。

说此瑜伽了义教时，于大会中，有六百千众生发阿耨多罗三藐三菩提心；三百千声闻远尘离垢，于诸法中得法眼净；一百五十千声闻诸漏永尽，心得解脱；七十五千菩萨获得广大瑜伽作意。

注释

①**所依粗重受**：根据身体内感觉器官而来的感受活动。

②**彼果境界受**：根据外部感知对象而来的感受活动。

③**明触生受**：智慧与自然界相接触，产生出与智慧相伴的感受活动。

④**领受共有**：即对自然界的感受活动。

译文

弥勒菩萨又禀告佛陀说：世尊！您曾经说过，在一切邪恶情绪悉已消除，不再退入流转过程的自由生命里，一切感受活动就永远消除了。世尊，您这里指的是哪些种类的感受活动呢？

佛陀告诉弥勒菩萨说：善男子！概略言之，在净化生命的绝对自由状态里，有两种感受活动被永远消除了。其一是根据身体内感觉器官而来的感受活动，其二是根据外部感觉对象而来的感受活动。

根据身体内感觉器官而来的感受活动又有以下几个类型：一是根据眼、耳、鼻、舌、身这五样官能而来的感受，二是根据认知功能而来的感受，三是指现实生命中引发的各种感受，四是指现实生命行为将来会在未来生命周期中引发的感受。

根据外部感知对象而来的感受活动也可以分成四个类型：一是指对自然界的感受活动，二是指对资生事物的感受活动，三是指把自然界和资生事物摄取过来为己所用的感受活动，四是指在摄取一切环境、事物、对象后进一步贪着于它们的感受活动。

在已经消除邪恶情绪的现实作用，尚未彻底征服心理上的烦恼潜势力，生命已达到相对自由的境界里，未来的感受活动即已消除掉了；由于此时已获得与真理相应的智慧，智慧与外部对象一接触，即会有感受活动发生，它可以包括对自然界的感受，也可以包括对现实生命的感受等。也可以换个说法，在生命达到相对自由的境界里，依据感觉功能、依据外部对象而引发的所有感受活动都已经消除掉了，只剩下对认知对象的直接感受，这个直接感受是与智慧交融在一起的。当生命由相对自由向绝对自由跃进时，这个"与智慧相应的直接感受"功能也将予以消除。所以我说,在绝对自由的生命状态里就没有任何感受活动了。

当时,佛陀又赞叹弥勒菩萨说:好啊,太好了!善男子!你现在已能皈依于最圆满的净化教法,你今日的一切提问都集中在净化精神这个主题上。你对"净化生命"的原则已能透彻理解,你对"净化生命"的方法细则也已完全掌握。过去、现在和未来,觉者们已经陈说的、正在陈说的、将来要陈说的道理,都已经在这里了。诸善男子、善女人!你们都应该根据这一净化精神结构的方法勇敢地去投入修行实践。精神改变之路是漫长、曲折的,精神改变的事业是庄严、绚烂的,但是一切修行人都要切切注意,从你们步入修行生活的第一天起,你们就必须以理性和智慧抉择出正确的修行方法。

当时,佛陀想把以上教法的大意用简略的语言概括出来,以便于听众记忆和掌握,就说了下面这些偈颂。他说:

在假借语言概念成立的净化教法中,如果精神活动不能自我调控、自我改变,那就破坏了一切的修行道理;如果依据这一圆满教法,遵循它的净化之路,如果他能正确地展开修行,那么他将会获得最高的觉悟。

有些修行人执着于教法中的某些观念,他把这些观念看成是真理,说:我已经掌握真理了。这些人一叶障目，不见森林，弥勒说他们与真理相差得还太遥远，就像大地与天空相隔何啻千里万里！

世上有些事情能给身家性命带来好处，但为了真理则必须断然抛弃它们；智慧人在无穷无尽的生命绵延里净化着自己，他最终将摆脱一切染污，才能得到圆满的安宁和喜乐的收获。

如果一个人在陈说真理和接受真理时掺杂着世俗的欲念，那他将永远成为欲念的奴隶！愚钝的人虽然也有机会接触真理教法，但他不懂得净化自己的生命，开拓内在的德性，他仍然贫穷得像四处流浪的乞丐。

应当放弃各种学理的偏见，应当生起发达进化的志愿，为了救济沦没于苦难中的生命，你应当沿着净化道路去好好修学！

当时，弥勒菩萨又禀告佛陀说：世尊！在您这部解析深奥意蕴的教法中，应当如何称呼以上教法呢？我们应当怎样去保护它、奉行它？

佛陀告诉弥勒菩萨说：善男子！以上教法可以称作"最圆满的净化教法"，你应当根据教法的指导，勤勉不懈地去改变自己的精神结构，以净化方法来净化自己，这就是对"净化教法"最好的奉行和保护。

佛陀在陈说"圆满净化教法"时，与会大众中有六十万众生激发了最高最圆满的觉悟之心；有三十万要求放弃一切生命活动的修行人消除了邪恶情绪的现实作用，并获得直接体认存在本性的认识能力；有十五万要求解除生命活动的修行人彻底消除了生命深层的邪恶势力，达到自由安乐状态；有七万五千个菩萨引发出以净化教法改变精神结构的巨大决心。

7 菩萨净化生命的修行阶位

原典

地波罗蜜多品第七

尔时，观自在菩萨白佛言：世尊！如佛所说菩萨十地，所谓极喜地、离垢地①、发光地、焰慧地②、极难胜地③、现前地④、远行地⑤、不动地⑥、善慧地⑦、法云地⑧，复说佛地⑨为第十一。如是诸地几种清净？几分所摄？

尔时，世尊告观自在菩萨曰：善男子！当知诸地四种清净⑩，十一分摄。云何名为四种清净能摄诸地？谓增上意乐清净摄于初地；增上戒清净摄第二地；增上心清净摄第三地；增上慧清净于后后地，转胜妙故，当知能摄从第四地乃至佛地。善男子！当知如是四种清净普摄诸地。

云何名为十一种分能摄诸地？谓诸菩萨先于胜解行地⑪依十法行⑫极善修习胜解忍故，超过彼地证入菩萨正性离生；彼诸菩萨由是因缘此分圆满，而未能于微细毁犯误现行中，正知而行，由是因缘于此分中犹未圆满，为令此分得圆满故，精勤修习便能证得；彼诸菩萨由是因缘此分圆满，而未能得世间圆满等持、等至⑬及圆满闻持陀罗尼⑭，由是因缘于此分中犹未圆满，为令此分得圆满故，精勤修习便能证得；彼诸菩萨由是因缘此分圆满，而未能令随所获得菩提分法多修习住，心未能舍诸等至爱及与法爱，由是因缘于此分中犹未圆满，为令此分得圆满故，精勤修习便能证得；彼诸菩萨由是因缘此分圆满，而未能于诸谛道理如实观察，又未能生死涅槃弃舍一向背趣作意，又未能修方便所摄菩提分法，由是因缘于此分中犹未圆满，为令此分得圆满故，精勤修习便能证得；彼诸菩萨由是因缘此分圆满，而未能于生死流转如实观察，又由于彼多生厌故，未能多住无相作意，由是因缘于此分中犹未圆满，为令此分得圆满故，精勤修习便能证得；彼诸菩萨由是因缘此分圆满，而未能令无相作意无缺无间⑮多修习住，由是因缘于此分中犹未圆满，为令此分得圆满故，精勤修习便能证得；彼诸菩萨由是因缘此分圆满，而未能于无相住中舍离功用，又未能得于相自在，由是因缘于此分中犹未圆满，为令此分得圆满故，精勤修习便能证得；彼诸菩萨由是因缘此分圆满，而未能于异名众相训词差别一切品类，宣说法中得大自在，由是因缘，于此分中犹未圆满，为令此分得圆满故，精勤修习便能证得；彼诸菩萨由是因缘此分圆满，而未能得圆满法身现前证受，由是因缘于此分中犹未圆满，为令此分得圆满故，精勤修习便能证得；彼诸菩萨由是因缘此分圆满，而未能得遍于一切所知境界无着无碍妙智妙见，由是因缘于此分中犹未圆满，为令此分得圆满故，精勤修习便能证得。由是因缘此分圆满，此分满故于一切分皆得圆满。善男子！当知如是十一种分普摄诸地。

注释

①**离垢地：**菩萨十地中的第二地，在此阶位，菩萨已能完全自觉地控制自己的精神活动，思想和行为不会再出现无意的过失，可译为"摆脱非自觉调控状态的阶位"，也可直接译为"摆脱污垢的阶位"。

②**焰慧地：**菩萨十地中的第四地，在此阶位菩萨以智慧焚烧一切发生现实作用的邪恶情绪，所以可译作"焚

烧一切邪恶情绪的阶位"。

③**极难胜地**：菩萨十地中的第五地，在此阶位菩萨一方面要坚持对存在本性的认识，一方面又要极力观察事物各方面的特性，把对存在本性的认识同对存在现象的认识相互贯通、调和、融合起来，这在修行生活中是极为困难极其艰巨的任务，所以说这个阶位是"极难胜地"，意译为"把对真理的认识与对事物特殊性的认识相互融合起来的阶位"。

④**现前地**：菩萨十地中的第六地，在此阶位菩萨观察事物特殊性的智慧得到加强，能直接静观生命流转变动的真实过程，因此可译为"直接观察生命流转过程的阶位"。

⑤**远行地**：菩萨十地中的第七地，在此阶位菩萨对存在真实本性的认识不再被对现象的认识所打扰、所动摇，真理已可在精神生活中念念相续，因此译为"真理念念相续不再间断的阶位"。

⑥**不动地**：菩萨十地中的第八地，在此阶位菩萨已不必运用自己的意志力量、观念暗示来保守真理，任何现实的生命活动也都不再影响真理，真理在生命的任何现实活动中也都不会遭受染污，所以此地叫作"不动地"，意译为"任何现实生命活动不再触动生命本性的阶位"。

⑦**善慧地**：菩萨十地中的第九地，在此阶位菩萨已克服语言障碍，任何真理的表述系统都能得到透彻的理解，同时，菩萨还获得珍贵的语言能力，能恰如其分地把真理陈说出来，意译为"对于真理与语言之间的关系能够透彻理解的阶地"。

⑧**法云地**：菩萨十地中的第十地，在此阶位菩萨开发出了生命中的巨大功业和智慧，如大云普覆地面，智慧和功业也普覆一切众生，意译为"获得巨大功业智慧的阶位"。

⑨**佛地**：成佛的阶位，此地以体证"真正生命"为其特征。

⑩**清净**：即净化之义。

⑪**胜解行地**：菩萨跃入菩萨地前的修行阶段，在这一阶段，修行人以研究教法所得的正确观念来指导、调节行、住、坐、卧等一切日常活动，解行相应，为引发与真理相应的超越智慧打下了基础。

⑫**十法行**：指菩萨在"胜解行地"的修行内容，"十法行"意即"与教法相应的十种修行行为"，这十种行为是：（一）书写经典，广为流通；（二）供养经典，如佛塔庙；（三）把所听到的教法向他人辗转解说；（四）别人讲授经典时恭敬往听；（五）披阅经典，经常温习；（六）忆持教法，记而不失；（七）开演正法，利乐有情；

（八）讽诵教法，让人听而起敬；（九）反复研究，思考教法中的义理；（十）修学教法，永不止息。

⑬**等持、等至：**禅定学术语，此仅取其大意，译为"静中思维的功夫"。

⑭**闻持陀罗尼：**即记忆不失的能力。

⑮**无缺无间：**无缺失、无间断，指精神结构已得到全面的净化，精神生活已能与真理念念相续。

译文

当时，观自在菩萨禀告佛陀说：世尊！您曾经说过菩萨净化生命的十个修行阶位。这十个阶位按次序是极大欢喜的阶位、摆脱非自觉调控的阶位、智慧生起的阶位、焚烧一切烦恼的阶位、把对真理的认识与对事物个别特性的认识调和起来的阶位、直接观察生命流转状态的阶位、真理念念相续不再间断的阶位、任何现实的生命活动不再触动的阶位、彻底透破语言障碍的阶位、获得广大智慧和功业的阶位，最后，您又说过，菩萨净化生命的第十一个修行阶位即成佛的阶位。世尊！我现在想知道，以上这些修行阶位共讲了几种净化？十一个阶位所表征的修行过程里，又包括哪些方面的修行内容呢？

当时佛陀告诉观自在菩萨说：善男子！你应当知道，十一个修行阶位中共包括了四种净化和十一个方面的净化、修行内容，也就是说，这四种净化和十一个方面的净化内容可以概括菩萨修行生活的内容和实质。为什么说四种净化能概括修行阶位的特质呢？具体说来，一种净化了的超然愉悦能够概括第一阶位的特质；一种净化了的意志调控能力可以概括第二阶位的特质；一种净化了的认识功能可以概括第三阶位的特质；一种净化了的与真理相应的智慧从第四阶位开始，愈向修行生活的高层次迈进，愈能得到更深更广的开发，所以它能概括从第四阶位一直到成佛阶位的修行特质。善男子！以上就是用四种净化概括修行生活的具体意思。

　　从十一个方面来概括修行内容，这句话又是什么意思呢？详细情况是这样的：菩萨在跃入菩萨阶位之前的修行过程中，他依靠书写经典、诵读经典等十条途径勤勉地修学着教法，这样久而久之之后，就会获得与真理相契符的确定性的观念、见解，这就使修行人超出了漫长的准备阶段，而进入菩萨阶位的第一个层次；根据这一原因，修行生活这一方面内容得到了满足，但是菩萨还不能自觉调节精神活动中出现的偶然失控状态，他还不能完全避免心理潜势力偶现的作用，根据这一原因，菩萨修行的这一方面内容就未能满足，为了使这一方面得到满足，他要勤勉不懈地继续努力，最后他就能自觉控制精神生活的一切现实作用；菩萨修行的这一方面内容虽然满足了，但他静中思维的能力还不发达，也还没有记忆不忘的本领，因此他还需要勤勉不懈地继续努力，最后他就能获得圆满的静中思维能力和记忆能力；菩萨修行的这一方面内容虽已得到满足，但他还不能对"四种真理"表述的存在道理进行直接的静观，他只是贪恋于自己的内心感受，无法从自己的精神幻觉里走出来，因此他还需要勤勉不懈地继续努力，最后他就能突破精神幻觉，而对存在各方面的本性做直接的静观；菩萨修行的这一方面内容虽已得到满足，但他还不能摆脱一向厌恶生死流转，一向眷恋宁静安乐的心理，因此他还需要勤勉不懈地继续努力，最后他就能摆脱那种不正确的心理倾向；菩萨修行的这一方面内容虽已得到满足，但他还没有直接静观流转变动的生命过程之认识能力，又因为他对于生命抱着厌恶的态度，所以他未能如实领会生命过程其实没有主宰实体的道理，未能把握到生命过程即是存在本性的昭示，因此他还需要勤勉不懈地继续努力，最后他就能如实静观到流转生命的真正本性；菩萨修行的这一方面内容虽已得到满足，但他还不能使真理在自己的观念中不间断地发挥作用，因此他还需要勤勉不懈地继续努力，最后他就能使认识结构与真理时时相应；菩萨修行的这一方面内容虽已得到满足，但是他还是把真理当作一个观念、一个工具，他还未能使真理和现实的生命活动完全融合起来，同时他还未获得对一切存在的圆满知识，所以他还需要勤勉不懈地继续努力，最后他就能把真理贯彻在生命现象的一切活动里；菩萨修行的这一方面内容虽已得到满足，但他还不能对无穷无尽的教法观念、教法系统达到融会贯通，他也没有彻底清除语言障碍，所以他还需要勤勉不懈地继续努力，最后他就能彻底突破语言功能障碍，圆满解决真理陈说方面的一切困难，菩萨修行的这一方面内容虽已得到满足，但他还没有现实地体会到那最圆满的真理之呈现，因此他仍需要勤勉不懈地继续努力，最后他就能亲身见到那圆满实现的真理；菩萨修行的这一方面虽已得到满足，但他还不具备体认一切对象个性、特殊性的奇妙智慧，因此他还需要勤勉不懈地继续努力，最后他就能获得体认一切现象特殊性的圆满认识能力。到此阶位，菩萨修行的一切方面内容就已经得到了满足，净化生命的修行过程就已圆满完成了。因此我说，以上十一个方面概括了菩萨阶位上的一切修行内容。

观自在菩萨复白佛言：世尊！何缘最初名极喜地？
乃至何缘说名佛地？

佛告观自在菩萨曰：善男子！成就大义，得未曾得
出世间心，生大欢喜，是故最初名极喜地；远离一切微
细犯戒，是故第二名离垢地；由彼所得三摩地及闻持陀
罗尼，能为无量智光依止，是故第三名发光地；由彼所
得菩提分法烧诸烦恼智如火焰，是故第四名焰慧地；由
即于彼菩提分法方便修习，最极艰难方得自在，是故第
五名极难胜地；现前观察诸行流转，又于无相多修作意
方现在前①，是故第六名现前地；能远证入无缺无间无相
作意，与清净地②共相邻接，是故第七名远行地；由于
无相得无功用，于诸相中不为现行烦恼所动，是故第八
名不动地；于一切种说法自在，获得无罪广大智慧，是
故第九名善慧地；粗重之身广如虚空，法身圆满譬如大
云，皆能遍覆，是故第十名法云地；永断最极微细烦恼
及所知障，无着无碍，于一切种所知境界现正等觉，故
第十一说名佛地。

注释

①**于无相多修作意方现在前**：大意是，还必须有意

识地把精神生活凝聚在"一切实体不存在"这一教法道理之上，这样通过长时间的修持努力，终于使存在的真实本性清清楚楚地显现出来了。译文姑取大意。

②清净地：即第八阶位，菩萨第八地中精神结构已得到全面的净化，真理已与现实生命活动打成一片，所以第八地又被称作"清净地"，意即全面净化的阶位地。

译文

观自在菩萨又禀告佛陀说：世尊！现在我想知道，为什么菩萨修行的第一地叫作"极大欢喜的阶位"？乃至于为什么菩萨修行的最后一个阶位叫作"成佛地"呢？

佛陀告诉观自在菩萨说：善男子！菩萨修行阶位的得名，主要依据该阶位的修行内容和修行特质，具体说来，菩萨初步成就了修行精神结构，其心识第一次从世俗认识模式里摆脱出来，精神上产生极度的欢喜愉悦感，所以最初这个修行地就叫作"极大欢喜愉悦的阶位"；第二地叫作"脱离一切污垢的阶位"，在此阶位，菩萨能舍弃不能自觉调控的精神状态；第三地叫作"智慧开发的阶位"，在此阶位他所得到的修行精神结构和广大记忆能力成为一切智慧的基础；第四地叫作"智慧炽盛，焚烧一切烦恼的阶位"，在此阶位，菩萨所开发的与真理相应的认识能力能焚烧一切发生现实作用的邪恶情绪，就像烈火能焚烧柴木一样；第五地叫作"把对真理的认识与对事物个别特性的认识相调和的阶位"，在此阶位，菩萨通过艰苦的修行工作，终于彻底掌握了与真理相应的认知方式；第六地叫作"直接观察生命流转状态的阶位"，在此阶位，菩萨能亲身静观生命的流转过程，对流转生命的真实本性获得直接的体认；第七地叫作"真理观念在精神生活中念念相续的阶位"，在此阶位，菩萨的生命活动才能与真理息息相应；第八地叫作"任何现实的生命活动不再触动的阶位"，在此阶位，菩萨把真理与现实生命活动完全统一起来，生命现象的一切活动一切动作都不再影响、染污生命的真实本性；第九地叫作"圆满陈说真理的阶位"，在此阶位，菩萨对阐述真理的一切语言系统已能举一反三、融会贯通；第十地叫作"获得广大智慧和功业的阶位"，在此阶位，菩萨的身体就会变得广大如虚空，他的生命与存在已融成一片，就像虚空无所不覆、广湛无涯，菩萨那智慧和功业凝聚而成的身体在存在中也无所不在；第十一地叫作"成佛的阶位"，在此阶位，他把最细微的痛苦烦恼全然舍弃掉了，他把最细微的知识障碍也全都舍弃掉了，他对一切的认知境界都产生出圆满的觉悟，他亲身"看见"一切存在的真实样态了。

原典

观自在菩萨复白佛言：于此诸地有几愚痴？有几粗重为所对治？

佛告观自在菩萨曰：善男子！此诸地中有二十二种愚痴、十一种粗重①为所对治。

谓于初地有二愚痴：一者执着补特伽罗及法愚痴，二者恶趣杂染愚痴，及彼粗重为所对治。

于第二地有二愚痴：一者微细误犯愚痴，二者种种业趣愚痴，及彼粗重为所对治。

于第三地有二愚痴：一者欲贪愚痴，二者圆满闻持陀罗尼愚痴，及彼粗重为所对治。

于第四地有二愚痴：一者等至爱愚痴，二者法爱愚痴，及彼粗重为所对治。

于第五地有二愚痴：一者一向作意弃背生死愚痴，二者一向作意趣向涅槃愚痴，及彼粗重为所对治。

于第六地有二愚痴：一者现前观察诸行流转愚痴，二者相多现行愚痴，及彼粗重为所对治。

于第七地有二愚痴：一者微细相现行愚痴，二者一向无相作意方便愚痴，及彼粗重为所对治。

于第八地有二愚痴：一者于无相作功用愚痴，二者于相自在愚痴，及彼粗重为所对治。

于第九地有二愚痴：一者于无量说法无量法句文字后后慧辩陀罗尼自在愚痴，二者辩才自在愚痴，及彼粗重为所对治。

于第十地有二愚痴：一者大神通愚痴②，二者悟入微细秘密愚痴③，及彼粗重为所对治。

于如来地有二愚痴：一者于一切所知境界极微细着愚痴，二者极微细碍愚痴，及彼粗重为所对治。

善男子！由此二十二种愚痴及十一种粗重故，安立诸地，而阿耨多罗三藐三菩提离彼系缚。

观自在菩萨复白佛言：世尊！阿耨多罗三藐三菩提甚奇希有！乃至成就大利大果，令诸菩萨能破如是大愚痴罗网，能越如是大粗重稠林，现前证得阿耨多罗三藐三菩提。

注释

①**十一种粗重：**十一种愚昧无知的心理潜势力。

②**大神通愚痴：**意即无法开发出生命中潜伏的巨大能量。

③**悟入微细秘密愚痴：**意即无法使生命与真理完全合而为一。微细秘密，即指存在的真实本性，存在的本性微细难见、幽深难知，所以用"微细秘密"来形容它。

译文

观自在菩萨又禀告佛陀说：菩萨在修行的每一阶位上，各有哪些愚昧无知的表现？各有哪些邪恶的潜在势力是修行人必须坚决予以排除的？

佛陀告诉观自在菩萨说：善男子！菩萨修行的十一个阶位上共有二十二种愚昧无知的表现，共有十一种邪恶的心理潜势力是修行人必须坚决予以排除的。

具体说来，在修行第一地上有两种愚昧无知的表现，其一是执着于生命实体和存在实体的存在，其二是将会引导生命沦入更痛苦生存状态的种种染污性的事物，这两种愚昧无知的心理潜势力是修行人必须坚决予以排除的。

在修行第二地上有两种愚昧无知的表现，其一是那种微细的、失控的精神活动状态，其二是会引起未来生命周期流转生命的各种行为，这两种愚昧无知的心理潜势力是修行人必须坚决予以排除的。

在修行第三地上有两种愚昧无知的表现，其一是能妨害修行精神结构的各种贪欲心理，其二是妨害圆满记忆能力的混沌力量，这两种愚昧无知的心理潜势力是修行人必须坚决予以排除的。

在修行第四地上有两种愚昧无知的表现，其一是对修行境界、内心感受的贪恋心理，其二是对佛教教法的贪恋执着，这两种愚昧无知的心理潜势力是修行人必须坚决予以排除的。

在修行第五地上有两种愚昧无知的表现，其一是一向害怕生死流转、一向厌恶生命活动的心理，其二是一向欣慕安宁安乐、一向渴望圆满自由的心理，这两种愚昧无知的心理潜势力是修行人必须坚决予以排除的。

在修行第六地上有两种愚昧无知的表现，其一是不能现实地、直接地体会生命流转的实际情状，其二是精神活动始终存留主观意向的暗示作用，达不到自然而然的境地，这两种愚昧无知的心理潜势力是修行人必须坚决予以排除的。

在修行第七地上有两种愚昧无知的表现，其一是微细的实体观念仍然起着作用，其二是执着于没有实体存在的存在本性，这两种愚昧无知的心理潜势力是修行人必须坚决予以排除的。

在修行第八地上有两种愚昧无知的表现，其一是仍然把存在本性当作抽象理念来把握，其二是在现实生命活动中无法体会到圆满安乐的存在本性，这两种愚昧无知的心理潜势力是修行人必须坚决予以放弃的。

在修行第九地上有两种愚昧无知的表现，其一是对陈说真理的语言系统无法融会贯通，对于觉者以最高智慧所创立的概括存在法则之简略文字无法把握，其二是缺乏创立相应于真理的语言系统之能力，这两种愚昧无知的心理潜势力是修行人必须坚决予以排除的。

在修行第十地上有两种愚昧无知的表现，其一是无法开发出生命中潜伏的巨大能量，其二是无法使真正的生命在全宇宙的一切存在现象中圆满地实现出来，这两种愚昧无知的心理潜势力是修行人必须坚决予以排除的。

在成佛地上有两种愚昧无知的表现，其一是对一切认知境界存留着极微细的实体执着，其二是对一切认知对象存在极微细的无知状态，这两种愚昧无知的心理潜势力是修行人必须坚决予以排除的。

善男子！所谓最高最圆满的觉悟，正是指从上述二十二种愚昧无知的生命表现活动及其心理潜势力的重重污染、重重束缚中完全摆脱出来。

观自在菩萨就对佛陀说：世尊！您的圆满觉悟真是宇宙间最惊奇、赞叹的事！您的觉悟不仅成就了自利、利他的宏伟功业，而且能帮助诸菩萨冲出愚昧无知的重重罗网，让一切生命都有了觉醒的希望和机缘！

原典

观自在菩萨复白佛言：世尊！如是诸地几种殊胜之

所安立?

佛告观自在菩萨曰：善男子！略有八种：一者增上意乐清净，二者心清净，三者悲清净，四者到彼岸清净，五者见佛供养承事清净，六者成熟有情清净，七者生清净，八者威德清净。

善男子！于初地中所有增上意乐清净乃至威德清净，后后诸地乃至佛地所有增上意乐清净乃至威德清净，当知彼诸清净展转增胜。唯于佛地除生清净。又初地中所有功德，于上诸地平等皆有，当知自地功德殊胜，一切菩萨十地功德皆是有上，佛地功德当知无上。

观自在菩萨复白佛言：世尊！何因缘故，说菩萨生于诸有生最为殊胜？

佛告观自在菩萨曰：善男子！四因缘故：一者极净善根所集起故，二者故意思择力所取故，三者悲愍济度诸众生故，四者自能无染除他染故。

观自在菩萨复白佛言：世尊！何因缘故，说诸菩萨行广大愿、妙愿、胜愿？

佛告观自在菩萨曰：善男子！四因缘故：谓诸菩萨能善了知涅槃乐住[①]堪能速证；而复弃舍速证乐住；无缘无待发大愿心；为欲利益诸有情故，处多种种长时大苦。是故我说彼诸菩萨行广大愿、妙愿、胜愿[②]。

①乐住：安乐的境界、境地。

②胜愿：遁伦释为"无颠倒心"，意即排除一切偏见执着后在正确知识指导下的修行志向。

译文

观自在菩萨接着禀告佛陀说：世尊！您所说的修行阶位，就其表征菩萨的精神活动而言，与一般人的精神活动状况相比，菩萨修行阶位中的生命活动究竟有什么特殊的品性呢？

佛陀告诉观自在菩萨说：善男子！总地说来，菩萨修行阶位中的生命活动是与世俗生命活动大异其趣的，具体地说，修行地表征的生命活动共有八种独特的净化品性：一、在菩萨的修行生活中，一切起心动念都是净化的；二、思维结构是打破了主客对立之二元模式的；三、同情众生的慈悲情怀也是净化的；四、能把生命由生死流转状态引导到自由安乐状态；五、对佛的奉献是净化的；六、对其他生命的教导和帮助也是净化的；七、修行生命的生存方式是净化的；八、他的事业、相貌都是圆满无缺的。

善男子！在修行的第一地上就包含了上述八个方面

的净化品性，乃至于到了成佛的阶位，也都包含上述八个方面的净化品性，可是随着修行阶位的提高，这些品性的特质也在起变化，总地来说，其净化程度是愈来愈提高了。此外，在成佛阶位的生命活动中，也可以说不再包含"净化的生存方式"这一品性了。为什么这样说呢？因为佛的生存方式无疑也是净化的，但佛的生存方式和修行活动过程那些菩萨们的生存方式有着重大的不同，佛的功业和智慧是具足圆满的，佛的生命再也不欠缺什么。

　　观自在菩萨又禀告佛陀说：世尊！您根据什么说菩萨们的生命在一切有情生命中是最为宝贵的？

　　佛陀回答说：善男子！我这样说有四个根据：其一，菩萨生命是从良善心理品性中成长、引发出来的；其二，菩萨生命是由其智慧抉择导引其生存方向的；其三，菩萨生命是和利群济生、庄严世界的净化功业联系在一起的；其四，菩萨生命是净化、无污染的，他不仅能净化自己的生命，而且能净化其他生命。根据以上四个理由，所以我说，在一切有情生命中，菩萨生命是最值得珍贵的。

　　观自在菩萨又请问佛陀说：您根据什么说菩萨有浩大的志向，有与真理相应的志向，有正确知识导引的志向？

佛陀告诉观自在菩萨说：善男子！我这样说有四个根据：其一，菩萨透彻地了解了生命自由安乐的境地，知道只有这自由安乐的境地才是生命向上发达的最高目标，并且他有能力在其现实生命中实证这一目标；其二，菩萨放弃了一个可以即刻实证自由生命的欲念；其三，菩萨产生利济一切众生的心愿，他的心愿是广大无边的；其四，为了能够更有效地帮助众生，菩萨常常自愿选择并忍受种种难堪的苦痛和折磨。根据以上四个条件，所以我说，菩萨有浩大的志向，有与真理相应的志向，有正确知识导引的志向。

原典

观自在菩萨复白佛言：世尊！是诸菩萨凡有几种所应学事？

佛告观自在菩萨曰：善男子！菩萨学事略有六种：所谓布施、持戒、忍辱、精进、静虑、慧到彼岸。

观自在菩萨复白佛言：世尊！如是六种所应学事，几是增上戒学所摄？几是增上心学所摄？几是增上慧学所摄？

佛告观自在菩萨曰：善男子！当知初三但是增上戒学所摄，静虑一种但是增上心学所摄，慧是增上慧学所摄，我说精进遍于一切。

观自在菩萨复白佛言：世尊！如是六种所应学事，几是福德资粮①所摄？几是智慧资粮所摄？

佛告观自在菩萨曰：善男子！若增上戒学所摄者，是名福德资粮所摄；若增上慧学所摄者，是名智慧资粮所摄；我说精进、静虑二种遍于一切。

观自在菩萨复白佛言：世尊！于此六种所学事中，菩萨云何应当修学？

佛告观自在菩萨曰：善男子！由五种相应当修学：一者最初于菩萨藏波罗蜜多相应微妙正法教中，猛利信解；二者次于十种法行，以闻思修所成妙智精进修行；三者随护菩提之心；四者亲近真善知识；五者无间勤修善品。

观自在菩萨复白佛言：世尊！何因缘故，施设如是所应学事但有六数？

佛告观自在菩萨曰：善男子！二因缘故：一者饶益诸有情故，二者对治诸烦恼故。当知前三饶益有情，后三对治一切烦恼。前三饶益诸有情者，谓诸菩萨由布施故，摄受资具，饶益有情；由持戒故，不行损害逼迫恼乱，饶益有情；由忍辱故，于彼损害逼迫恼乱，堪能忍受，饶益有情。后三对治诸烦恼者，谓诸菩萨由精进故，虽未永伏一切烦恼，亦未永害一切随眠，而能勇猛修诸善品，彼诸烦恼不能倾动善品加行；由静虑故，永伏烦恼；由般若故，永害随眠。

观自在菩萨复白佛言：世尊！何因缘故，施设所余波罗蜜多但有四数？

佛告观自在菩萨曰：善男子！由前六种波罗蜜多为助伴故。谓诸菩萨于前三种波罗蜜多所摄有情，以诸摄事方便善巧而摄受之，安置善品②，是故我说方便善巧波罗蜜多，与前三种而为助伴。

若诸菩萨于现法中烦恼多故，于修无间无有堪能，羸劣意乐故，下界胜解③故，于内心住④无有堪能，于菩萨藏不能闻缘善修习故，所有静虑不能引发出世间慧，彼便摄受少分狭劣福德资粮，为未来世烦恼轻微心生正愿，如是名愿波罗蜜多。由此愿故，烦恼微薄，能修精进，是故我说愿波罗蜜多与精进波罗蜜多而为助伴。

若诸菩萨亲近善士，听闻正法，如理作意，为因缘故，转劣意乐成胜意乐，亦能获得上界⑤胜解，如是名力波罗蜜多。由此力故，于内心住有所堪能，是故我说力波罗蜜多与静虑波罗蜜多而为助伴。

若诸菩萨于菩萨藏已能闻缘善修习故，能发静虑，如是名智波罗蜜多。由此智故，堪能引发出世间慧，是故我说智波罗蜜多与慧波罗蜜多而为助伴。

注释

①**资粮**：基础或准备。

②**安置善品**：把他导向通向真理的道路。

③**下界胜解**：下界，指三重世俗生命世界；胜解，指确定性的观念。下界胜解，犹言"限制在世俗世界经验范围内的观点"，意译为"真理观念始终限制在世俗生活的经验框架里"。

④**内心住**：即"定心"，指心念相续的思维。

⑤**上界**：与"下界"相对，意为超出世俗生命世界之外的生命世界，即指净化生命。

译文

观自在菩萨又禀告佛陀说：世尊！菩萨应该学习哪些事情呢？

佛陀告诉观自在菩萨说：善男子！菩萨应该学习六件事情，这就是以财产和智慧帮助别人、持守戒律、安忍于一切对象一切环境的逼迫、勤勉不懈地自身策励、静中思维的功夫、观照一切存在没有实体的智慧。以上六件事情都能将生命由生死流转状态引导到自由安乐状态，所以它们都是菩萨修学的内容。

观自在菩萨又禀告佛陀说：世尊！上述六样事哪些

是戒律学统摄的？哪些是禅定学统摄的？哪些是智慧学统摄的？

　　佛陀告诉观自在菩萨说：善男子！以财产和智慧帮助别人、持守戒律以及安忍于一切环境一切对象的逼迫，这三样由戒律学统摄，静中思维功夫由禅定学统摄；观照一切存在没有实体的智慧由智慧学统摄；至于勤勉不懈地自身策励这一项可以由三学所统摄。为什么这样说呢？因为修行人无论学什么、做什么，要想学有所成乃至圆满成就，那就始终少不了自策自励的意志参与！

　　观自在菩萨又禀告佛陀说：上述六件事，哪些是福德和功业的基础准备？哪些是圆满觉悟的基础准备呢？

　　佛陀告诉观自在菩萨说：戒律学统摄的三项是福德和功业的基础准备；智慧学统摄的一项是圆满觉悟的基础准备；至于勤勉不懈地自身策励和静中思维功夫这两项，则既是福德和功业的基础准备，又是圆满觉悟的基础准备。

　　观自在菩萨又禀告佛陀说：世尊！菩萨应该怎样来修学这六件事呢？

　　佛陀告诉观自在菩萨说：菩萨应当这样来修学它们，首先，对于那与最高智慧相应的成佛教法产生强烈的信念和敏锐的理解；其次，根据从接受思考、修学教法所引发的三种智慧的指导，勤勉不懈地策励自己，长期从事供养诸佛、礼赞诸佛、诵习经典、传播经典等十种日常修行活动；第三，随时注意涵育和保护要实现最高觉悟的心念，要知道这个心念能决定一个人的修行方向；第四，经常拜访一些有修养有学问的修行人，亲近他们，诚恳地向其讨教；第五，日常生活中，只要是利人济群之事，就毫不迟疑地去做。

观自在菩萨又禀告佛陀说：您根据什么道理说菩萨应当修学这六件事呢？

佛陀告诉观自在菩萨说：善男子！我这样说有两个理由。菩萨之所以应该修学这六件事，是因为它们一方面能有利于其他生命，使之得到安乐；另一方面又能消除各种身心烦恼，使生命得到自由解脱。总地说来，六样事中，前三样能有利于其他生命，使它们得到安乐，后三样事则能消除一切身心烦恼。具体地说，由于以财产和智慧帮助别人，那就能使他人从物质和精神上的饥馑状态中摆脱出来，身心得到安乐；由于持守戒律，自觉杜绝一切邪恶行为，就不会对其他生命造成逼迫和损害，这就能使其他生命得到安乐；由于安忍一切不利于己的环境和对象，这样当其他生命来迫害自己时，就能毫无怨言地接受之，而不与之对抗，这就能消解那些残害他的众生内心中的怨气，使他们得到安乐。由于菩萨能培养自策自励的可贵意志品质，他虽然还不能杜绝贪欲、恨恶、愚昧等邪恶情绪的现实活动，也不能把这些邪恶情绪的心理潜势力尽除，但他能勤勉不懈地改变着自己的精神结构，那些邪恶情绪对他的修学实践不致产生影响；由于菩萨修学静中思维的功夫，他就能消除邪恶情绪的现实活动；由于他修学体认一切现象没有实体存在的正知正见，他就能彻底扫除痛苦烦恼的心理潜势力。

观自在菩萨又禀告佛陀说：世尊！为什么在六件事之外，您说修行人还应修学其他四件事，它们也能将生命由生死流转状态引导到自由安乐状态吗？

佛陀告诉观自在菩萨说：善男子！我之所以说修行人还应当修学另外四件事，原因在于，这四件事能够辅助前面所说的六件事，能同它们合在一起发挥作用，从而使得生命真正实现向上的发达和进化。具体说来，当菩萨在从事帮助他人、持守戒律、安忍逼迫这些有利于其他生命的修学实践时，他必须根据时间、地点及对象的具体情况，采取对方可以接受的方式，方便善巧地把其他生命引到真理的道路上来，菩萨这种因材施教、灵活机动的做法就叫作"方便善巧的修行方法"，它为前面三项利他性的修学实践提供了辅助性的手段。

如果一个修行人在他现象生命中烦恼深重，他被种种身内身外的条件拘束、限制着，不能始终如一、坚持不懈地从事修学实践，很容易从一些世俗的琐碎的事情中得到满足，他的真理观念限制在现实生活的经验框架里，因此他不可能练习那种存在改变精神结构的静中思维功夫，更由于他对成佛教法不能运用理性能力进行深入的思考和研究，所以即使他练习静中思维的修行方法，也不能引发出超越于现实生存活动与真理相应的智慧，这种情况下的修行人就应该牢牢守护着自己所做的那么一份功业、那么一份善心，他万万不可连这份功业、这份善心也丢掉了，他心里应该产生这样一个志愿：我现在虽然烦恼深重，但我决不会在追求真理的道路上停顿下来，希望在未来时代的生命周期里，我的身心烦恼将会轻薄得多！这就叫作"未来志愿的修行方法"。一个人虽然有向上的决心，但如果受到现实条件的限制，学少有成，他就会懈怠下来，可是如果他有未来志愿在前方引导着，他即使懈怠下来，却终不致完全废弃修行生活。因此我说，"未来志愿的修行方法"为勤勉不懈的修行意志之培养，提供了辅助性手段。

如果修行人能虔敬地与那些有修养有学问的人亲近，诚恳地向他们讨教，从他们那里学习到正确的教法，并按照这些老师的指导在内心中思考这些教法，这样一来，修行人在身心上就会起重大的变化：先前他们在世俗的事情上就能得到满足，现在却只有真理才能使他安乐。从他人那里得到的帮助最终将使修行人获得超越于世俗生活经验范围之上的真理观念，这就叫作"从他人那里获得力量的修行方法"。依靠从他人那里获得的相应于真理的精神力量，修行人就可以练习静中思维功夫，可以从事改变精神结构的修学实践了，所以我说，"从他人那里获得力量的修行方法"为培养静中思维功夫提供了辅助性的手段。

如果一个修行人对阐述成佛教法的经典，接受之后加以思考，思考之后能认真践修，这就能帮助修行人引发出修行精神结构来，这就叫作"理解的修行方法"。由于这一方法，那与真理相应的超越性智慧就能被进一步地开发出来，所以我说，"理解的修行方法"为体认一切现象没有实体的智慧之开发提供了辅助性的手段。

原典

观自在菩萨复白佛言：世尊！何因缘故，宣说六种波罗蜜多如是次第？

佛告观自在菩萨曰：善男子！能为后后引发依故。谓诸菩萨若于身财无所顾恋，便能受持清净禁戒，为护禁戒便修忍辱，修忍辱已能发精进，发精进已能办静虑，具静虑已便能获得出世间慧。是故我说波罗蜜多如是次第。

观自在菩萨复白佛言：世尊！如是六种波罗蜜多各有几种品类差别？

佛告观自在菩萨曰：善男子！各有三种。施三种者：一者法施，二者财施，三者无畏施①。戒三种②者：一者转舍不善戒③，二者转生善戒④，三者转生饶益有情戒⑤。忍三种者：一者耐怨害忍，二者安受苦忍，三者谛察法忍。精进三种者：一者被甲精进，二者转生善法加行精进，三者饶益有情加行精进。静虑三种者：一者无分别寂静、极寂静、无罪故，对治烦恼众苦乐住静虑；二者引发功德静虑；三者引发饶益有情静虑。慧三种者：一者缘世俗谛慧，二者缘胜义谛慧，三者缘饶益有情慧。

观自在菩萨复白佛言：世尊！何因缘故，波罗蜜多说名波罗蜜多？

佛告观自在菩萨曰：善男子！五因缘故：一者无染着故，二者无顾恋故，三者无罪过故，四者无分别故，五者正回向故。

无染着者，谓不染着波罗蜜多诸相违事；无顾恋者，谓于一切波罗蜜多诸果异熟⑥及报恩中，心无系缚；无罪过者，谓于如是波罗蜜多，无间杂染法，离非方便行；无分别者，谓于如是波罗蜜多不如言词执着自相；

正回向者，谓以如是所作所集波罗蜜多回求无上大菩提果。

注释

①**无畏施**：救度众生，为其祛除种种怖畏之意。

②**戒三种**：即"三聚戒"，聚，聚集之义，指三种类型的戒律。《菩萨戒义疏》并《法苑珠林》都列为以下三种：（一）摄律仪戒；（二）摄善法戒；（三）摄众生戒。此即相当于下文的"转舍不善戒、转生善戒、转生饶益有情戒"。

③**转舍不善戒**："三聚戒"之一，其中心意旨在防过禁非，诸恶莫做，凡恶而不能止者，即视为犯戒。转舍，即舍弃之义。

④**转生善戒**："三聚戒"之一，其中心意旨在策励为善，众善奉行，凡善而不能行者，即视为犯戒。转生，即生发之义。

⑤**转生饶益有情戒**："三聚戒"之一，其中心意旨是，凡有利于其他生命向上进化之事，都是菩萨分内所必为，如有利于其他生命进化之事，而菩萨不为者，即视为犯戒。

⑥**果异熟**：即"异熟果"，据《成唯识论》，"异熟果"

可分为两个部分，其一是"异熟识"，这里指由于勤修六度万行而引发的未来生命周期中统摄一切生命活动的深层心识，是生命活动的潜在形式；其二是"异孰生"，即"由异熟识而生"，实指前六识，它们是深层心识中诸种生命潜能变现的产物，是生命活动的显在形式。这里取其大意，译为"按六种方法修学所招感的当来世苦乐之果"。

译文

观自在菩萨又禀告佛陀说：世尊！您把菩萨应当修学的六件事排成现在这样一个次序，这其间有什么因缘呢？

佛陀回答他说：因缘是这样的：在前的事为在后的事提供基础与准备，由前者就能引发出后者来。具体说来，如果一个修行人为了真理的缘故能对身家性命、名誉、财产等无所顾惜，那么他就肯定能够遵守制恶扬善的严格戒律，为了保护这些戒律，他就必然能忍受常人难堪的伤害和苦痛，这样持久强化自我控制的精神锻炼后，修行人就必然产生出勤勉不懈、自强不息的意志品质，这种意志品质就使改变思维结构的精神训练成为可能，而改变思维结构的精神训练工作最后又必然激发出与真理相应的超越性智慧。以上就是我把六种修学事项排成现在这个次序的理由所在。

观自在菩萨又禀告佛陀说：您所说的六种修学事项又各自包含哪些更详细的内容呢？

佛陀回答说：善男子！每一件修学事项里又各自包括三个方面的内容。具体说来，以财产智慧帮助其他众生这一项里有以下三个内容：其一是用知识、智慧和真理帮助其他众生；其二是用衣服、财物、金钱帮助其他众生；其三是以生命帮助其他众生。持守戒律这一项里有以下三个内容：其一是防止邪恶行为的，这就是说，凡是恶的行为都不应该去做；其二是鼓励良善行为的，这就是说，凡是良善的行为都应该努力地去做；其三是以救济生命为原则的行为，这就是说，凡是有利于其他众生，能把其他众生引导到良善道路上来的行为，都应该努力去完成。安忍于逼迫这一项有以下三个内容：其一是能安宁忍受怨家对头的迫害；其二是能安宁忍受身心中种种病痛的折磨；其三是在处理一切事情时，均以真理为标准，用真理来协调一切身心行为，所以心安理得。自身策励这一项有以下三个内容：其一是勤勉不懈地制止邪恶行为；其二是勤勉不懈地从事良善行为；其三是勤勉不懈地从事一切救济行为。静中思维这一项有以下三个内容：其一是以改变思维结构、消除身心烦恼为目的的；其二是以开发内在德性为目的的；其三是以引发帮助众生的能力为目的的。与真理相应的智慧这一项有以下三个内容：其一是对世俗学问观察了解的智慧；其二是认识存在本性的智慧；其三是研究生命特质、本性和要求的智慧。这第三种智慧为救济众生的慈悲行为提供了前提和条件。

观自在菩萨又禀告佛陀说：世尊！您为什么说菩萨这六种修学事项、修行方法能将修行人由生死流转状态引导到自由安乐状态呢？

佛陀告诉观自在菩萨：我是根据五个理由做出这一判断的。善男子！那些依据六种修学事项改变精神活动的修行人，他们必然能够做到以下几个方面：一、不执着于邪恶的心理情绪，不为之所染污；二、消除了贪恋的心理；三、修行生活中不夹杂错误的思想和行为；四、不执着修行方法；五、把生命的最高、最真实境界作为自己修行生活的归宿。

什么叫作不执着于邪恶情绪，不为之所染污呢？这就是说，凡违背于修行要求的事情都能坚决地避免之。什么叫作消除了贪恋心理呢？这是说，对于按照六种方法修行所招感的果报不会去贪恋执着，对于他人向自己表达的感激之情也不会去贪恋执着。什么叫作不夹杂错误的思想和行为呢？这是说，在修行生活中不掺杂自己错误的思想、观念、见解和行为等，一切均以理性和真理为标准；同时能根据环境的限制，恰当地选择从事合适的修行事业。什么叫作不执着于修行方法呢？这是说，六种修学方法都是根据实现真理的需要，假借语言概念成立的，其自身皆无绝对的价值，因此不会去执着它们。什么叫作以最高最真实的生命境界作为自己修行生活的归宿呢？这是说，在修行人按照六种修学事项从事精神改变工作时，他都能明确意识到，他所做的每一件事都是为了追求最高最圆满的觉悟，这样修行人就能够持久地坚持下去，绝不会中途停顿下来。

原典

世尊！何等名为波罗蜜多诸相违事？

善男子！当知此事略有六种：一者于喜乐欲财富自在①诸欲乐中，深见功德及与胜利；二者于随所乐，纵身语意而现行中，深见功德及与胜利；三者于他轻蔑不堪忍中，深见功德及与胜利；四者于不勤修着欲乐中，深见功德及与胜利；五者于处愦闹世杂乱行，深见功德及与胜利；六者于见闻觉知言说戏论，深见功德及与胜利。

世尊！如是一切波罗蜜多何果异熟？

善男子！当知此亦略有六种：一者得大财富，二者往生善趣，三者无怨无坏多诸喜乐，四者为众生主，五者身无恼害，六者有大宗叶。

世尊！何等名为波罗蜜多间杂染法？

善男子！当知略由四种加行：一者无悲加行故，二者不如理加行故，三者不常加行故，四者不殷重加行故。不如理加行者，谓修行余波罗蜜多时，于余波罗蜜多远离失坏。

世尊！何等名为非方便行？

善男子！若诸菩萨以波罗蜜多饶益众生时，但摄财物饶益众生，便为喜足，而不令其出不善处安置善处，如是名为非方便行。何以故？善男子！非于众生唯作此事名实饶益。譬如粪秽若多若少终无有能令成香洁。如是众生由行苦故，其性是苦，无有方便，但以财物暂相饶益，可令成乐。唯有安处妙善法中，方可得名第一饶益。

注释

①**自在**：这里指"权力""权势"。

译文

观自在菩萨又问：世尊！与修行生活的要求相违背

的事情指哪些呢？

佛陀回答说：善男子！以下六件事是与修行意旨完全违背的：其一，深深陶醉于自己喜欢和爱好的事物中，陶醉于财富及权力之中，把这些世俗事物看成是最值得追求的，看成是能给自己的生活带来巨大幸福的；其二，一切根据自己的兴趣欲望，随心所欲地纵容自己的思想和行为，认为只有这样做才能给人生带来意义和价值；其三，对于他人的迫害、环境的逼迫不能安宁地接受，而是起而反抗之，认为这才符合生存活动的要求；其四，在修行生活中不能持之以恒，老是心有旁骛，老是依恋于感官愉乐的境界，认为只有这些才能给自己的生活赋予真实意义；其五，不能离群索居，超越于世间政治之上，来静心思考真理，认为人群政治的虚伪、动乱和腐败等，都是人类生活课题中本来就有之意义；最后，无法使自己的精神生活超越于受现实生命拘束的种种立场、观点、学理、偏见，深深执着于世间的形而上学，认为它们才是真理的表述。

观自在菩萨又问：世尊！如果一个修行人遵照六种修学方法去实践，他能招感些什么果报呢？

佛陀回答说：善男子！遵照六种修学方法践修的果报大略说来有下面几个方面：其一是获得巨大的财富；其二，修行人未来生命周期的生存状态将会是良善的；

其三，现实生活中没有怨家的迫害，身心常常安逸、满足；其四，他将成为巨大权力的拥有者；其五，身体健康，没有什么病患；其六，子孙众多，家族兴旺。

观自在菩萨又请问佛陀：世尊！您说有些修行人在按照六种修学方法践修时，可能会不知不觉地掺杂一些不正确的思想和行为，我现在想知道，这些思想和行为是指什么？

佛陀回答说：善男子！你们仔细观察修行生活就会发现，在现实的践修过程中，很容易出现下面四种情况，在这四种情况下，虽然修行人仍然勉力而行，可是他并不能真正断除痛苦烦恼，因为他的修行生活被错误的思想和行为污染了。其一，他虽然勉力而行，但缺乏对其他众生的同情心，无法真切感受其他众生的痛苦和欢乐；其二，他虽然勉力而行，但却不与真理相应；其三，他虽然勉力而行，却不能持之以恒，矢志不忘；其四，他虽然勉力而行，但却没有"非如此行不可"的那种珍重情怀，践修生活仍然是他生命中的外在性行为。这里还需要解释一下什么叫作"虽然勉力而行，却不与真理相应"，这是说在按照六种修学方法或是其他诸种辅助性的方法践修时，没有正确地理解其精神，反而把它们给破坏了。

观自在菩萨又请问佛陀：世尊！什么叫作"并非真

正有益于众生生命的行为"呢？

　　佛陀回答说：善男子！如果一些修行人在根据教法指导从事利他之行时，他仅仅拿财物资助其他人，便觉得满足了，没有想到还应该把对方从非良善的生存方式引导到良善的生存方式里来，这种利他之行就叫作"并非真正有益于众生生命的行为"。为什么这样说呢？修学佛法的善人，并不是仅仅靠用财物资助众生，就能使接受资助的众生得到真实的幸福和安乐呀！打个比方说，污秽的东西，不管数量是多是少，其品性终究是有臭味的，你也不可能通过增加或减少其数量，使之变得洁净、芬芳。世俗生命在其现实的存在中，由于其生理、心理的一切方面都具有流转变化的特点，所以它的本性就是苦恼的、受环境逼迫的、不得自由安乐的，你如果不采取适当的引导方法，想仅仅通过财物上的资助使其获得真实的安乐，这显然是不可能的。修行人只有通过方便善巧的方式，把教法中的道理显示给他们，把他们渐渐引到真理的道路上来，引导到正确的生活方式里来，这样才能改变世俗生命的流转本性！

原典

　　观自在菩萨复白佛言：世尊！如是一切波罗蜜多有

几清净?

佛告观自在菩萨曰：善男子！我终不说波罗蜜多除上五相有余清净。然我即依如是诸事总别，当说波罗蜜多清净之相。总说一切波罗蜜多清净相者，当知七种。何等为七？一者菩萨于此诸法不求他知；二者于此诸法见已不生执着；三者即于如是诸法不生疑惑，谓为能得大菩提不；四者终不自赞毁他有所轻蔑；五者终不憍傲放逸；六者终不少有所得便生喜足；七者终不由此诸法于他发起嫉妒、悭恪。

别说一切波罗蜜多清净相者，亦有七种。何等为七？谓诸菩萨如我所说七种布施清净之相，随顺修行：一者由施物清净行清净施；二者由戒清净行清净施；三者由见清净行清净施；四者由心清净行清净施；五者由语清净行清净施；六者由智清净行清净施；七者由垢清净行清净施。是名七种施清净相。

又诸菩萨能善了知制立律仪一切学处，能善了知出离所犯，具常尸罗①，坚固尸罗②，常作尸罗③，常转尸罗④，受学一切所有学处。是名七种戒清净相。

若诸菩萨于自所有业果异熟深生依信，一切所有不饶益事现在前时，不生愤发；亦不反骂，不嗔不打不恐不弄，不以种种不饶益事反相加害；不怀怨结；若谏诲时不令恚恼；亦复不待他来谏诲；不由恐怖有染爱心而行忍辱；不以作恩而便放舍。是名七种忍清净相。

若诸菩萨通达精进平等之性；不由勇猛勤精进故，自举陵他；具大势力；具大精进；有所堪能；坚固勇猛；于诸善法终不舍轭。如是名为七种精进清净之相。

若诸菩萨有善通达相三摩地静虑；有圆满三摩地静虑；有俱分三摩地静虑；有运转三摩地静虑⑤；有无所依三摩地静虑；有善修治三摩地静虑；有于菩萨藏闻缘修习无量三摩地静虑。如是名为七种静虑清净之相。

若诸菩萨远离增益损减二边，行于中道，是名为慧。由此慧故，如实了知解脱门义，谓空、无愿、无相三解脱门；如实了知有自性义，谓遍计所执、若依他起、若圆成实三种自性；如实了知无自性义，谓相、生、胜义三种无自性性；如实了知世俗谛义，谓于五明处；如实了知胜义谛义，谓于七真如；又无分别离诸戏论纯一理趣多所住故，无量总法为所缘故，及毗钵舍那故；能善成办法随法⑥行。是名七种慧清净相。

注释

①**具常尸罗**：指时时刻刻遵守戒律。

②**坚固尸罗**：指以极大的决心和毅力遵守着戒律。

③**常作尸罗**：鼓励善行的戒律。

④**常转尸罗：**防恶禁非的戒律。

⑤**运转三摩地静虑：**大意是，他静中思维的能力是愈来愈强化了的。

⑥**法随法：**"法"是真理，指生命活动与真理相契合；"随法"是指与真理相应或与真理不相违背的一切思想、行为、事业等。

译文

观自在菩萨又禀告佛陀说：世尊！您说的这些能把修行人由生死流转状态引导到自由安乐状态的修学方法里，究竟有哪些净化的表现呢？

佛陀告诉观自在菩萨说：善男子！我已经说过，这些修行方法，总地说来有五种净化的表现，还可以根据以前教法的总原则对此稍做发挥。大略讲起来，修行人按照诸种修学方法去践修时，如果他所做正确，那么在他的修行生活里肯定会有以下七种净化的表现：第一，菩萨按照这些修学方法来修行，并不强求别人了解他，虽人不知而不愠；第二，在接受这些方法之后，不执着它们，不因此而把自己封闭在其他学理之外；第三，对这些方法不会产生怀疑、困惑，不会心里问：我依靠它们真能获得最高最圆满的觉悟吗？第四，按这些方法修行的人终不至于抬举自己、轻视别人；第五，修行人终不至于学有所成就骄傲自满，或者放松对自己的要求；第六，他终不至于浅尝辄止；第七，对于同样按这些方法修行而成就极大的人终不至产生嫉妒心理，对于按照同样方法修行而学无所成的人终不至产生吝啬的心理。

如果更加具体地对待这个问题，那么，我们可以说，修行人按照每种修学方法去践修，如果他所做正确，在他的修行生活里也肯定会有七种净化的表现。以财物、智慧帮助其他众生的修行人，在其修行生活里有下面这七种净化的表现：第一，用来帮助其他众生的财富和智慧是正当的、清白的、净化了的；第二，在帮助其他众生时，他恪守着全部的戒律；第三，他对修行生活的认识和理解是与真理相应的；第四，他获得的修行精神结构是完全净化的；第五，他修行生活中的语言功能是完全净化的；第六，他获得与真理相应的智慧；第七，他能从一切邪恶情绪的现实活动里摆脱出来。

修行人按照持守戒律所要求的方式去践修，在他的修行生活里有下面七种净化的表现：第一，他了解为什么要制定某些戒律，哪些戒律针对何种情况才有效；第二，他了解一旦触犯某一戒律后，应如何修正自己的行为；第三，他时时刻刻遵守着戒律，决不时断时续；第四，他以极大的诚心和毅力持守着戒律，决不掉以轻心；第五，他了解哪些戒律是鼓励善行的；第六，他了解哪些戒律是制止恶行的；第七，他对戒律学已获得全面的详尽的知识。

修行人修学"安忍于逼迫"时，他的修行生活会有下面这七种净化的表现：第一，他知道自己现在所遭受的一切都是自己过去行为的必然结果；第二，在碰到一切不利于己的环境、不利于己的事情发生时，不愤怒，不责骂别人，不在心里记恨，不与别人争斗，不恐惧忧患，不出言嘲弄等；第三，不会睚眦必报，不打击报复，不以其人之道还治其人之身；第四，不会把对别人的怨恨之情在深层心识中牢牢隐伏起来；第五，如果要去劝谏他人时，说话的方式一定很巧妙，不致触怒对方，同时自己对自己的行为常加反省，不需要别人来提醒自己或指责自己的错误；第六，不会因为恐惧什么而忍受逼迫，已经消除了恐惧这一心理经验，因为恐惧一样东西，就表明你还深深地执着着它的存在；第七，不会因为别人对自己有恩惠就听从对方的话，放弃修行生活。

修行人在按照"自身策励"这一修学方法践修时，在他的修行生活里就会有以下七种净化的表现：第一，他知道对于修行生活的每一个方面都必须适中而行，不能走极端；第二，不因为自己有自强不息的意志，就抬举自己，看不起他人；第三，能勤勉不懈地制止一切邪恶的思想和行为；第四，能勤勉不懈地从事改变自己精神结构的工作；第五，把实现真理、转化生命看成自己责无旁贷的义务；第六，不遗余力地鼓励、倡导良善行为；第七，不遗余力地鼓励、推行一切利生济群的行为。

修行人在练习静中思维功夫时，在他的修行生活里就有下面七种净化的表现：第一，他的静中思维是以体认终极真理为目的的，他最后必然能引发出与真理相应的智慧；第二，他的思维结构是圆满无欠缺的；第三，他的静中思维是与观照思维一起发生作用的；第四，他的思维功能是愈来愈得到强化的；第五，他的思维结构是与体认一切现象没有实体存在的智慧相适应的；第六，他的静中思维能消除诸多邪恶情绪的现实作用；第七，他能在思维状态里更深入更亲切地体会真理教法，又通过体会真理教法不断深化自己的思维结构。

如果一个修行人按照"与真理相应的智慧"这一修学方法来践修，在他的修行生活里就会有下面七种净化的表现：第一，修行人既不在存在之上增加什么，也不在存在之上减少什么，他远远舍弃了"增加"和"减少"这两种偏见执着，这样他就能很好地领会有关"三种走入真理之路"的教法道理，这就是说，对于"没有实体存在""没有认知对象的存在"以及"不应对世俗之事贪恋追求"这三条"走入真理之路"能在远离极端、远离偏见执着的意义下加以深切体会；第二，他能如实理解存在的三种样态，这就是意识处处计较所虚构的实体样态，依据因缘条件流转的生命样态以及圆满成就的存在实态；第三，他能如实理解没有实体存在的存在真实本性，知道所谓"没有实体存在"是从意识执着、生命过程以及存在实态这三个角度立论的；第四，他能如实理解种种世俗学问，这涉及建筑、医药、逻辑、语言等诸方面；第五，他能如实理解存在的本质属性，这就是有关七种存在本性的教法道理；第六，他能把教法总体作为对象进行研究，形成佛教哲学的理论系统；第七，他能运用观照思维对无穷无尽的事物属性进行多方面的观察、分析，因此他的超越性智慧不仅能成就真理，而且也能成就与真理相应的一切道业。

原典

观自在菩萨复白佛言：世尊！如是五相[①]各有何业？

佛告观自在菩萨曰：善男子！当知彼相有五种业。谓诸菩萨无染着故，于现法中于所修习波罗蜜多，恒常殷重勤修加行无有放逸；无顾恋故，摄受当来不放逸因；无罪过故，能正修习极善圆满、极善清净、极善鲜白波罗蜜多；无分别故，方便善巧波罗蜜多速得圆满；正回向故，一切生处波罗蜜多，及彼可爱诸果异熟，皆得无尽，乃至无上正等菩提。

观自在菩萨复白佛言：世尊！如是所说波罗蜜多，何者最广大？何者无染污？何者最明盛？何者不可动？何者最清净？

佛告观自在菩萨曰：善男子！无染着性、无顾恋性、正回向性，最为广大；无罪过性、无分别性，无有染污；思择所作，最为明盛；已入无退转法地者②，名不可动；若十地摄、佛地摄者，名最清净。

观自在菩萨复白佛言：世尊！何因缘故，菩萨所得波罗蜜多诸可爱果，及诸异熟常无有尽，波罗蜜多亦无有尽？

佛告观自在菩萨曰：善男子！展转相依生起，修习无间断故。

注释

①**五相：**即前文之无染着、无顾恋、无罪过、无分别、正回向等五因缘。

②**入无退转法地者：**此指菩萨地修行阶位中之第八地。

译文

观自在菩萨又禀告佛陀说：世尊！菩萨的五种行为在其修行生活中究竟有何作用？

佛陀告诉观自在菩萨说：善男子！你应了解，如是五种行为，有五种作用。大致说来，由于菩萨们心无染着，在现世生活中，就能够恒常地郑重地修习各种方便方法，不会松懈或懒惰。由于菩萨们对于世俗生活无所顾恋，就不会放纵自己，沉迷声色，这将为来世的良善生活做好准备。由于菩萨们坚守戒律，决不犯罪，因而其修行方法能够圆满、清净、纯洁，能够引向彼岸。由于菩萨们不去妄加分别，所以各种有益于修行的助缘，也就不会白白地丢弃。最后，由于菩萨们随时随地把自己的修行功德，归诸人群、众生，所以其未来生生世世的果报都会良善而奇妙，乃至最终会将他引向最高最圆满的觉悟。

观自在菩萨又禀告佛陀说：世尊！以上所谓引向清净解脱的修行方法中，何种方法最为广大？何种方法没有染污？何种方法最为智慧？何种方法不可倾动？何种方法最为清净？

佛陀告诉观自在菩萨说：善男子！心无染着、心无顾恋，以及把功德归诸众生，这些修行方法最为广大。

不违犯戒律、不妄加分别，这些修行方法没有染污。运用智慧简择分析，此一方法最为智慧。已经处于第八阶位的菩萨，其修行方法不可倾动。佛地所领摄的一切方法，最为清净，最为圆满。

观自在菩萨又禀告佛陀：世尊！菩萨所获得的清净解脱的修行方法，以及靠这些方法得到的生命形式，无穷无尽，无有终端，这些究竟是什么缘故？

佛陀告诉观自在菩萨：善男子！清净解脱的修行方法，以及奇妙美好的生命形式，是相互作为对方的条件而存在的，菩萨在生生世世的生活中，又能精进努力，从不间断，故而其生命无尽，其清净解脱方法相应无尽。

原典

观自在菩萨复白佛言：世尊！何因缘故，是诸菩萨深信爱乐波罗蜜多，非于如是波罗蜜多所得可爱诸果异熟？

佛告观自在菩萨曰：善男子！五因缘故：一者波罗蜜多是最增上喜乐因故，二者波罗蜜多是其究竟饶益一切自他因故，三者波罗蜜多是当来世彼可爱果异熟因故，四者波罗蜜多非诸杂染所依事故，五者波罗蜜多非是毕竟变坏法故。

观自在菩萨复白佛言：世尊！一切波罗蜜多各有几种最胜威德？

佛告观自在菩萨曰：善男子！当知一切波罗蜜多，各有四种最胜威德：一者于此波罗蜜多正修行时，能舍悭悋、犯戒、心愤、懈怠、散乱、见趣所治；二者于此正修行时，能为无上正等菩提真实资粮；三者于此正修行时，于现法中能自摄受饶益有情；四者于此正修行时，于未来世能得广大无尽可爱诸果异熟。

观自在菩萨复白佛言：世尊！如是一切波罗蜜多，何因？何果？有何义利？

佛告观自在菩萨曰：善男子！如是一切波罗蜜多，大悲为因；微妙可爱诸果异熟，饶益一切有情为果；圆满无上广大菩提为大义利。

观自在菩萨白佛言：世尊！若诸菩萨具足一切无尽财宝，成就大悲，何缘世间现有众生贫穷可得？

佛告观自在菩萨曰：善男子！是诸众生自业过失。若不尔者，菩萨常怀饶益他心，又常具足无尽财宝，若诸众生无自恶业能为障碍，何有世间贫穷可得？譬如饿鬼为大热渴逼迫其身，见大海水悉皆涸竭！非大海过，是诸饿鬼自业过耳。如是菩萨所施财宝，犹如大海无有过失，是诸众生自业过耳，犹如饿鬼自恶业力令无有果。

译文

观自在菩萨再次禀告佛陀说：世尊！您根据什么道理说那些按照诸种修学方法去践修的人，是深深信念和爱乐着引导生命进化的修行方法本身，而不是贪恋于依据诸种修行方法所获得的美好果报呢？

佛陀告诉观自在菩萨说：善男子！我是根据五个理由做出这一陈说的：第一，引导生命向上进化的修行方法自身即是无上快乐的源泉；第二，引导生命向上进化的修行方法是能够给自己和他人带来真实福祉的真正原因；第三，引导生命向上进化的修行方法是帮助修行人获得未来世良善生存状态的直接的、现实的基础；第四，引导生命向上进化的修行方法，能消除染污生命真实本性的一切染污性事物；第五，引导生命向上进化的修行方法，不属于世俗生命世界中那些终究会变动消亡的无意义的东西之列。

观自在菩萨又禀告佛陀说：世尊！那些引导生命向上进化的修行方法，在修行生活中有哪些重要的现实功能呢？

佛陀告诉观自在菩萨说：以上诸种修学方法，在修行人的现实生命活动中都具有以下四种重要功能：其一，在按照这些方法践修时，修行人能够舍弃吝啬身命财产、违犯戒律、怨恨愤怒、懒惰懈怠、注意力不集中以及偏见执着等各种心理障碍；其二，在按照这些方法践修时，能为最高觉悟提供最真实的修行基础；其三，在按照这些方法践修时，在现实生活中就能够利济其他生命，为之提供利益和安乐；其四，在按照这些方法践修时，修行人就能为无穷无尽的未来世提供无穷无尽的有益影响。

观自在菩萨又禀告佛陀说：世尊！由哪些前提、条件才能引发出以上诸种修学方法？以上诸种修学方法又能招感什么果报？又能给修行人带来什么利益呢？

佛陀说：善男子！一切引导生命向上进化的修学方法都以对其他生命的真切慈悲为前提、条件；这些修学方法不仅能为修行人的未来世规划出净化的生存方向，而且能使修行人在现实生活里帮助其他生命，使之得到安乐和幸福；根据引导生命向上进化的修学方法，展开切实的修行活动，修行人最终就能获得最高最圆满的觉悟。

观自在菩萨又禀告佛陀说：世尊！如果那些从事改变精神、净化生命工作的菩萨们有无穷无尽的财产和珍宝，如果菩萨修行生活的出发点又是为了帮助一切生命，把他们引向安乐和幸福，那么为什么在现实人生社会里，我们又常能见到许多生命挣扎在饥饿困馑之中呢？

佛陀告诉观自在菩萨说：善男子！现实社会里的这种不完美状态，应该归咎于众生自己的生存行为。菩萨经常怀有利益他人之心，又拥有帮助其他生命的物资财富，假若不是生命自身的邪恶行为作为障碍，现实人生社会里又哪里能找到"贫穷"这回事呢？打个比方说：世间有一种被人们称为"饿鬼"的生命，他们在其存在中常有身心热渴的感觉，为身心中的烦恼所驱使，这些"饿鬼"就跑到大海边，可是在他们眼里，那大海是干涸的，没有水能解除他们的痛苦，他们就在痛苦中承受着折磨，那一望无际的滔滔海水在他们热渴的眼睛里却一无所见！这究竟是怎么回事呢？显然这不是大海的过错，而是"饿鬼"自身的生命形态造成了这一错误，由于"饿鬼"的生命行为极为特殊，他们的身体结构，精神结构也就极为特殊，以致人类眼中的汹涌海水，在他们眼中就浑同无物了。菩萨利济生命的财产珍宝正如大海之水那样无边无际，可是那些在饥饿中挣扎着的有情众生由于自己邪恶的生命行为及其影响，就感受不到这些财产珍宝的存在，正如"饿鬼"看不见海水的存在一样。

原典

观自在菩萨复白佛言：世尊！菩萨以何等波罗蜜多，取一切法无自性性？

佛告观自在菩萨曰：善男子！以般若波罗蜜多能取^①诸法无自性性。

世尊！若般若波罗蜜多能取诸法无自性性，何故不取有自性性？

善男子！我终不说以无自性性取无自性性。然无自性性离诸文字，自内所证，不可舍于言说文字，而能宣说。是故我说般若波罗蜜多能取诸法无自性性。

观自在菩萨复白佛言：世尊！如佛所说波罗蜜多，近波罗蜜多，大波罗蜜多。云何波罗蜜多？云何近波罗蜜多？云何大波罗蜜多？

佛告观自在菩萨曰：善男子！若诸菩萨经无量时修行施等，成就善法，而诸烦恼犹故现行，未能制伏，然为彼伏，谓于胜解行地软中胜解转时，是名波罗蜜多；复于无量时修行施等，渐复增上，成就善法，而诸烦恼犹故现行，然能制伏，非彼所伏，谓从初地已上，是名近波罗蜜多；复于无量时修行布施等，转复增上，成就善法，一切烦恼皆不现行，谓从八地已上，是名大波罗蜜多。

①**取**：体认。

译文

观自在菩萨又禀告佛陀说：世尊！菩萨根据什么去体认一切实体不存在的存在真实本性？

佛陀回答说：善男子！修行人根据能引导他生命达到圆满状态的智慧来体认实体不存在的存在本性。

观自在菩萨接着问：世尊！如果说这一超越的智慧能体认一切实体不存在的存在真实本性，那么为什么不说它也能体认存在的三种样态呢？

佛陀说：善男子！我终究不说可以把"没有实体存在的存在真实本性"当作一个观念来加以执着。没有实体的存在本性虽然不是语言可以描述的东西，它纯粹意指修行人在精神中自己体会到的那种境界，可是，如果舍弃语言文字，我们就对存在的本性一无所说，我们就不能把真理在现实世界上显示出来。所以我说，修行人根据引导生命进化的圆满智慧来体认"没有实体存在的存在真实本性"，对这一陈说万万不可仅根据表面文字而妄加执着！

观自在菩萨又禀告佛陀说：您曾经说过，修行人根据引导生命进化的诸种修学方法来践修，根据修行人在净化生命的历程上所达到的地步，可以把践修过程分成三个阶段，即引导生命进化的初步阶段、接近觉悟的阶段以及圆满觉悟阶段。现在我想知道，什么叫作"引导生命进化的初步阶段"？什么叫作"接近觉悟的阶段"？什么又叫作"圆满觉悟的阶段"呢？

佛陀告诉观自在菩萨说：善男子！如果那些菩萨在无穷无尽的久远时间里，按照诸种修学方法进修，做了许多值得称道的利他之事，然而他生命内部的邪恶情绪还发生着现实的作用，他没能制伏它们，反而常为它们所制伏，从修行阶位来看，这相当于修行人跃入菩萨阶位前的准备阶段，特别是智慧勃发，对真理形成确定性理念的时刻，更是这一阶段中至关重要的一步，——我就把修行人这一阶段修行生活称作"引导生命进化的初步阶段"；此后在无穷无尽的漫长时间里，菩萨继续按照诸种修学方法进修，他获得更大的力量和智慧来从事利他之行，虽然他生命内部的邪恶情绪仍然能够发生现实作用，但他已能控制这些情绪，而决不被它们所控制，从修行阶位来看，这是指菩萨第一地后的修行阶段，此时他已经接近真理、接近觉悟，所以我把这一阶段称作"接近觉悟的阶段"；此后又经过无穷无尽的久远年代，菩萨继续勤勉不懈地从事着净化生命的工作，他获得巨大的力量和智慧来从事利济群生的救度事业，他身心中的一切痛苦烦恼再也不能发生现实的作用，从修行阶位来看，这是指菩萨修行第八地以后的情况，所以我称之为"圆满觉悟的阶段"。

原典

观自在菩萨复白佛言：世尊！此诸地中烦恼随眠可有几种？

佛告观自在菩萨曰：善男子！略有三种：一者害伴随眠[1]，谓于前五地。何以故？善男子！诸不俱生现行烦恼，是俱生烦恼现行助伴，彼于尔时永无复有，是故说名害伴随眠。二者羸劣随眠，谓于第六第七地中微细现行，若修所伏不现行故。三者微细随眠，谓于第八地已上，从此已去，一切烦恼不复现行，唯有所知障为依止故。

观自在菩萨复白佛言：世尊！此诸随眠几种粗重断所显示？

佛告观自在菩萨曰：善男子！但由二种：谓由在皮粗重断故，显彼初二；复由在肤粗重断故，显彼第三。若在于骨粗重断者，我说永离一切随眠，位在佛地。

观自在菩萨复白佛言：世尊！经几不可数劫，能断如是粗重？

佛告观自在菩萨曰：善男子！经于三大不可数劫。或无量劫，所谓年、月、半月、昼夜、一时、半时、须臾、瞬息、刹那量劫不可数故。

观自在菩萨复白佛言：世尊！是诸菩萨于诸地中所生烦恼，当知何相？何失？何德？

佛告观自在菩萨曰：善男子！无染污相。何以故？是诸菩萨于初地中定，于一切诸法法界已善通达，由此因缘，菩萨要知方起烦恼，非为不知，是故说名无染污相；于自身中不能生苦，故无过失。菩萨生起如是烦恼，于有情界能断苦因，是故彼有无量功德。

观自在菩萨复白佛言：甚奇！世尊！无上菩提乃有如是大功德利，令诸菩萨生起烦恼，尚胜一切有情、声闻、独觉善根，何况其余无量功德？

注释

①**害伴随眠**：指菩萨修行前五地中那些后天而起的烦恼，这些后起烦恼是与生俱来的烦恼之助伴，能辅助与生俱来的烦恼，使之发挥出强烈的破坏作用，所以它被称为"害伴随眠"，意即它是那些与生俱来的烦恼之"有害的伙伴"。

译文

观自在菩萨又禀告佛陀说：世尊，在菩萨修行的十个阶位中，痛苦烦恼贮藏于生命深层的心理潜势力又可以分成哪些种类呢？

佛陀回答说：概略说来，这些邪恶情绪的心理潜势力共有三类：第一类潜势力被称作"有害的助伴"，这是指菩萨修行前五地中那些后天生活里培植起来的邪恶情绪之潜在势力，它们能帮助另外那些与生俱来的烦恼潜势力，协助它们，使它们发生出现实的作用，所以说这些后天的烦恼势力是与生俱来的烦恼潜势力的有害的助伴，这类"有害的助伴"在修行第五地将被永远清除掉；第二类潜势力叫作"没有现实作用的烦恼潜势力"，这些潜势力在修行的第六地和第七地上或者有微弱的表现活动，或者已被修行人完全控制住了，不再能发生任何现实作用；第三类潜势力叫作"微细的烦恼潜势力"，这是指第八地以后的烦恼潜势力，在此地，修行人尚不能对存在的各方面透彻地进行体认，这是由于菩萨心理上还残存着对一切认知境界极为细微的实体执着，这种微细的实体执着正是"微细的烦恼潜势力"之表现形式。

观自在菩萨又禀告佛陀说：世尊！消除这些邪恶情绪潜在势力的过程又可以分成哪些阶段呢？

佛陀说：大略说来，可分成两个阶段：其一，消除烦恼潜势力的初步阶段，这是指消除菩萨修行第七地以前的那两种烦恼潜势力，由于这些潜势力在生命结构里还属于较表层的内容，所以我们可以把这一修行阶段形象化地称为"消除皮肤里的烦恼潜势力"；其二，消除烦恼潜势力的高级阶段，这是指消除第八地以后那些不再发生现实作用的烦恼潜势力，由于这些潜势力在生命结构里属于较深层次里的内容，所以我们又可以形象化地把这一修行阶段称为"消除腠理中的烦恼潜势力"。再者，我们还可以说存在一个消除烦恼潜势力的最高阶段，这指的是成佛地，在此地，一切烦恼潜势力都被彻底地消除了，换句话说，修行人知识上的那种细微障碍在此也被彻底突破，修行人对存在获得圆满透彻的认知，由于那种细微的知识障碍是生命结构中最深层次的内容，所以我们也可形象地把这一修行阶段称为"消除骨髓里的烦恼潜势力"。

观自在菩萨又禀告佛陀说：世尊！要经过多少不可称数的久远时间才能彻底消除掉这些扰乱生命，使之不得向上进化的烦恼潜势力呢？

佛陀告诉观自在菩萨说：善男子！要经过三个"不可称数的久远时间"，修行人才能完成其修行任务。在此，我用所谓"不可称数的久远时间"来指那种绵延极长的时间单位，这个时间单位是无法用数字表示出来的。

观自在菩萨又禀告佛陀说：世尊！修行人在菩萨阶位上新生起来的烦恼，它的表现特征是怎样的？它会引起过失吗？它自身还有其他功用吗？

佛陀告诉观自在菩萨说：善男子！修行人在菩萨阶位上发生现实作用的烦恼，其主要特征是，这些烦恼不会影响他的修行生活，不会染污修行生命的真实本性。为什么这样说呢？因为，修行人既然已跃进菩萨修行阶位的第一地，那就表明他对存在现象各种可能有的分类、区划已经有了正确的认识，根据这一点，菩萨就必然清楚地意识到修行地上可能会引发的烦恼现实活动，他是自觉的，他已消除生命的无知状态，他的精神结构已具备这样一个特征：他对自己表层意识和深层心识中的一切行为、一切动作都保持着清醒的反思能力。所以我说，这些烦恼绝不会染污修行生命的真实本性，绝不会阻碍他向上的发达和进化。菩萨修行阶位上发生着作用的烦恼情绪不至于对其身心构成压迫，不至于引起生命的流转、变动和沦没等，所以说它们不会产生什么过失。更有甚者，菩萨修行阶位上这些发生现象作用的烦恼情绪，对于其他众生来说，正是帮助他们解除身心苦痛的重要外部条件，所以说它们拥有巨大的作用和功能。

观自在菩萨又禀告佛陀说：十分奇特！世尊！无上

的圆满觉悟乃有这样的大功德利益，能令希求成佛的修行人生起烦恼，且还胜过一切有情众生、体会四种真理的修行人、思考生命流转过程的修行人，更何况其他的无量功德？

原典

观自在菩萨复白佛言：世尊！如世尊说：若声闻乘，若复大乘，唯是一乘①。此何密意？

佛告观自在菩萨曰：善男子！如我于彼声闻乘中，宣说种种诸法自性，所谓五蕴或内六处、或外六处，如是等类；于大乘中，即说彼法同一法界②，同一理趣③故，我不说乘差别性④。于中或有如言于义妄起分别。一类增益，一类损减⑤，又于诸乘差别道理谓互相违，如是展转递兴诤论。如是名为此中密意。

尔时，世尊欲重宣此义，而说颂曰：

诸地摄想所对治，殊胜生愿及诸学，
由依佛说是大乘，于此善修成大觉。
宣说诸法种种性，复说皆同一理趣，
谓于下乘或上乘，故我说乘无异性。
如言于义妄分别，或有增益或损减，
谓此二种互相违，愚痴意解成乖诤。

尔时，观自在菩萨摩诃萨复白佛言：世尊！于是解深密法门中，此名何教？我当云何奉持？

佛告观自在菩萨曰：善男子！此名诸地波罗蜜多了义之教，于此诸地波罗蜜多了义之教汝当奉持。

说此诸地波罗蜜多了义教时，于大会中，有七十五千菩萨皆得菩萨大乘光明三摩地。

注释

①**一乘**：同一种教法。

②**同一法界**：种种类型的存在现象其实都是同一种存在现象。

③**同一理趣**：一切教法同样依据存在的真实本性而说，又同样将修行人引回到存在的真实本性。

④**我不说乘差别性**：我不认为在为以上两类人所陈说的教法中有什么本质上的不同。

⑤**一类增益，一类损减**：遁伦解释说："闻说三乘同一如性，或执二乘同彼大乘，名为增益；或执大乘同彼二乘，名损减。"意谓，在听说不同的教法都是事物真实本性的显现后，有人就说旨在解除全部生命活动的教法在价值上是和成佛教法相等的，这一类人看不到初级教法的不足，这是在初级教法上"增益"了它所不具备的

价值和品性；另外一些人就说旨在成佛的教法同旨在解除生命活动的教法在意义上是一致的，这些人也没有了解两种教法的差别，看不到成佛教法的优越性，把高级教法和初级教法在意义上给予抹平，这事实上就是在高级教法上"损减"了它本来具有的优越价值和品性。

译文

观自在菩萨又禀告佛陀说：世尊！您曾经说过，您为那些要求放弃生命活动的修行人所陈说的教法，和为追求成佛目标的修行人所陈说的教法，都是同一个教法。您这一说法的真实意蕴是什么呢？

佛陀告诉观自在菩萨说：善男子！我在为那些企求放弃一切生命活动的修行人陈说教法时，曾经对存在现象、生命现象做过种种分类、种种描述，例如，构成生命的成分聚集体、引发认识的六种感知功能及意识功能，感觉、知觉及意识活动的六种对象等，就是属于这一种情况；在给希求成佛目标的修行人陈说教法时，我就说先前讲过的种种存在现象、种种存在形式、存在类别等，其实都只是同一种、同一类的存在现象，它们都是依据事物的真实本性而说的，它们都归宿于事物的真实本性，我不觉得上述两类教法有什么本质上的差别。可是人们在听到我这些说法后，就往往抓住我的只言片语，对我教法中的道理妄加推断，对我陈说教法的方式妄作评判。其中有些人一听说不同的教法都是事物真实本性的显现，就认为旨在解除全部生命活动的教法在价值上是和旨在成佛的教法相等的，这一类人看不到前面那种教法的诸多欠缺和不足；另外一些人就说旨在成佛的教法和旨在解除生命活动的教法，它们在意义上都是一样的，不必在二者之间评判孰优孰劣，这类人也不了解两种教法的差别，看不到成佛教法的意义到底何在；还有一类人就说不同类型的教法在内容上是互相抵触的，这样他们就对我的教法反复争论，莫衷一是，寻不出个正确的判教方法。要知道，不同类型的教法在其共同依据的真理上是绝对一致的，但不同的教法针对不同的时间、地点和对象而说，因而它们在具体内容与价值上就理所当然地存在着差别。这就是我所谓"一切教法都是同一个教法"这一命题的真实意蕴之所在。

当时佛陀想把以上教法的要领用简略语言概括出来，以便于一般人记忆和掌握，就说了下面这些偈颂。他说：

在菩萨修行的阶位上，统摄了以下诸多内容：即，应予彻底消除的烦恼潜势力，奇妙的、净化了的生存方式，济度一切生命的浩大志向，引导生命进化的诸多修学方法等等，这些构成"菩萨修行阶位"的内容。根据佛所说的这些修学方法，勤勉进修，最终必然能把众生由生死流转状态引导到自由安乐状态，从而实现最高最圆满的觉悟。

我曾说不同现象有不同的性质和分类，又说一切现象都是存在本性的显现，我说真理既表现在初级教法中，又表现在高级教法中，所以不同教法在根本原理上乃为一贯。

有些人执着于只言片语，对于教法中的道理妄加推断，有人就把初级教法抬举到高级教法的阶位，也有人硬把高级教法降到初级教法的水平，还有人说两类教法在性质上互相乖悖，这些人本性愚昧，又固执己见，所以争论不休。

当时观自在菩萨又请问佛陀说：世尊！在解析深奥意蕴的教法中，以上教法应该叫作什么名字呢？我们应当怎样去保护它、奉行它？

佛陀告诉观自在菩萨说：善男子！以上教法叫作"陈说菩萨修行阶位的能引导生命向上进化的教法"，你应当按照教法揭示的修学方法展开进修净化生命，这就是对教法的保护和奉行。

在佛陀陈说这一教法时，与会大众中有七万五千个菩萨获得静中思维的修行精神结构，开发出了体认存在现象的无边智慧。

8 净化的完成——真正的生命

如来成所作事品第八

　　尔时曼殊室利菩萨摩诃萨请问佛言：世尊！如佛所说如来法身[①]。如来法身有何等相？

　　佛告曼殊室利菩萨曰：善男子！若于诸地波罗蜜多，善修出离，转依[②]成满，是名如来法身之相[③]。当知此相二因缘故，不可思议。无戏论故，无所为故。而诸众生计着戏论，有所为故。

　　世尊！声闻独觉所得转依，名法身不？

　　善男子！不名法身。

　　世尊！当名何身？

善男子！名解脱身④。由解脱身故，说一切声闻、独觉与诸如来平等平等；由法身故，说有差别。如来法身有差别故，无量功德最胜差别，算数譬喻所不能及。

曼殊室利菩萨复白佛言：世尊！我当云何应知如来生起之相？

佛告曼殊室利菩萨曰：善男子！一切如来化身⑤作业，如世界起一切种类。如来功德众所庄严，住持为相。当知化身相有生起，法身之相无有生起。

曼殊室利菩萨复白佛言：世尊！云何应知示现化身方便善巧？

佛告曼殊室利菩萨曰：善男子！遍于一切三千大千佛国土中，或众推许增上王家，或众推许大福田家，同时入胎、诞生、长大、受欲⑥、出家、示行苦行、舍苦行已、成等正觉，次第示现，是名如来示现化身方便善巧。

注释

①**法身**：佛以"法"为身，故名"法身"；"法"既指存在的真实本性，也指由存在本性而融注的一切存在现象，因此佛以"法"为身，也就是以存在的真实本性作为自己的身体，今译为"真正生命"。

②**转依**：依据最高最圆满的觉悟，改变痛苦烦恼的

生存状态，也就是"转烦恼为菩提"。

③**是名如来法身之相**：遁伦解释说："此中意谓，于诸地中修出离以为了因，显净真如转依成满，是法身相。"意思是说，通过在诸种修行阶位中勤勉不懈地修学止观，改变自己的思维结构，为真理之展示提供了认识上的基础和前提，这就能使存在的真实本性圆满显现出来，修行人通过践修实现存在本性的这一切活动就是真正生命的表现。

④**解脱身**：指解除了痛苦烦恼的生命。遁伦在解释"解脱身"与"法身"的差别时说："二乘转依不名法身，以其未断所知障，由断惑障所显真如名解脱身，由解脱身三乘平等，由法身故有其差别。"这就是说：两种生命之间的差别表现在"断惑证真"两个方面，首先，解除了痛苦烦恼的生命是排除一切心理障碍而实现的，它尚未把知识障碍也全部排除掉，而真正生命、佛的生命则不仅排除了一切心理障碍，而且排除了一切知识障碍，换句话说，"解脱身"仍然是相对自由的生命，而真正生命则是绝对自由的；其次，与"断障"紧密联系的是"证真"，即通过排除生命内部的障碍使存在的真正本性显现出来，"解脱身"与"法身"由于在消除生命障碍的层次上有浅有深，它们透过障碍所显示的存在本性也就有了深浅差别。

⑤**化身**：觉者为救济众生变现而成的生命，由于变现生命存在于同其他生命共在的生存世界上，所以它和一切世俗生命一样，有生起、有变化、有消亡；另一方面，它又是真正生命的表现形式，是真理现实化在人间，所以它没有真实的生起、变化和消亡。

⑥**受欲**：指佛娶妻生子。

译文

当时曼殊室利大菩萨禀告佛陀说：世尊！您曾经说过，佛相应于真理的真正生命。佛与真理契合的"真正生命"有什么特征呢？

佛陀告诉曼殊室利大菩萨说：善男子！你如果依照菩萨阶位上那些能引导生命进化的修学方法去切实践修，从染污生命真实本性的事物中渐渐脱离出来，依据生命的圆满、安乐和自由，转化流转变异中的现实生命，依据最高最圆满的觉悟，转化痛苦烦恼的生存状态，当改变身心性命的工作圆满完成之后，修行人就获得全新的生命，我们称之为"得到相应于真理的真正生命"。你们应当知道，由于两个原因，要去陈述"真正生命"的特征是极其困难的，因为"真正生命"本身拒绝人们用寻常的心识去思考，或者用日常生活中的语言来描述。这两个原因是：首先，真正的生命，它不是世俗认识的思维对象，世俗认识中的名称、概念、命题、观念等根本不适合去描述它；其次，真正的生命，它是超越于任何功利活动之上的，这就是说，它的存在方式和运作方式与世俗生命活动完全不同。与"真正生命"相比，流转变异中的世俗生命正好具备与前者截然相反的两个特征：首先，世俗生命中的知识总是游离于真理之外，我们自认为在认识真理，实际上只是在做无谓的语言游戏；其次，世俗生命总是围绕生存问题而运转，现实生命的一切动机无往而不编织于实用主义的因果网络之中。

曼殊室利菩萨又问佛陀说：世尊！那些接受四种真理而修行的人，那些思考生命流转过程而修行的人，他们在改变痛苦烦恼的非自由生命后所能获得的新生命也可以称作真正的生命吗？

佛陀回答说：善男子！这两类修行人所获得的生命不能叫作真正的生命。

曼殊室利菩萨接着问：世尊！那么他们究竟获得何种生命呢？

佛陀说：善男子！这些修行人获得的生命可以称为"解除了痛苦烦恼的生命"，它还不是"真正生命"。根据这种解除了痛苦烦恼的生命，可以说那些体会四种真理的修行人、思考生命流转过程的修行人以及圆满觉悟的佛之间是完全平等的，因为佛的生命也同样拥有这一特征：它已经解除了痛苦烦恼的不自由状态。可是根据与真理相应的"真正生命"，这三种修行人之间就大有差别了。总地说来，那从真理而来的"真正生命"同前两类修行人所获得的"解除了痛苦烦恼的生命"相比，它们在性质、功能和道业上的差别极其巨大，"真正生命"的优越性是语言无法称说、数字无法计算的。

曼殊室利菩萨又禀告佛陀说：世尊！我现在想了解佛陀生命产生时的情况。

佛陀说：善男子！那些与真理相应的诸佛，会变现他们的身体到宇宙世界里去做各种各样的救济众生之事业，这就像大地上诸种因缘条件辗转变化，因而万事万物的生机就能勃发出来。与真理相应的佛，他所变现的生命是由各种庄严事业积聚起来的，他是绝对真理在生存世界上的完美体现。你应当知道，对于佛为教化众生而变现的生命，可以说他有产生，至于那真正的生命，"产生"这一概念根本就不适合去表达它。

曼殊室利菩萨又禀告佛陀说：世尊！我想了解佛为教化众生而变现的生命，这个"变现生命"的情况究竟是怎样的呢？

佛陀告诉曼殊室利菩萨说：善男子！佛变现生命的具体情况是这样的：佛在三千大千世界这个属于他教化

范围内的种种生命存在的地方，或者选择握有巨大权力的贵族家庭，或者选择那些家资殷丰而又乐善好施的人家，佛可以在不同地点同时去变现生命，他进入母胎、诞生、长大、娶妻生子、离开家庭志意向道、寻求苦行的方式去达到解脱、摒弃苦行这种无效的方法、成就最高最圆满的觉悟，以上几个生命阶段按次序显现，这就是佛变现生命的一般情况。

原典

曼殊室利菩萨复白佛言：世尊！凡有几种一切如来身所住持言音差别？由此言音所化有情，未成熟者令其成熟，已成熟者缘此为境速得解脱。

佛告曼殊室利菩萨曰：善男子！如来言音略有三种：一者契经①，二者调伏②，三者本母③。

世尊！云何契经？云何调伏？云何本母？

曼殊室利！若于是处，我依摄事④显示诸法，是名契经。谓依四事，或依九事，或复依于二十九事。

云何四事？一者听闻事⑤；二者归趣事；三者修学事；四者菩提事。

云何九事？一者施设有情事⑥；二者彼所受用事；三者彼生起事⑦；四者彼生已住事；五者彼染净事；六者彼

差别事⑧；七者能宣说事；八者所宣说事；九者诸众会事。

云何名为二十九事？谓依杂染品，有摄诸行事；彼次第随转事；即于是中作补特伽罗想已，于当来世流转因事；作是想已于当来世流转因事；依清净品，有系念于所缘事；即于是中勤精进事；心安住事；现法乐住事；超一切苦缘⑨方便事；彼遍知事，此复三种：颠倒遍知所依处⑩故，依有情想外有情中邪行遍知所依处⑪故，内离增上慢遍知所依处⑫故；修依处事；作证事；修习事；令彼坚固事；彼行相事；彼所缘事；已断未断观察善巧事；彼散乱事；彼不散乱事；不散乱依处事；不弃修习劬劳加行事；修习胜利事；彼坚牢事；摄圣行事；摄圣行眷属事；通达真实事；证得涅槃事；于善说法毗奈耶中世间正见，超升一切外道所得正见顶事⑬；及即于此不修退事，于善说法毗奈耶中，不修习故说名为退，非见过失故名为退。

注释

①**契经**：又称"经藏"。

②**调伏**：又称"律藏"。

③**本母**：又称"论藏"。

④**摄事**：指把同一性质、同一类型的事物分门别类地放在一起给予解说。

⑤**听闻事**：指接受教法，思考教法而引发的两种智慧，此依遁伦所说。

⑥**施设有情事**：讲述构造有情生命的各种成分聚集体，即"五蕴"学说。

⑦**彼生起事**：讲述生命展开的过程、环节等，即"十二因缘"学说。

⑧**彼差别事**：指对包括生命现象在内的整个宇宙世界的分类说明，即"五界"学说。

⑨**超一切苦缘**：苦缘，指引发痛苦烦恼的原因、条件，意即解除生命一切流转之苦。

⑩**颠倒遍知所依处**：指对欲念生命生存现状之观察。颠倒，即各种错误的知识、观点和观念。遍知，指无处不在无时不在的痛苦烦恼。

⑪**依有情想外有情中邪行遍知所依处**：指对没有欲念但有物质性肉体的生命现状之观察。情想，即欲念、欲望之义；邪行遍知，指由于贪恋安宁安乐的精神境界而引起的痛苦烦恼。

⑫**内离增上慢遍知所依处**：对既无肉体又无欲念但残留思想活动的生命现状之观察，这是指"无色界"生命。"增上慢"指强烈的、显在的自我观念执着，"无色界"

中的生命虽然放弃了自我观念的显在形式，但主体执着的心理潜势力仍然在生命结构中滞留、保存着，所以它仍然是痛苦烦恼的世俗生命。

⑬**外道所得正见顶事**：佛教外的其他各种学理在思维水平上可能达到的最高峰。

译文

曼殊室利菩萨又禀告佛陀说：世尊！佛所说的经典可以看成是佛与真理相应的真正生命的具体表现形式，因为表述真正生命的经典存在着，那些尚未能自我把握其生命流转方向的人必然能自我把握了，那些已能把握生命进化方向的修行人，就可以通过研究佛的教法经典而快速地解除痛苦烦恼。现在我想知道，那表述佛"真正生命"的经典分成哪几个部分呢？

佛陀告诉曼殊室利菩萨说：善男子！表述佛真正生命的经典可以分为三个部分：一是经藏，二是律藏，三是论藏。

曼殊室利菩萨接着问：世尊！那么，什么叫作"经藏"？什么叫作"律藏"？什么又叫作"论藏"呢？

佛陀说：曼殊室利！如果我把同一性质的事物放在一起，分门别类地给予解说，这样来分析一切存在现象的经典就叫作"经藏"。我有时根据四样事物分析存在现象，有时根据九样事物分析存在现象，甚至有时根据二十九样事物来分析存在现象。

究竟是哪四样事物呢？第一是接受教法、思考教法后引发出来的两种智慧；第二是归敬佛、归敬佛亲证的真理及佛施设的教法；第三是指帮助众生展开现实修行活动的三种学问，即戒律学、禅定学和智慧学；第四是走向真理的具体方法，共包括三十七种方法。

究竟是哪九样事物呢？第一是构成生命现象的五种成分聚集体，包括肉体物质、感受功能、造相功能、心理欲念及意识活动等；第二是生命与外界接触后发生统摄作用，生命利用感知功能在外界环境的刺激下产生感觉、知觉，并同时向环境有所摄取，用以维系生命的生存和发展；第三是生命活动具体过程的展开，这里陈述了构成展开过程的十二个环节；第四指生命的资生方式，资生方式有世俗生命的资生方式以及与真理相应的资生方式这两大类别；第五是关于染污生命的状态、原因以及净化生命的状态、原因的描述，这就是四种真理的相关教法；第六是对宇宙世界中各种存在现象的一个总体分类，包括自然界、生命现象、真理教法、真实的生命状态、诸种走向真理的修学方法等五大类；第七是能陈说真理的觉者，即佛；第八是被陈说的真理，即教法；第九是参与佛教会议的大众，这包括贵族、出家修行人、有学问的人、有财势的人、四种天界生命等。

究竟是哪二十九样事物呢？第一指构成生命现象的五种成分聚集体；第二指由十二个环节组成的生命展开过程；第三指在无主宰存在的流转过程中执着有主宰、主体的实体式存在，这一错误观念成为招感未来生命流转状态的重要原因；第四指在没有实体存在的流转过程中执着有对象、客体的实体式存在，这一错误观念也是招感未来生命流转状态的一个重要原因；第五指培养注意力的四种方法，它们的主要原则是根据教法指导，把注意力集中到某一事物之上，这样通过持久的努力使精神渐渐集中到真理之上；第六指通过反复研究教法而获得的智慧，这一研究过程中需要极大的意志力之参与；第七指静中思维功夫，其主要特征是把认知对象体会为精神活动之展现，从而得以突破外在实体的顽固观念；第八指提高了的静中思维能力，此时精神已能持久地倾注于存在本性之上；第九指同解除生命流转之苦这一最高目标，为实现这一宏伟目标做准备的良善行为；第十指对世俗生命痛苦烦恼状态的全面认识和观察，这又包括三方面内容，其一是对有欲念的生命现状之观察，其二是对没有欲念但有肉体的生命现状之观察，其三是对既无欲念又无肉体但残存思想活动的生命现状之观察，在第一种生命状态里，最主要的痛苦根源是颠倒性的知识和观念，它们是从对自我与对象这两重实体执着里引发出来的，在第二种生命现状里，思维方式仍然是邪恶的，第三种生命则稍稍能克服一些自我执着，但自我执着的烦恼潜势力仍然深深隐伏在他们的深层生命结构里；第十一指造成生命痛苦现状的基本原因；第十二指亲自体会到真理，也指被体认到的生命自由状态和存在真实本性；第十三指解除痛苦烦恼实现生命自由的具体修行方法；第十四指已直接"看见"真理，再也不会从真理的道路上退回去；第十五指在真理这一绝对知识指导下的关于存在特殊性的知识；第十六指与真理相应的认识之思维对象；第十七指对已被断除的后天烦恼和未被断除的先天烦恼都进行细致的观察；第十八指"看见"真理后仍然会偶尔失控的心理状态；第十九指旨在调节失控状态的一些修行手段；第二十指绝对不会再失控的修行精神思维结构；第二十一指刻苦修学以期清除欲念生命状态中的身心烦恼；第二十二指刻苦修学以期清除没有欲念但有肉体的生命现状中的身心烦恼；第二十三指菩萨修行第八阶位创获的与真理绝对相应的精神结构；第二十四指与真理相应的智慧；第二十五指与真理绝对相应同时能体认存在各方面特殊性的智慧；第二十六指为了使生命进入一切烦恼不再存留的自由状态，应首先研究什么是真实的道理，什么是错误的妄见；第二十七指为了使生命进入一切烦恼不再存留的圆满自由中，首先致力于消除各种烦恼的现实活动；第二十八指在佛教教法中获得正知正见，尽管此种知见还未越出流转变动的范围，但已足够超过那些不按佛教教法修行的人在思维水平上达到的最高峰；第二十九是指虽然一些众生对我的教法产生了正知正见，但他不能在此正知正见的指导下，勤勉地展开修行工作，我就说他们从真理的道路上退回来了，不是说要现实地产生出与真理不相应的错误观念才可以叫作"从真理的道路上退回来了"，一个人虽然有正知正见，但他不能认真地改变自己的精神结构，不能认真地从事净化生命的实践，这就已经是"从真理的道路上退回来了"。

原典

曼殊室利！若于是处，我依声闻及诸菩萨，显示别解脱①及别解脱相应之法②，是名调伏。

世尊！菩萨别解脱几相所摄？

善男子！当知七相：一者宣说受轨则事③故；二者宣说随顺他胜事④故；三者宣说随顺毁犯事⑤故；四者宣说有犯自性故；五者宣说无犯自性故；六者宣说出所犯

故；七者宣说舍律仪故。

曼殊室利！若于是处，我以十一种相，决了分别显示诸法，是名本母。何等名为十一种相？一者世俗相，二者胜义相，三者菩提分法所缘相⑥，四者行相⑦，五者自性相，六者彼果相，七者彼领受开示相，八者彼障碍法相，九者彼随顺法相，十者彼过患相，十一者彼胜利相。

世俗相者，当知三种：一者宣说补特伽罗故，二者宣说遍计所执自性故，三者宣说诸法作用事业故。

注释

①**别解脱**：修行人应当恪守的戒律。

②**别解脱相应之法**：与戒律相关的事物。

③**宣说受轨则事**：阐述接受戒律时应举行的相关仪式。

④**宣说随顺他胜事**：阐述针对一些严重罪行制定的禁止性戒律。

⑤**宣说随顺毁犯事**：详细规定具体戒律的适用范围。

⑥**菩提分法所缘相**：三十七条通向真理的方法各自所研究的事物、内容。

⑦**行相**：指八个类别的事物。

译文

曼殊室利！我在有些经典中为体会四种真理的修行人和希求成佛的修行人各自制定了一些他们应该遵守的戒律，与此同时也陈述了与戒律有联系的一些相关事项，这一部分经典即叫作"律藏"。

曼殊室利菩萨又请问佛陀说：世尊！您在经典中为菩萨们制定的戒律，其内容共有哪些部分呢？

佛陀说：善男子！这部分"律藏"内容共有七个方面：一是讲述接受戒律时应举行的相应仪式；二是针对一些重大罪行的制止戒律，这些重大罪行包括杀害、偷盗、邪淫、谎言等；三是详细规定具体戒律的适用范围；四是从理论上说明处于流转变异生存状态中的众生有违犯戒律的潜在可能性；五是从理论上证明那些在精神改变上取得很大进步的修行人不再有违犯戒律的潜在可能性；六是规定修行人从犯戒状态摆脱出来的具体方法和步骤；七是讲述一些修行人接受戒律一段时间后又摒弃戒律时可能会出现的情况。

曼殊室利！我在一些经典中，从十一个方面来研究存在现象，对之进行细致深入的分析和讨论，这部分经典就叫作"论藏"。这里说的是哪十一个方面呢？第一是存在流转变异的方面；第二是存在的真实本性；第三是三十七条引向真理的认识方法各自所研究的事物；第四是讨论八个类别的事物；第五是走向真理的方法本身；第六是消除一切痛苦烦恼后所获得的功德；第七是如何接受觉者的智慧，又如何把觉者的智慧传达给他人；第八是能够染污修行方法的一些事物；第九是实现真理的辅助性手段；第十指那些染污修行方法的事物所带来的错失；第十一则指实现真理的辅助性手段所带来的乐观成果。

所谓存在流转变异的方面，这指的是以下三种情况：其一是根据五种事物的成分聚集体假说有生命现象存在，而此一生命被一般众生以"自我"统摄起来；其二是意识处处计较而虚构的实体存在样态；其三是指依据因缘条件流转的生命现象、生命过程、生命活动等。

原典

胜义相者，当知宣说七种真如故。

菩提分法所缘相者，当知宣说遍一切种所知事故。

行相者，当知宣说八行观故。云何名为八行观耶？一者谛实故，二者安住故，三者过失故，四者功德故，五者理趣故，六者流转故，七者道理故，八者总别故。

谛实者，谓诸法真如。安住者，谓或安立补特伽罗，或复安立诸法遍计所执自性，或复安立一向①、分别②、反问③、置记④，或复安立隐密、显了、记别、差别。

过失者，谓我宣说诸杂染法，有无量门差别过患。功德者，谓我宣说诸清净法，有无量门差别胜利。理趣者，当知六种：一者真义理趣，二者证得理趣，三者教导理趣，四者远离二边理趣，五者不可思议理趣，六者意趣理趣。

流转者，所谓三世三有为相，及四种缘⑤。

注释

①**一向**：指对任何时间、地点都普遍适用的说法。

②**分别**：对有些对象适用，而对另外一些对象则不适用的说法。

③**反问**：只提出问题却不给予回答的说法。

④**置记**：干脆置而不答的说法。

⑤**四种缘**：事物产生、变化和消亡的四种条件。这四种条件是：其一，因缘，指产生事物的亲因、内部条件；其二，等无间缘，指心理活动前后相续的关系，其中，在前的心理活动为在后的心理活动之展开开辟了道路；其三，所缘缘，即指认知活动中的对象是认知活动得以产生的一个条件；其四，增上缘，其他一切有助于

事物发生的事物，它们虽然不能直接引发出某种生命行为，但它们为引发此种生命行为提供了一些辅助性的条件。

译文

所谓存在的真实本性，这就是我前面曾提出的七种存在本性之说。

所谓三十七种认识真理的方法各自所研究的事物，总起来说也就是我们知识的全体。

所谓概述八个类别的事物，事实上是侧重研究跟修行有关的事物：第一是观察什么是事物中真实的东西；第二是观察存在现象中哪些是假借语言概念成立而其自身其实并不存在的东西，同时观察佛陀陈说教法的一些原则；第三是观察那些染污众生本性的事物给众生带来的错失；第四是观察净化生命的事物给众生带来的利益；第五是观察教法中各种道理的真实意义；第六是观察流转众生中包含的因果原则；第七是研究教法中的各种道理；第八是观察教法提示的具体修行方法。

所谓观察真理，实即观察存在的真理本性。

所谓观察存在中假借语言概念成立的东西，包括五类成分聚集体复合而成的生命现象，人们在这个复合体中执着有统摄性的、主宰性的自我之存在；也包括意识处处计较而虚构的一切事物之实体；还包括佛陀为了陈说真理而使用的一些陈说原则，例如：对任何人的讲说都一致的说法，在有些时间、地点这样说，另外一些时间、地点则那样说的说法，只问而不回答的说法，干脆搁置起来不予讨论的说法，声明不可用语言表述的说法，无人来问而自陈真理的说法等；佛陀的教理陈说不仅为了表达真理的需要，而且需要考虑时间、地点、听众接受的可能性等诸多因素，因此这些说法原则的成立，即表明不可对具体教法过于执着。

所谓染污生命本性的事物给生命带来的错失，我已经在很多地方以很多方式讲过了。所谓净化事物给生命带来的利益，也在很多地方以很多方式讲过了。

所谓观察教法中各种道理的真实意义，也就是观察这些道理究竟归向什么，究竟引导什么，究竟以什么作为目的。这可以从以下六个方面来讨论：第一，有关存在本性的教法，这里所谓"存在本性"将把修行人导向什么？第二，有关亲身体证的教法，这里"亲身体证"究竟引导人体认什么呢？第三，佛陀的全部教导究竟以什么作为归宿呢？第四，佛陀告诉我们要远离两个错误的极端，那么远离两个错误的极端究竟远离什么呢？第五，教法中在阐述最高生命状态时，常用"不可思议"

一词来表示其特质，那么，"不可思议"究竟是什么意思呢？第六，佛陀的全部教法可以被看成一个首尾一贯的整体，而在佛陀施教的具体历史阶段，乃至于在同一部经典中不同的地方，却又常常有诸多分歧之处，这样安排教法的意蕴又到底何在呢？

所谓观察生命流转过程的因果原则，也就是观察在过去、现在和未来这三个时间维度里流转变动着的生命活动状况，包括生命现象产生、持续和消亡的阶段性，也包括贯穿在三个发展阶段以及三个时间维度里的因果转化之原因、结果等，我已经在很多地方把促成生命变动的原因条件概括为以下四项：其一，生命现象中一切活动的直接原因，这可以看成是身心内部的诸种推动力量；其二是精神活动持续变动的条件，这是指，在精神活动的具体展开过程里，凡在前的精神活动都为在后的精神活动开辟了道路；其三，作为认知活动的对象能辅助认识活动发生，因而对象是认知活动发生的外部条件；其四，其他一切有助于生命活动发生的事物也都是生命活动中的原因和条件。

原典

道理者，当知四种：一者观待道理，二者作用道理，三者证成道理①，四者法尔道理②。

观待道理者，谓若因若缘能生诸行及起随说，如是名为观待道理。

作用道理者，谓若因若缘能得诸法，或能成办，或复生已作诸业用，如是名为作用道理。

证成道理者，谓若因若缘能令所立所说所标义得成立，令正觉悟，如是名为证成道理。又此道理略有二种：一者清净③，二者不清净④。由五种相名为清净，由七种相名不清净。

云何由五种相名为清净？一者现见所得相⑤，二者依止现见所得相⑥，三者自类譬喻所引相⑦，四者圆成实相⑧，五者善清净言教相⑨。

现见所得相者，谓一切行皆无常性，一切行皆是苦性，一切法皆无我性，此为世间现量所得，如是等类是名现见所得相。

依止现见所得相者，谓一切行皆刹那性，他世有性，净不净业无失坏性，由彼能依粗无常性现可得故；由诸有情种种差别，依种种业现可得故；由诸有情若乐若苦，净不净业以为依止，现可得故。由此因缘，于不现见可为比度，如是等类是名依止现见所得相。

注释

①**证成道理**：指为了成立一个论点，用适当的论据和论式去证明它。

②**法尔道理**：指事物中本具的道理。

③**清净**：指正确的论证方法。

④**不清净**：指错误的论证方法。

⑤**现见所得相**：依据日常感知功能可以直接感受得到的知识。遁伦解释说："现所得相者，据粗一期，死生无常逼迫等苦、有所为作不得自在、无我等性，名为世间现量所得。"他这里所谓的"据粗一期"，即"依据日常感觉知觉功能"之义；"现所得相"，也就是我们日常感知到的知识。根据唯识教法，感知所得的直接知识要想保证其不证自明的确凿性，还需要补充一个前提，即生理器官必须是健全无病的。

⑥**依止现见所得相**：即以日常感知所得的知识为前提，在此基础上加以比较、推理而获得的知识。

⑦**自类譬喻所引相**：自类，性质相同的一类事物；譬喻，即举例证。例举一个事物作为例证，这个事物具有某方面的特性，由此类推与该事物性质相同的同类事物也必然具有这一特性，这实际上就是通过类推而获得的知识。

⑧**圆成实相**：知识的来源正确，判断的论据正确，论证的论式正确，这样做出的判断就叫作"圆成实相"。

⑨**善清净言教相**：善清净，指智慧；言教，指佛陀教法。佛陀的教法道理系从与真理相应的智慧中流出，因此能作为可靠的知识标准。

译文

所谓教法中的各种道理，归结起来指的是下面这四种道理：其一是原因与结果相互依存的道理；其二是事物在一定条件下发生作用的道理；其三是为了成立一个论点，选择适当的论据，组织适当的论式去证明它，这是有关逻辑学的道理；四是指事物本来如是的样子，事物本来如是的样子，也就是事物中本来具有的道理，这是不待任何人力的参与或改变的。

什么叫作原因与结果相互依存的道理呢？这是说，一切存在现象、一切生命现象，其产生、变化和发展都需要在一定的条件下进行，这些条件有的与事物有极密切的关系，有的关系则比较疏远，有了这些"亲因"和"疏因"，也就有了生理和心理的展开，如果没有这些内在和外在的条件，生理、心理的一切活动就将是不可能的，这就是原因与结果间相互依存的道理。此外，我们之所以运用语言可以对事物有所陈述，正因为被陈述的事物作为依据才使陈述有了可能，被陈述的对象与陈述间因而也体现了因果之间相互依存的道理。

什么叫作事物在一定条件下发生作用的道理呢？这可从三个方面来观察：首先，事物在一定条件下可以产生某种独特的功用，例如眼睛能看见物质现象、耳朵能听见声音等；其次，事物在一定条件下能成就某种新的东西，例如被称作"坚硬"的物质元素在和其他物质元素以一定方式复合以后，就能产生出可以苗生万物的大地来；其三，事物产生以后就能较为稳定较为持续地发挥其具体功用。

什么叫作逻辑学的道理呢？这是通过一定的方式使你自己的论点得到证明，同时也借此让别人发生觉悟。这里值得特别注意的是，运用论式去证明论点的方式可能有多种多样，其中，有的是正确、有益的，有的则是错误、有害的。我们如何确保论证方法的正确性呢？我们如何去识别错误的论证方法呢？根据五个特征，我们说某一论证方式是正确的、有益的；根据七个特征，我们说这一论证方法是错误的、邪恶的。

足以标明论证正确性的五个特征是：其一，论式成立的内容是我们日常感觉知觉可以感受到的；其二，虽然我们的感知功能无法直接感受到，但可以在感知经验基础上类推到的；其三，可以引同类事物做例证的；其四，论式的每一个成分、论证的每一个步骤都是完全具足、圆满成立的；其五，佛陀亲自陈说过的，这一陈说必然是净化了的。

什么叫作日常感觉知觉可以感受到的呢？例如，我们说一切生理活动、心理活动都变动不居，这个论题所成立的内容就是我们在日常生活中可以感受到的，我们在日常生活里能够见到或体会到生命现象的变动不居，所以这一论题的内容无疑是确立的。此外，像"一切生理心理的活动过程都具有逼迫生命本性的特征，一切存在现象里都没有主宰实体的存在"等，这些说法包含的内容也是我们在现实存在中可以直接体会得到的，我们在日常生活里都能充分品味生命痛苦烦恼的存在品性，也能充分体味存在的无实体性，因此，以上论题中的道理是毫无疑问的可以成立的。

什么叫作在感知经验基础上可以类推到的呢？这是说，有一些论题，例如下面这些论题："生理心理的活动过程中，哪怕是在最短的时间单位里，生命活动也是生生灭灭、变动不居的"，还有，"未来世是存在的""良善行为与邪恶行为都不会马上消失掉，它们会在一定条件下继续发挥其影响"等，这些论题所反映的生命内容不是单纯运用感知功能就可以直接观察得到的，但是我们现实的感知功能的确可以观察到事物表层那些粗显的变化、变动等，在此感觉基础上，我们就可类推到事物深层的变化、变动等；其次，我们在现实生活里，看到生命的生存状态有种种差别，而这些差别又的确跟他们的生存活动有关，这样我们就类推到，现实生命既然有这样那样的行为，那么这些行为将来总是要发生作用的，可见未来世是确实存在着的；再次，我们在现实生活里，的确看到生命有痛苦也有欢乐，而这些痛苦和欢乐又的确同他的思想和行为有着密切的联系，这样我们就类推到，现实生命里既然有这样那样的思想和行为，那么这些思想和行为将来在一定的条件下势必又会导致痛苦和欢乐，可见思想和行为的影响是不会消失掉的。总之，我们运用感觉作为基础，运用日常生活经验作为基础，就可对一些感觉不到的事物进行类比、推理，这就可以证明某些论题是正确的。

原典

自类譬喻所引相者，谓于内外诸行聚中，引诸世间共所了知所得生死以为譬喻，引诸世间共所了知所得生等种种苦相以为譬喻，引诸世间共所了知所得不自在相以为譬喻，又复于外引诸世间共所了知所得衰盛以为譬喻。如是等类，当知是名自类譬喻所引相。

圆成实相者，谓即如是现见所得相，若依止现见所得相，若自类譬喻所得相，于所成立决定能成，当知是名圆成实相。

善清净言教相者，谓一切智者之所宣说，如言涅槃究竟寂静。如是等类，当知是名善清净言教相。

善男子！是故由此五种相故，名善观察清净道理，由清净故，应可修习。

曼殊室利菩萨复白佛言：世尊！一切智相者，当知有几种？

佛告曼殊室利菩萨曰：善男子！略有五种：一者若有出现世间，一切智声无不普闻；二者成就三十二种大丈夫相；三者具足十力，能断一切众生一切疑惑；四者具足四无所畏，宣说正法，不为一切他论所伏，而能摧伏一切邪论；五者于善说法毗奈耶中，八支圣道四沙门等，皆现可得。如是生故、相故、断疑网故、非他所伏能伏他故、圣道沙门现可得故，如是五种当知名为一切智相。

善男子！如是证成道理，由现量[①]故，由比量[②]故，由圣教量[③]故，由五种相名为清净。

①现量：即"现见所得相"。

②比量：即"依止现见所得相"。

③圣教量：即"善清净言教相"。

译文

什么叫作同类事物的例证呢？现在，我们要讨论我们这个由物质和精神两大部分构造而成的身体，我们发现"世界上有些生命是有生有死、变化无常的"，这个事实已成为大家的共识，我们就由这一事实作为例证，说明我们自己的身体也像那些事物一样，有生有死，变化无常；我们发现"世界上有些生命在其现实存在中充满了痛苦烦恼"，这个事实已成为大家的共识，我们就由这一事实作为例证，说明我们自己的生命在现实存在中也充满了痛苦烦恼；我们发现"世界上有些生命不能决定自己的发展方向，是受拘束而不自由的"，这个事实已成为大家的共识，我们就由这样一个事实作为例证，说明我们自己的生命也是受拘束的不自由的，也不能决定自己的发展方向；我们发现"世界上有些事物是有盛有衰的"，这个事实已成为大家的共识，我们就由这样一个事实作为例证，说明我们自己的生命也必然是有盛有衰的，因此企求用种种手段来保护它，养育它，追求长生不老，这些观念当然也就是错误的。

什么叫作圆满具足的论证方法呢？如果我们以我们自己的感知经验、感知基础上的推理以及同类事物的例证等作为论据，就必然能使所成立的论题得到圆满的确证，这就叫作"圆满具足的论证方法"。

什么叫作佛陀亲自陈说的？这就是与真理相应的觉者依据自己体会到的境界，对存在本性所做的种种说明。例如，我不止一次地说过，在最圆满的生命境界里，不再有痛苦烦恼的扰动，我的这些话，还有我对存在本性、生命本性做的种种说明，它们都是对超越性真理的表述，所以，它们是可靠的知识标准。

善男子！根据以上所说五个方面的特征，即可确知：我教法中成立的一切理论都是确然不拔的，都是真实无妄的，所以你们可以按它们指示的路去修行。

曼殊室利菩萨又禀告佛陀说：世尊！那成就了最高觉悟的修行人，他身上有哪些特征呢？

佛陀告诉曼殊室利菩萨说：善男子！与真理完全相应的人，他身上有这样五个特征：第一，如果他变现生命到世间去教化众生，那么他的真理之音必然到处传播；第二，他的身体相貌有三十二处美好庄严的地方；第三，他具备十种超常的认识能力，能够彻底消除众生

愚昧无知的心理状态；第四，他对一切事物都已获得圆
满真实的知识，所以他能无所畏惧地陈说与真理相应的
教法，他不会被其他的理论所驳倒，相反，他的教法能
使其他一切世间学理相形见绌、不攻自破；第五，根据
他的教法，一般人按照八条正确的生活道路走下去，就
能够控制住痛苦烦恼的盲目躁动，获得生命进化的初步
成果。变现生命到世间去教化众生、具三十二相、能够
彻底消除众生的愚昧无知、其教法能伏外道、圣道沙门
现世即得成就，以上五种可称其为一切智相。

　　善男子！根据日常生活中真切的感知经验，根据
从感知基础所做的正确类推，根据佛陀教法中的知识标
准，即可确证一个论式是正确的、有益的、净化的。

原典

　　云何由七种相名不清净？一者此余同类可得相①；
二者此余异类可得相②；三者一切同类可得相③；四者一
切异类可得相④；五者异类譬喻所得相⑤；六者非圆成实
相⑥；七者非善清净言教相⑦。

　　若一切法意识所识性，是名一切同类可得相；若一
切法相性业、法因果异相⑧，由随如是一一异相，决定展
转各各异相，是名一切异类可得相。善男子！若于此余

同类可得相及譬喻中，有一切异类相^⑨者，由此因缘，于所成立非决定故，是名非圆成实相；又于此余异类可得相及譬喻中，有一切同类相^⑩者，由此因缘，于所成立不决定故，亦名非圆成实相，非圆成实故，非善观察清净道理，不清净故不应修习。若异类譬喻所引相，若非善清净言教相，当知体性皆不清净。

法尔道理者，谓如来出世若不出世，法性安住，法住法界，是名法尔道理。

总别者，谓先总说一句法已后，后诸句差别分别究竟显了。

注释

①**此余同类可得相**：大意是，当用一个论据去论证论点时，论点概括范围内的同类事物中有一些事物，这些事物不具备论据提出来作为推理前提的事物特性，这说明，该条论据作为推理过程中的"因支"，其条件是不具备的。慧景举下例做证，来解释什么是"此余同类可得相"，他说："此当同品一分转，异品遍转。如言声非勤勇无间所发，因言无常性故。非勤勇无间所发宗以电空为同品，无常性因于电即有，于空则无；以瓶等为异品，无常性因于被遍有。今此文中，但明同品一分转，

故云此余同类可得，此宗之外同品之中有此无常性因可得，故云此余。"译文参考了慧景的解说。

②**此余异类可得相**：大意是，当用一个论据去论证论点时，论点概括范围之外的异类事物中有一些事物，这些事物具备论据提出来作为推理前提的事物特性，这说明，该条论据作为推理过程中的"因支"，其条件是不具备的。慧景举下例做证，来解释什么是"此余异类可得相"，他说："此余异类可得相者，即是异品一分转，同品遍转。如言声是勤勇无间所发，因云无常性故。此宗以瓶等为同品，无常性因于彼遍转；以电空为异品，彼无常性因于电是有，于空即无。此宗之外异品一分得有无常性义，故云此余异类可得，略不言同品遍有。"译文参考了慧景的解说。

③**一切同类可得相**：大意是，当用一个论据去论证论点时，论点概括范围内的同性事物和论点范围外的异性事物都具备论据提出来作为推理前提的事物特性，这表明，此条论据用作推理的"因支"，其条件也是不具备的。慧景举例解释什么是"一切同类可得相"，他说："一切同类可得相者，则是共不定。如说声常，所量性故。此因于同品异品皆有，今此文中且明同品可得。"译文参考了慧景的这一解说。

④**一切异类可得相**：大意是，当用一个论据来支持

论点时，涉及论据所提出事物特性的只有一个事物，而这个事物又恰恰是有待于推论过程的判断的，这样，此条论据就不具有普遍概括性，因此根本就不能成为任何推理过程中的论据。慧景举例说明什么是"一切异类可得相"，他说："一切异类可得相者，则是不共。如说声常，是所闻故，无同法喻，但有异喻，以除声外并非新闻，故云一切异类可得。"译文参考了慧景的这一解说。

⑤**异类譬喻所得相**：大意是，当用一个论据来论证论点时，论点适用范围之内的同性事物以及论点适用范围之外的异性事物都各有一部分事物，它们具备论据提出来作为推理前提的事物特性，而同性事物异性事物中的另一部分则不具备论据提出来作为推理前提的事物特性，这就表明，此条论据用作推理过程中的"因支"，其条件是不具备的。慧景举例解释了什么是"异类譬喻所得相"，他说："异类譬喻所得者，则是俱品一分转。如说声常，无质碍故等，以同品一分转，异品亦有一分转，故言异类譬喻所得相。"译文参考了慧景的这一解说。

⑥**非圆成实相**：当成立一个论式时，论式中缺少了关键性的一个成分，即作为全部推理基础的论据"因支"，或者虽然论式很圆满，但其论据是错误的，这样的推理过程应被视为有缺失的推理过程。译文略取大意。

⑦**非善清净言教相**：指被错误地组织成的教法。

⑧**一切法相性业、法因果异相：**大意是，一切存在现象的显像、性质和作用，一切存在现象的原因和结果，这些事物属性在不同的事物间是完全不一样的。

⑨**有一切异类相：**有与论据所要求的事物特性不同的事物。

⑩**有一切同类相：**有与论据所要求的事物特性相同的事物。

译文

在哪七种情况下，所做的论证是错误的、有害的呢？第一种情况是，当用一个论据去论证论点时，论点所概括的同类事物中有一些事物，这些事物身上不具备论据提出来作为推理前提的事物特性，显然，这样得出来的推论结果必然是不能令人满意的；第二种情况是，当用一个论据去论证论点时，论点概括范围之外的异类事物中有一些事物，这些事物身上具有论据提出来作为推理前提的事物特性，显然，这样得出来的推论结果也是不能令人满意的；第三种情况是，当用一个论据去论证论点时，论点所概括的同类事物和论点范围之外的异类事物身上都具有论据提出来作为推理前提的事物特性，显然这样推论出来的结果也是不能令人满意的；第四种情况是，当用一个论据去支持论点时，涉及论据所提出作为推理前提的事物特性的，只有一个事物，这样，这一论据不具有普遍概括性，它根本就不能用来支持论点；第五，当用一个论据去论证论点时，论点所概括的同类事物以及论点范围之外的异类事物中都各有一部分事物，这些事物身上具有论据提出来作为推理前提的事物特性，而其他一部分事物身上则不具备这一特性，显然，在这种情况下，根本就无法展开推理；第六种情况是，当成立一个论式时，论式中却缺少了关键性的一个成分，即作为全部推理基础的论据，这样的论式应被看成是有缺失的论式；第七种情况是，当人们企图用论式把我教法中的道理组织起来，可是在具体组织论证过程时又犯了上面所述的诸种毛病，这样被组织起来的教法论式也应被同样看成是错误的、有染污的。

让我们再稍稍说得详细一些。当我们试图对某一个事物做出判断时，我们说：它是认识的对象，这个判断就等于什么也没说。为什么呢？因为一切事物都是认识的对象，"认识的对象"这一特性在其他任何事物中也都是具备的，所以据此我们无法做出更进一步的判断，我们对该事物的知识也一点都没有增加。再者，我们知道，一切存在现象的显像、性质、作用，一切存在现象的原因与结果，这些事物特性在不同事物身上必然是不同的，每一存在现象都有自己的显像、性质和作用，也都有自己的原因和结果，据此，当我们要对某一存在现象做判断时，我们提出该事物本身的显像、性质、作用、原因、结果等事物特性作为论据，那么我们显然就达不到目的了；为什么呢？因为被提出来作为推理前提的事物特性都是判断对象自身具备，而其他事物则不具备的，因此这些论据不具有普遍概括性，所以根本不成其为论据。在论点所涉及同类事物中有一部分事物不具备论据前提的事物特性时，对该特性来说，这一部分事物是与它性质不同的"异类"，显然这一推论的依据是不能成立的。在论点概括范围之外的异类事物中有一部分事物具备论据前提的事物特性时，对于该特性来说，这一部分事物就成了与它性质一致的"同类"，这一推论的依据也是不能成立的。如果说上述各种错误的论证方法在其自身中都各有各的缺失，那它们就不能很好地表达真理，它们自身是有染污的，绝不能依之而修行。被错误地组织成的佛教教法在本质上也是有染污的，也不应该依之而修行。

什么叫作事物本来如是的样子呢？这是说，不管与真理相应的佛是否出现于世间，一切存在都各各持守着自己的本性，一切存在都在自己的类别里，这就是说，佛陀并不改变存在的本性，他所亲证的道理只不过是事物中本具道理的显现而已，觉者并不创造存在中不存在的道理。

我陈说教法的基本方式是怎样的呢？我总是先总说，后分说，即先对事物做一个大体上的界定，然后详细地、愈来愈细地分析事物的各种特性。

原典

自性相者，谓我所说有行有缘、所有能取菩提分法，谓念住等，如是名为彼自性相。

彼果相者，谓若世间若出世间诸烦恼断，及所引发世出世间诸果功德，如是名为得彼果相。

彼领受开示相者，谓即于彼以解脱智而领受之，及广为他宣说开示，如是名为彼领受开示相。

彼障碍法相者，谓即于修菩提分法能随障碍诸染污法，是名彼障碍法相。

彼随顺法相者，谓即于彼多所作法，是名彼随顺法相。

彼过患相者，当知即彼诸障碍法所有过失，是名彼过患相。

彼胜利相者，当知即彼诸随顺法所有功德，是名彼胜利相。

曼殊室利菩萨复白佛言：唯愿世尊，为诸菩萨略说契经、调伏、本母不共外道陀罗尼义①。由此不共陀罗尼义，令诸菩萨得入如来所说诸法甚深密意。

佛告曼殊室利菩萨曰：善男子！汝今谛听，吾当为汝略说不共陀罗尼义，令诸菩萨于我所说密意言词能善悟入。

善男子！若杂染法若清净法，我说一切皆无作用，亦都无有补特伽罗，以一切种离所为故，非杂染法，先染后净，非清净法，后净先染。凡夫异生于粗重身执着诸法补特伽罗自性差别，随眠妄见以为缘故，计我我所；由此妄见，谓我见、我闻、我嗅、我尝、我触、我知、我食、我作、我染、我净，如是等类邪加行转。若有如实知如是者，便能永断粗重之身，获得一切烦恼不住。最极清净，离诸戏论，无为依止，无有加行。善男子！当知是名略说不共陀罗尼义。

尔时，世尊欲重宣此义，而说颂曰：

一切杂染清净法，皆无作用数取趣，
由我宣说离所为，染污清净非先后。
于粗重身随眠见，为缘计我及我所，
由此妄谓我见等，我食我为我染净。
若如实知如是者，乃能永断粗重身，

得无染净无戏论，无为依止无加行。

注释

①**陀罗尼义**：意为"根本义理"。

译文

什么叫作培养注意力的方法呢？我曾经说过，培养注意力的方法不外包含两个方面，其一是被当作认识对象加以反复研究的东西，即生理的和心理的一切活动；其二是能体认这些活动的认识本身，也就是指通向真理的三十七条道路。

什么是按照教法指导勤勉修行后所获得的结果呢？这是指现实生存活动中的痛苦烦恼以及伴随修行生活而来的痛苦烦恼都被全部消除掉了，同时这也指由修学而开发的一切善行和功业，这些善行和功业有的旨在帮助现实生活中的苦难生命，有的则指向超越的生命自由。

什么叫作接受教法，然后又把教法中的道理向别人陈说出来呢？这是指用与真理相应的智慧接受教法、研究教法和体证教法，然后又通过修学中开发出来的智慧把自己所领会的教法道理以各种适当的方式向他人广为阐述。

什么叫作能染污修行生活的事物呢？这是指在按照诸种修学方法践修时，能够伴随修行过程能够染污修行方法的那些事物，它们好像是真理道路上的障碍物。

什么叫作对真理的实现有着重大助益的辅助性事物呢？这是指那些能够帮助生命从痛苦烦恼中脱离出来的所有方法和行为，这些方法和行为虽然不能直接地导致真理之实现，但它们为真理的实现提供了基础、前提和外在条件，它们在修行生活中能发挥出许多重要的作用。

什么叫作错失呢？这是指伴随修行生活而来的那些痛苦烦恼，它们既然能染污净化的修行方法，就势必会造成诸多麻烦和失误。

什么叫作重大的利益呢？这是讨论辅助真理实现的那些方法和手段，它们能为修行生活带来许多重大利益。

曼殊室利菩萨又禀告佛陀说：世尊！我现在诚心诚意地盼望着您能把教法经典中独具的根本理念揭示出来，这些根本理念是佛教之外其他一切学说无从想象的；我们这些修行人在把握到这些理念后，就能进而领会佛陀教法中的深奥蕴味。

佛陀告诉曼殊室利菩萨说：善男子！你现在一心谛听，我现在要把佛教教法显明区别于一切世间学理系统的根本宗旨和盘托出，我希望在这一陈说后，修行人就能理解，佛陀教法中的语言是确实具有深奥意蕴的，因此绝不可执着表面文字而于真理则实无会心！

善男子！我把存在着的一切现象分为两大类，一类表现着生命活动中染污着的那一方面，一类表现着生命活动中净化的那一方面，在这两类存在活动中都找不到真正实在的作用，在这两类活动着的现象里也都没有固定实体存在着，因为那真实圆满的知识是远远舍弃一切生灭、变化和因果作用的，既不能说先有了染污性的生命活动，然后才有净化性的生命活动，也不能说生命的净化状态是从染污状态中转变出来的。一般人总是在充满痛苦烦恼的生命上执着有主宰自我的存在，他们对生命现象进行观察，认为每个生命都有自己的特质，同时这一"特质"又使该生命与其他生命现象区别开来，由于这些错误的观念以及这些错误观念潜藏于心理上的烦恼潜势力，他们就在生命现象上横加执着，说这是"我"，这是"我所有的"，说"我"看见，"我"听见，"我"嗅到，"我"尝到，"我"接触到，"我"认识，"我"的营养成分，"我"的行为，"我"染污了，"我"净化了，如此等等，这种种由"自我"实体执着而引发出来的错误观念又反过来强化着"自我"观念，培养着更深的执着。如果一个修行人能如实了解上面所说的一切，他就必然能厌离痛苦烦恼的世俗生命状态，获得生命的逐步净化。在生命净化的最高境界里，不再有身心内外的种种盲动和逼迫，不再有种种实体性的偏见执着，生命活动超越于一切功利之上，生命活动中也不再有主观欲念、主观意志力的参与，它是完全自然而然的，它是完全自由自发的。善男子！你应当知道，以上就是佛教根本观念的大致梗概。

当时佛陀想要把以上教法用更精确的语言概括起来，以便一般人记忆和掌握，就说了下面这些偈颂。他说：

不管是染污方面还是净化方面，凡生命中所有的一切现象都没有真实作用，因为我陈说的自由生命是远离人的一切造作行为的，绝不是真有染污状态的存在、净化状态的存在，也绝不是真有从染污状态到净化状态的转变！对这一充满痛苦烦恼的世俗生命，我们因偏见执着及其潜势力就牢牢地执着着它们，我们在生命现象中凭空勾画，说这一部分是"我"，另一部分则是"我所有的"；由于对"自我"的错误观念，就进一步滋生出种种错误观念，在生命运转的一切动作中，愚昧的人都深深见到"我"的存在。谁要是了解了生命活动的上述实情，他就能永远舍弃那苦痛的生命，他就能获得自由安乐的生命，他的一切生命活动就将不再为功利所支配。

原典

尔时曼殊室利菩萨复白佛言：世尊！云何应知诸如来心生起之相？

佛告曼殊室利菩萨曰：善男子！夫如来者，非心意识生起所显，然诸如来有无加行①心法生起，当知此事犹如变化。

曼殊室利菩萨复白佛言：世尊！若诸如来法身远离一切加行，既无加行，云何而有心法生起？

佛告曼殊室利菩萨曰：善男子！先所修习方便般若②加行力故，有心生起。善男子！譬如正入无心睡眠，非于觉悟而作加行，由先所作加行势力而复觉悟。又如正在灭尽定中，非于起定而作加行，由先所作加行势力还从定起。如从睡眠及灭尽定心更生起，如是如来由先修习方便般若加行力故，当知复有心法生起。

曼殊室利菩萨复白佛言：世尊！如来化身，当言有心为无心耶？

佛告曼殊室利菩萨曰：善男子！非是有心，亦非无心。何以故？无自依心故，有依他心故。

曼殊室利菩萨复白佛言：世尊！如来所行、如来境界，此之二种有何差别？

佛告曼殊室利菩萨曰：善男子！如来所行，谓一切种如来共有不可思议无量功德众所庄严清净佛土。如来境界，谓一切种五界差别。何等为五？一者有情界，二者世界，三者法界，四者调伏界，五者调伏方便界。如是名为二种差别。

注释

①**有无加行：**不再为功利动机所驱使，不再有主观意志之参与。

②**方便般若：**智慧指导下救济众生，把众生善巧方便地导向真理的修行方法。

译文

当时曼殊室利大菩萨又禀告佛陀说：世尊！那些已与真理相应的觉者，他们心识产生时的情况又怎样去理解呢？

佛陀告诉曼殊室利菩萨说：善男子！觉者的生命既然已与真理相应，那么其精神活动状况就自然不同于日常生命的精神活动状况。日常生命的精神活动发生时的情况大致是这样的，即一方面有了心理上的欲念，另一方面又有了对象的刺激，精神活动于是就在内外条件下产生出来。你应当明白，觉者的精神活动绝对不是这样的，他的心识绝对不是因为主观上的欲念之力才得以发生作用，也绝对不是因为在外界的刺激下才产生反应，佛的心识自然而然地运作着，而其具体运作情况又极难理解，就好像是从无到有一下子发生了出来，而在发生作用时又好像什么都没有发生，什么作用也都不存在，在这种神奇的心识显现功能中，似乎没有丝毫因果律则可资追索。

曼殊室利菩萨又禀告佛陀说：世尊！我对这个问题仍然还感到困惑：如果说那相应于真理的生命在其存在中确已舍弃一切主观的欲念之力、意志之力，那也就等于在主观上失去了一切精神活动的动机，既然没有动机的推促、策发，那精神活动又如何可能发生呢？

佛陀告诉曼殊室利菩萨说：这是因为，先前他们一直按照其他生命的需要进行着修行活动，这些修行活动作为一种生命推动力在精神结构的深层积淀下来了，这样，一旦有了现实救度的需要，他们先前凝聚在生命中的奇妙力量就会推动精神结构自然而然地运转起来。善男子！打个比方说，如果一个人从深度睡眠中醒觉过来，这是不是说在他的生命活动中，他一方面停留在睡眠状态，而另一方面又做意志力的推动，以便生命从睡眠状态过渡到醒觉状态呢？情况显然不是这样的，他在睡眠之后，疲劳消失，精神就会苏醒过来，这种从睡到醒的过程经反复体验后，就会作为生命现象中的习惯性力量积累在他的精神结构里，因此每当睡眠达到一定程度时，这种习惯性的力量就会自然而然地发生作用，促成他醒觉过来。再打个比方，一个修行人进入邪恶情绪不再发生现实作用的静中思维状态，不是说他此时做了一种意志力的自觉推动，就从修行状态中脱离出来，恢复邪恶情绪发生现实作用的世俗生命状态，而是说他世俗生命的冲动力已经作为极其稳定的潜在势力积累在他的生命结构里，因此当修行精神状态持续了一段时间后，世俗生命的冲动力量就会自然而然地发生作用，促成他脱离修行状态，恢复邪恶情绪发生现实作用的世俗生命状态。——同上面所举的两个例子非常相似，那与真理相应的觉者在漫长的修行生活中，一直以救济众生作为他们的义务，这种漫长的修行实践就化为美妙的习惯力量在其生命结构中贮藏起来，一旦面对苦难中的生命时，那种美妙的习惯力量就会自然而然地发生作用，促成佛陀教化生命的全部展开！因此，佛陀内在的美妙力量为佛陀永不止息的救度工作提供了取之不竭的力量源泉。

曼殊室利菩萨又禀告佛陀说：世尊！那些与真理相应的觉者们，他们为救济生命、教化众生而变现于世间的生命，到底应该说有精神功能还是没有精神功能呢？

佛陀告诉曼殊室利菩萨说：善男子！你们既不可说佛陀具有精神功能，也不可说佛陀不具有精神功能。为什么要这样说呢？这是因为，佛的精神功能不是为其现实的生命活动服务的，他精神结构的一切开展无不是为着利人济物的需要。

曼殊室利菩萨又禀告佛陀说：世尊！与真理相应的觉者们，他们自己生命活动的真正境界和他们现实生命活动的境界，这二者之间有什么差别呢？

佛陀告诉曼殊室利菩萨说：善男子！佛陀生命活动的真正境界，是指佛陀与其他觉者共同拥有的，以无穷无尽的美德和智慧凝聚而成的净化了的世界，它是无法用心思去揣度、用语言去描述的。而佛陀现实生命活动的境界则指佛在现实的救济事业中作为对象来认知和研究的世界，具体地说，这个被作为认知对象的"世界"概念共包括了以下五项内容：一是生命现象，二是生命依据的自然界，三是真理教法的存在，四是最高的生命境界，五是走向真理的具体修行方法。以上是二者的差别。

原典

曼殊室利菩萨复白佛言：世尊！如来成等正觉、转正法轮、入大涅槃，如是三种当知何相？

佛告曼殊室利菩萨曰：善男子！当知此三皆无二相，谓非成等正觉、非不成等正觉；非转正法轮、非不转正法轮；非入大涅槃、非不入大涅槃。何以故？如来法身究竟净故，如来化身常示现故。

曼殊室利菩萨复白佛言：世尊！诸有情类但于化身见闻奉事，生诸功德，如来于彼有何因缘？

佛告曼殊室利菩萨曰：善男子！如来是彼增上所缘之因缘[①]故；又彼化身是如来力所住持故。

曼殊室利菩萨复白佛言：世尊！等无加行，何因缘故，如来法身为诸有情放大智光，及出无量化身影像，声闻独觉解脱之身，无如是事？

佛告曼殊室利菩萨曰：善男子！譬如等无加行，从日月轮水火二种颇胝迦宝放大光明，非余水火颇胝迦宝。谓大威德有情所住持故，诸有情业增上力故。又如从彼善工业者之所雕饰末尼宝珠出印文像，不从所余不雕饰者。如是缘于无量法界，方便般若极善修习，磨莹集成如来法身，从是能放大智光明，及出种种化身影像。非唯从彼解脱之身有如斯事。

注释

①如来是彼增上所缘之因缘：神泰解释这句话说：

"如来者，是受用身智慧，由智慧故，化为色声，以如来色声为增上缘故，众生心识有似如来色声相起，正是所缘，如来色声，说是增上所缘，非亲所缘，如来智慧是彼增上所缘之因缘也，以亲能变现为色声故。"这是说，当众生面对佛的变现生命即化身时，众生直接作为认识对象的变现生命是众生认识活动的"所缘"，而这一"所缘"是以佛的变现生命作为基础的，它是在佛的变现生命基础上经由众生的心识再度变现而成，因此佛的变现生命是众生所认识的变现生命之外部条件，即"增上所缘"，而佛的变现生命又是直接从佛的智慧里产生出来的，佛的智慧，或者说佛的真正生命，正是佛变现生命的亲因——"因缘"。

译文

曼殊室利菩萨又禀告佛陀说：世尊！与真理相应的觉者为了教化众生的需要而变现生命生活在与世俗生命共在的生存世界上，在他变现生命的生活过程中，他经历了修行而获得最高觉悟、为修行人陈说真理教法以及进入最圆满的生命境界——融入"真正生命"——这三个重要阶段，究竟应当怎样理解上述三个阶段作为突出表征的变现生命呢？

佛陀说：善男子！你要牢牢记住，对于佛陀变现生命的这三个阶段都不能用表示对待关系的世俗概念来理解，因为表示对待关系的世间概念都植根于染污性的现实生命中，都是为现实生命的生存活动服务的。你不能说佛陀成就了最高觉悟，也不能说佛陀没有成就最高觉悟；不能说佛陀陈说了真理教法，也不能说佛陀没有陈说真理教法；不能说佛陀进入了最圆满的生命境界，也不能说佛陀没有进入最圆满的生命境界。广而言之，对于佛陀变现生命具体展开的每一阶段、每一方面，对于佛陀变现生命的总体、整体，都不能用表示对待关系的世俗概念加以理解。为什么这样说呢？善男子！你应当知道，与真理相应的觉者们，其真正生命是绝对净化、绝对超越一切生灭和变化的，其变现生命则恒常显示着与一般生命表面相似的生命过程，因此要想对佛的生命特征做出正确描述，那将是极其困难的。

曼殊室利菩萨又禀告佛陀说：世尊！这样来说，那些与佛陀接触过的生命，他们看见过佛的相貌，听见过佛的声音，他们恭敬虔诚地侍护佛陀，由此给他们的修行生活带来重大的利益，可是这一切都只是佛的变现生命为他们带来的，佛的真正生命对于他们来说又有什么作用呢？

佛陀告诉曼殊室利菩萨说：善男子！你要知道，顾名思义，佛的变现生命就是由佛的真正生命"变现"而来的，佛运用奇妙的智慧，为着济度的需要，通过变现生命使真理显现在人间。因此，佛的变现生命是众生修行生活的重要外部条件，而佛的真正生命正是产生这一外部条件的直接原因！其次一点，佛的变现生命之所以能在生命世界上展开其现实的生存活动，是因为真正生命赋予了他生机和力量，如果没有与真理完全融合的真正生命，那就绝对不可能有作为真理化身的变现生命之存在！

曼殊室利菩萨又禀告佛陀说：世尊！同样没有主观的欲念之力、意志之力，为什么从佛的真正生命里能散发出巨大的光明，同时能显现出无量无数的真理化身，而要求放弃一切生命活动的修行人，他们所获得的解除了痛苦烦恼的生命中则没有这些奇妙的功能呢？

佛陀告诉曼殊室利菩萨说：善男子！打个比方说，同样没有主观的欲念力和意志力起作用，从日、月这两种奇妙的珍宝里能发射出巨大的光明，为有情生命驱除黑暗，而其他的世间珍宝就不能发射出如此巨大的光明。这是什么缘故呢？因为日、月这两种珍宝是日月天子用智慧和力量凝聚起来的，所以它们具有释放光明的内在可能性，而日、月照耀下的一切生命又恐惧黑暗，他们用尽一切办法，希望化黑暗为光明，在这内外条件的结合下，日月这两种珍宝就自然而然地发射出巨大的光明来。又比方说，那些工艺大师手里精心雕刻的如意珠中出现了人物图像，而那些未雕刻的如意珠则不会出现人物图像，这是为什么呢？因为，如意珠中确实有出现人物图像的潜在可能性，现在工艺大师又致力于使这种潜在可能转化为现实，内外条件一结合，于是如意珠中就显现出精彩的图像来。同上面两个例子相似，那与真理相应的觉者，把无穷无尽的教法总体作为研究对象反复思考、反复修学，又勤勉地研究着世界上万事万物的种种特性，这样长期刻苦的修学之后，就会渐渐把身心中的一切污垢慢慢洗刷掉，由此最后终于集成了真正的生命，从这一真正生命里就能散发出巨大的光明，就能根据众生的需要，使真理以不同的形象，在不同的时间、地点，以不同的方式显现出来。而那些要求放弃一切生命活动的修行人，在其修行生活中并未致力于积累深广的功业和智慧，同时，他们又缺乏对其他众生的慈悲，所以不能体认一切生命的品性、要求等，这样从解除了痛苦烦恼的生命里就绝对不可能散发出这样巨大的光明，也不可能使真理在现实世界真实地显现出来。

原典

曼殊室利菩萨复白佛言：世尊！如世尊说，如来菩萨威德住持，令诸众生于欲界中，生刹帝利、婆罗门等大富贵家，人身财宝无不圆满；或欲界天、色、无色界，一切身财圆满可得。世尊！此中有何密意？

佛告曼殊室利菩萨曰：善男子！如来菩萨威德住持，若道①若行②于一切处能令众生获得身财皆圆满者，即随所应为彼宣说此道此行。若有能于此道此行正修行者，于一切处所获身财无不圆满；若有众生于此道行违背轻毁，又于我所起损恼心及嗔恚心，命终已后于一切处所得身财无不下劣。曼殊室利！由是因缘，当知如来及诸菩萨威德住持，非但能令身财圆满，如来菩萨住持威德，亦令众生身财下劣！

曼殊室利菩萨复白佛言：世尊！诸秽土③中何事易得？何事难得？诸净土④中何事易得？何事难得？

佛告曼殊室利菩萨曰：善男子！诸秽土中，八事易得，二事难得。何等名为八事易得？一者外道，二者有苦众生，三者种姓家世兴衰差别，四者行诸恶行，五者毁犯尸罗，六者恶趣，七者下乘，八者下劣意乐加行菩萨。何等名为二事难得？一者增上意乐加行菩萨之所游集，二者如来出现于世。曼殊室利！诸净土中与上相违，当知八事甚为难得，二事易得。

尔时，曼殊室利菩萨复白佛言：世尊！于此解深密法门中，此名何教？我当云何奉持？

佛告曼殊室利菩萨曰：善男子！此名如来成所作事了义之教，于此如来成所作事了义之教汝当奉事。

说是如来成所作事了义教时，于大会中，有七十五千菩萨摩诃萨皆得圆满法身证觉。

注释

①道：由十种良善行为筑成的人生道路。
②行：思想、语言和身体的一切净化行为。
③秽土：未被净化的生存世界。
④净土：已被净化的佛国世界。

译文

曼殊室利菩萨又禀告佛陀说：世尊！您曾经说过，依靠佛菩萨的智慧和功业，能够帮助众生在欲念世界里投生在贵族人家、有学问的人家、有财产的人家，让他们的身体发育得健壮可爱，让他们的家财富丽堂皇；也能够帮助众生投生到欲念世界的最高层，或者投生到没有欲念只有肉体的生命世界，或者投生到既无欲念又无肉体但残存思想活动的生命世界，在这些生命世界里，也让他们身内身外一切圆满。世尊！我想知道，您这一说法究竟有什么用意呢？

佛陀告诉曼殊室利菩萨说：善男子！你们究竟要到哪里去寻找觉者们的功业和智慧呢？我现在清清楚楚地告诉你们，佛和菩萨们的功业智慧并不在别的地方，它们就凝聚在由良善行为筑成的现实人生道路里，凝聚在身体、语言和思想的一切现实净化行为里，无论在什么样的生存世界，良善行为筑成的生活道路和身心一切净化行为都会帮助众生，让他们身心内外尽可能的圆满无缺。因此，佛的弟子们可以根据具体情况的需要，恰当地为其他生命宣传良善的生活道路和净化身心的生存原则。如果一些众生在听到这些教法后，就能以良善原则指导自己的生活，就能自觉调控身心中的一切活动，那么这些众生不管现在在什么地方生活，也不管将来会投生何处，他们的身体内外都必定会圆满无缺。相反，另外一些众生在听到这些教法后，不仅不能按照教法的要求去净化生命，反而故意放纵自己的行为，对我的教法恶言攻击，又对塔庙中的佛像、菩萨像产生怨愤之心，必欲挠之而后快，这些众生在现世完结之后，就会投生到极其可怕的生存世界中去，他必然家寒室陋、病痛缠身。曼殊室利！你应当明白，佛菩萨的功业智慧能让众生身体财产圆满无缺，也能让众生身体财产卑劣不堪！

曼殊室利菩萨又禀告佛陀说：世尊！在污秽的国土世界里，哪些情况很容易看到，哪些情况很难出现呢？在净化了的生命世界里，哪些情况很容易看到，哪些情况很难出现呢？

佛陀告诉曼殊室利菩萨说：善男子！在污秽的国土世界里，有八件事情随处可见，有两种情况很难出现。哪八件事情随处可见呢？第一，各种理论学说随处可见，但都无一例外地充满偏见执着，不能与真理相应；第二，痛苦烦恼的众生生命随处可见；第三，各种不同的社会等级随处可见，等级内部的兴衰盛亡也随处可见；第四，邪恶行为随处可见；第五，违法犯罪之事随处可见，触犯戒律之事也随处可见；第六，地狱、畜生、饿鬼这三种邪恶的生命随处可见；第七，虽然有人从事修行生活，但大都以追求放弃生命活动为目的；第八，虽然有人能利济众生，但其志向不能广大高远。哪两种情况很难出现呢？其一，出现许多志向广大的修行人，他们能解除其他众生的痛苦烦恼；其二，作为真理化身的佛出现在生存世界上。曼殊室利！在净化了的生命世界里，情况与上面恰好相反，前八件事情将极难看到，后两件事情则随处可见。

当时曼殊室利菩萨又禀告佛陀说：世尊！在解析深

奥意蕴的教法中，以上教法叫作什么名字呢？我们应该怎样去保护它、奉行它？

佛陀告诉曼殊室利菩萨说：善男子！以上教法叫作"与真理相应的真正生命"，你应当根据教法所示来勤勉修学，以追求"真正生命"作为人生净化的归宿，这就是对教法的保护和奉行了。

在佛陀陈说"真正的生命"这一圆满教法时，与会大众中有七万五千个菩萨对什么是"真正生命"以及如何去实现"真正生命"这两个问题都获得了正确的见地。

源流

北魏菩提流支译出《深密解脱经》后，曾广开法会，集缁俗名流对经文大意乃至章句进行反复研讨，这是中国佛学界《深密》研究的开始。真谛和求那跋陀罗都只译出了《深密》中的一部分，他们未窥经典之全貌，更不了解《深密》的严密学理系统，因此他们的翻译工作未能对《深密》研究造成真正的影响。

　　从印度的情况来看，《解深密经》则的确肇端了大乘唯识学之自觉与建构。无著在其《摄大乘论》中引用了"阿陀那识甚深细，一切种子如瀑流"这一著名偈颂，借以证成第八识即阿赖耶识的存在。该偈颂出自《解深密经》之《心意识相品》，这说明在早期的唯识学体系建构中，《解深密经》为无著的学理自觉提供了重要的启发和借鉴。

我们知道，阿赖耶识的成立不仅是唯识全部观念的出发点，而且也是唯识思想成熟的标志。而《解深密经》中的种子识、阿陀那识能贮藏一切生命活动的潜能，能维持世俗生命的经验同一性，能引导生命由存在的此一周期向彼一周期流转，所以它事实上和无著的"第八识"没有任何差别。从印度大乘佛教理念发展的整个趋势来看，《解深密经》第一次规范化、结构化地成立了深层心识的概念，从而把佛学思维由对存在的破斥引向对存在的"存在性"之认知。这样《解深密经》不仅为唯识佛学提供了最根本的思考方向，而且也为它发掘出了最深层的生命现象，这就为唯识学理的一切展开准备了最深厚的基础。

玄奘学宗护法，上通无著、世亲，得唯识之真传，在他的提倡和启动下，随着《解深密经》的重新翻译，中土遂兴起《深密》研究的高潮，出现了一大批注疏著作，《解深密经》的深刻意蕴获得佛学界前所未有的广泛而深切的体认。

据竟无居士的统计，唐代之《深密》专门注疏著作计有：令因，疏十一卷；玄范，疏十卷；元晓，疏三卷；憬兴，疏若干卷；圆测，疏十卷。

以上诸疏中，现存仅圆测疏一种。测疏广征博引，于大小乘比类发明，为《深密》研究及唯识学研究提供了大量的资料，实为法苑至宝。然而他的著作由于枝蔓太多，有时过于游离，极不利于初学。

此外，《瑜伽师地论》引了《深密》全经，故凡唐代《瑜伽》的注家，也必同时注《深密》。从古代经典目录中可以看到的《瑜伽》注疏著作计有以下十八种，它们是：窥基，钞十六卷；遁伦，记二十四卷；真空，疏二十五卷；文备，疏十三卷；慧景，疏三十六卷；元晓，中实论四卷；义荣，林章五卷；本立，钞六卷；智周，疏四十卷；太贤，纂要三卷；神泰，羽足五卷；道峰，决择补缺钞五卷；行达，料简一卷；憬兴，料简三十六卷；胜庄，疏十二卷；真兴，文义次第二卷，略饮二卷；信行，音义四卷；亡名，义决一卷。

以上诸种注疏中，今唯存窥基钞、遁伦记二种。可是，《瑜伽师地论》引《解深密经》在第七十五卷以后，而窥基的注疏则自第六十七卷以下即逸之，因此真正依附《瑜伽师地论》得以保存的《深密》注疏事实上只有遁伦的《伦记》这一种。

《伦记》主要记录慧景、文备、窥基、神泰等人的观点，间或夹以遁伦自己的看法，在有一些地方，《伦记》还保存了玄奘的一些"口义"。景、备、基、泰诸人皆亲承玄奘门下，遥承护法一叶，所以他们对《深密》的注释是可反映唯识宗人的基本观念。

宋以后，唯识学衰落，《解深密经》注释传统也随之一蹶不振。直至清末民初，著名佛学大师欧阳竟无居士始发愤整理唯识学，他说："三时教尊深密，六经此为第一。"认为《解深密经》是全部唯识学典籍中最为重要的一部，《深密》所传达的"第三期教法"更是全部教法传统中最圆满的真理陈说方式。同时他有鉴于《深密》研究百废待兴的这样一个局面，遂抉择于圆测《疏》、遁伦《记》之间，博取诸家之说，成立注释《解深密经》的系统，这就成了金陵刻经处印行的《解深密经注》。经文序品中历代无人注释，竟无居士又取印度论师亲光之《佛地经论》中相关章节以足之。竟无居士编成的这个会释本虽本述作，少有创意，但他的草创之功实大有利于《解深密经》的阅读、研究和弘扬！

解说

《解深密经》的中心思想是揭明佛陀一代时教的隐秘意蕴，在探讨佛说之隐秘意蕴时，《深密》把佛学思维引向对存在问题的关注和重视。全经共分八品，正文部分为二—八品，这七品的主要内容是：

　　一、真理是什么？——《胜义谛相品》。

　　二、精神的深度结构是什么？——《心意识相品》。

　　三、存在的样态究竟有哪些种类？——《一切法相品》。

　　四、没有实体存在的存在本性究竟如何？——《无自性相品》。

　　五、修行生活的精神结构是怎样的？——《分别瑜伽品》。

　　六、菩萨修行的阶位是怎样的？——《地波罗蜜多品》。

七、净化的真正生命是怎样的？——《如来成所作事品》。

《胜义谛相品》讨论真理问题。"胜义谛"与"俗谛"相对，后者意谓世俗的真理——世间生活的真理，前者则意味着超越的真理——与存在本性相应的真理。"胜义谛相"，也就是超越的真理之表象，那超越的真理究竟有什么样的表现形式呢？《深密》的主题是存在问题，亦即现实生命活动现象问题，但是全经开头则讨论真理，这看上去似乎有些矛盾，其实不然。经文的逻辑结构即在于显示真理问题的困难，由于真理是超越日常意识结构、世俗思维结构的，所以我们对真理不能有所谈论；既然真理不可谈论，那么，对于流转变动中的世俗生命来说，至关重要的问题就是存在本身——现实的生存活动，生命的染污和净化都必须落实在生存问题上。

为什么真理不可谈论、不可言说呢？这是由语言的禀性决定的。语言、名称、概念总要指向一定的对象，尽管日常认知活动中的"对象"事实上就是感知经验中的素材和内容，但在借用名称来称谓这些内容素材时，我们与生俱来的实体执着就在种种素材、种种内容之上虚构了一个统一的实体，我们错误地认为语言是和实体相互对应的，这样我们就由对象——语言过渡到了实体——语言。这就是说，语言总是指向事物的，然而被指向的事物之实体则不存在，我们的意识在事物、对象上周遍观察，周遍计较，周遍虚构，存在的世界在精神活动的一切展开中也就借助于语言工具被转换成了实体执着的世界。我们无往而不处在语言之中，语言无往而不为生存活动服务，而世俗生命生存活动的全部动力则都发源于实体执着！所以存在的本性是绝对超越语言之外的。对存在本性的透彻体会就是真理，这样，《胜义谛相品》由对语言本质上的染污性之领会就引导到这样一个结论，即真理是超越语言之外的。我们不能谈论真理，拘束于语言桎梏的生命所能谈论的只能是桎梏的生命活动本身。由此我们就能理解，为什么唯识佛学拒绝谈论本体问题，正因为在净化生活的最后一步到达之前，任何"本体"性思维都不能排除实体性语言的固有染污，所以世俗生命的言说"本体"只能是"非本体"。

《解深密经》由此过渡到《心意识相品》。存在问题即是生存问题，研究存在，也就是研究生命如何处在染污状态，如何由流转生命实现向上的发达进化，以及如何得到最后的净化，等等。《解深密经》在讨论生命现象时为什么首先要提出"心、意、识"，即精神结构问题来呢？这不仅因为"心、意、识"是最重要的生命现象，而且因为"心、意、识"就是一切生命现象：心、意、识统摄了生命现象。不是要去"发明"一个心识，让它来统摄生命活动的一切方面，而是这个心识本来就存在着，在我们世俗生命活动的每一刹那、每一动作中，它都现实地存在着：它追逐我们的身体，它贮藏生命活动的一切潜能，它保留一切良善的邪恶的思想行为之影响力，它能生发出一切现实生命活动来。这就是《解深密经》中最重要的理论建立之一：有关"种子心识"的理论。"种子"即潜能、潜在势力之义，统摄生命一切活动的心识是贮藏潜能的心识，由潜能而现行，由现行而潜能，生命活动就包含潜在生命与现实生命辩证相推的这两个方面。由于"种子心识"反映着潜在隐秘的生命活动，所以我们可以把它称为"深层心识"，发现了"种子心识"、深层心识，也就找到了精神生命的深度结构，有了这个结构，我们就能了解生命活动的原因和动力，生命的流转和净化归根结底都归因在这个生生不息而又自身同一的深层心识身上。

深层心识中既盘踞着邪恶的盲动力量，也积淀着净化的生命经验，所以在未经彻底的改变以前，深层心识始终表现着杂染的精神结构。我们拘束在精神结构的框架中，有了什么样的精神框架，也就有什么样的存在显现出来。伴随着世俗生命精神结构由染而净的转化过程，存在也就有三种样态表现了出来。其一是意识处处计较而虚构的实体样态，其二是依据因缘条件流转的生命样态，其三是圆满成就的存在实态。存在状态的价值评定，或者说，诸种存在表现形式的"存在性"，必须参照精神结构的类型：第一种存在样态是在处处虚构的意识中构造出来的，所以它绝对没有任何存在性。第二种存在样态是在杂染的心识中呈现出来的，所以它拥有相对的存在性。最后，圆满成就的存在实态是由净化心识显现的存在真实本性，所以它是绝对存在着的。

　　总地来说，人类精神结构的最大毛病是意识思维的实体执着性，在具体方式上，"实体执着"表现为意识思维中的主客对立关系。存在的实体执着、生命的主宰执着，这些贯穿着现实生命活动的原因、过程和结果，因此在第二期教法中佛陀侧重揭示了"一切实体不存在"的存在本性。这是一个极易遭到误解的命题，因为这一命题的隐秘意蕴并未在"般若"教法中明显地揭示出来。这一隐秘意蕴是：佛陀是根据三种没有实体存在的存在本性来说明"一切存在现象都没有实体存在的"。首先，意识之外被意识虚构的独立实体是不存在的；其次，生命流转过程中的主宰实体是不存在的；最后，从超越的立场来看，一切实体都是绝对不存在的。因此，对"般若"教法的真切领会应该在佛说之深密意蕴的前提下进行，质言之，对于全部佛陀教法语言的领会也都应该在这一隐秘意蕴的前提下进行。

通过以上对精神结构以及精神结构与存在之显现这二者之间关系的研究，我们发现，存在的实体执着事实上由实体执着的精神结构而来，而实体执着的精神结构，其基本的表现形态也就是主客对立的思维方式。到此我们就被引向《分别瑜伽品》，它讨论修行问题，即怎样改变世俗生命的精神结构，怎样使精神突破主客对立的思维模式转化为融消了一切对立的纯粹精神。基本的途径有两条：其一是培养"心念相续的思维方式"，把心识从散动、流转中提升出来，凝定起来，使日常生命分别计较的态度被彻底打消；其二是培养"观照思维"，即在凝定状态中，进一步把一切思维对象体会为精神活动之显现。当认知活动与认知对象之间的隔离被彻底打破时，精神也就获得了相应于真理的结构，精神生活也就能与真理相契合了。思维与思维对象的契合，精神与真理的契合，这就叫作"瑜伽"。

"契合"，这使得日常生命的世俗思维结构获得转型，从此生命由与生俱来的同时又得到后天生活不断强化着的主客对立的思维方式，走向思维与对象的融合。但是修行历程并未就此完结，因为那无始以来贮藏于深层心识中的烦恼潜势力是无穷无尽的，它们或者在一般人的精神结构中表现为现实的活动，或者在修行人意志力偶尔失控的时候溜出来发生现实作用，或者虽然不发生现实的作用，但它们以潜在的方式在生命深层蛰伏着，等待着机会。这样就过渡到《地波罗蜜多品》，《地波罗蜜多品》说明生命净化的无穷时间性以及生命进化的无限可能性。

最后进化过程将会达到最高峰——佛的阶位。在佛的阶位，生命活动又具有什么样的特征呢？《深密》在这里侧重阐述了什么是"真正的生命"。真正的生命，即生命向上发达、进化、净化之完成。

我们已经讨论过《解深密经》在唯识佛学传统中的地位，现在，我们要简略观察一下《深密》与世亲、护法的著作所代表的成熟期唯识学典籍在观念成立、体系结构等方面存在着的一些差别。《解深密经》提供了最初的唯识佛学体系建构。同后期唯识学条分缕析、精察备至的学理风格相比，《深密》在很多问题上还说得很模糊。例如，它虽然有见于深层心识与表层心识之间的发生关系，但未能更进一步地探讨联系显在心识与潜在心识的桥梁；它对生存活动的分析也还未能摆脱传统"十二缘起"论的素朴性。但是，同后起的一些唯识体系相比，《解深密经》在体系建构上又有它自身独具的鲜明特色。

《深密》是严格按照境、行、果的逻辑构架组织起来的，从以上的分析可以看到，前四个问题讨论"境"，

"境"，亦即存在问题；第五、第六两个问题讨论"行"，"行"，亦即修行问题；最后一个问题讨论"果"，"果"，也就是修行的结果。再以篇幅论，"境"的部分在内容上虽然稍多一些，篇幅也占得稍大一些，但总地说来，境、行、果这三个方面的内容是大体平衡地组织起来的。这一点足资说明，唯识学在其最初的体系创建中，绝不仅仅只是空洞的学理，而是理论与践修最圆满融合的教法陈说方式。

此后，在世亲的《唯识三十颂》以及护法注释《唯识三十颂》完成的《成唯识论》中，虽然在教法组织上也袭取了《深密》境、行、果融合的组织模式，但是他们事实上花了很大的心力侧重讨论"境"的问题，"行"与"果"在其规范化的唯识体系中只占了很小的比例，这种重"境"而轻"行""果"的教法组织此后也就进一步滋生出了重知轻行的倾向。《解深密经》中的"境"是收归心识结构的"境"，"行"是改变心识结构的"行"，"果"是心识改变的结果，其境、行、果融合、知与行并重的佛理建构，将为今日之唯识佛学再建提供许多有益的启发。

二十世纪末的人类在经过自然科学对"器世界"无休无止的周遍观察、周遍计较、周遍执着后，开始深切关怀生命自身的问题、生存问题、人生问题，二十世纪的哲学思维也基本上由追求形而上的超越转向追求生命自身中的超越。应导现代文化的呼唤，响应现代心灵的要求，这已成为太虚大师所建立的现代佛学的确然不拔的信念。

二十世纪的佛学不仅仅是空洞玄理的讲求，也不仅仅是把来"安心"的妙药，二十世纪的佛学在本质上应该是有生命的、活动的、生存的佛学，不是要给人提供一个虚幻的目标，而是引导现代人生进入现实改变的道路。净化我们世俗生命的精神结构，突破主客对立的思维模式，努力改变染污性的日常生活，以佛之清净净化人生，向上发达以趋完美；这些应该成为现代佛学的主旋律。《解深密经》将为未来佛学的思维方向与价值方向提供无穷无尽的资益和启发！

出版后记

　　星云大师说："我童年出家的栖霞寺里面，有一座庄严的藏经楼，楼上收藏佛经，楼下是法堂，平常如同圣地一般，戒备森严，不准亲近一步。后来好不容易有机缘进到藏经楼，见到那些经书，大都是木刻本，既没有分段也没有标点，有如天书，当然我是看不懂的。"大师忧心《大藏经》卷帙浩繁，又藏于深山宝刹，平常百姓只能望藏兴叹；藏海无边，文辞古朴，亦让人望文却步。在大师倡导主持下，集合两岸近百位学者，经五年之努力，终于编修了这部多层次、多角度、全面反映佛教文化的白话精华大藏经——《中国佛教经典宝藏》，将佛教深睿的奥义妙法通俗地再现今世，为现代人提供学佛求法的方便途径。

　　完整地引进《中国佛教经典宝藏》是我们的夙愿，

三年来，我们组织了简体字版的编审委员会，编订了详细精当的《编辑手册》，吸收了近二十年来佛学研究的新成果，对整套丛书重新编审编校。需要说明的是此次出版将丛书名更改为《中国佛学经典宝藏》。

佛曰：一旦起心动念，也就有了因果。三年的不懈努力，终于功德圆满。一百三十二册，精校精勘，美轮美奂。翰墨书香，融入经藏智慧；典雅庄严，裹沁着玄妙法门。我们相信，大师与经藏的智慧一定能普应于世，济助众生。

东方出版社